米国株ブロガー
もみあげ 著

もみあげ流 米国株投資講座

ソーテック社

はじめに

あなたの**米国株投資**のイメージは何ですか？

マネーマシーンの高配当投資、コツコツほったらかしインデックス投資でしょうか。「米国株のブーム」「米国株に投資すれば誰でもお金持ちになれる」「米国株投資の最適解は〇〇だ！」といった内容をよく見かけます。しかし、本当にそんなに簡単なことでしょうか？

筆者は、半分正解で半分間違っていると思います。

米国株投資は、ブームのような短期的で投資ではなく、長期目線で投資するべきです。「米国株投資で誰もがお金持ちになる」わけではありません。しかし、「誰にとってもお金持ちになるきっかけ」にはなりえます。

最適解に近い投資はありますが、最適解は人によって違います。

もしかしたら「日本人にとって世界一わからない！」のが、米国株投資かもしれません。一般的な日本人にとっては投資自体がまだまだ身近ではないうえに、基本的に米国株情報は英語で提供されているからです。

しかし、米国株投資は決して難しくはありません。そして、巷に出回っているノイズともいえる情報に惑わされずに米国株への投資を継続できれば、きっと皆さんの資産形成の大きな力になるはずです。

本書では、日本人の百人に一人しか実施していない米国株投資を徹底解説するとともに、皆さんにとって最適な投資方法は何かを探すお手伝いをします。

筆者が米国株投資で最も注目しているのは、「**企業の成長性＝株価の成長性**」という点です。

高配当株ももちろんよいですが、米国株投資をするなら企業の成長性を利用しない手はないと思っています。

「でもどうやって？」

安心してください！　本書では、筆者の米国での8年間の経験と、米国株投資を実践しながら失敗と成功を繰り返して2年間徹底的に勉強した知識を活かし、米国株投資の実践的な考え方を身につけ、多くの人が米国株投資で成功に近づける方法を余すことなくお伝えします。

投資で成功するためには、皆さん自身に最も適した投資方法を、長期間継続できるかどうかが最大のキーポイントです。その最大のキーポイントをクリアする方法を、もみあげ流投資メソッドで解決していきます！

では、もみあげ流米国株投資講座の開幕です！

Keep your fingers crossed!!（幸運は自分でつかみとれ！）

もくじ

第11章 ハイブリッド投資の勧め …… 311

第1章

米国株投資が資産形成・運用には必要不可欠な理由

1-1
貯金では資産形成・運用ができない時代

資産形成を行うにあたって、**米国株投資が必須**ともいえるレベルで注目されてきています。なぜここまで米国株投資が注目されるようになったのでしょうか。

貯金では資産形成・運用ができない時代が何年も続いています。しかし、その事実に気がつける情報が限られています。なぜなら、世代間で資産形成の認識に大きな差があるからなんです。過去・現在・未来の時間軸で資産形成を考えてみます。

過去の資産形成

貯金するだけで資産形成・運用が可能な時代がありました。郵便貯金の定期預金は、1961年から1991年くらいまでは年間利率が5％を超えていました。この世代は「貯金が資産形成・運用の最適手段」という認識を持っている人が多いと思います。

現在の資産形成

年金2000万円不足問題、介護医療費の負担増大、増税など、現在は将来の資産形成に不安な状況が続いています。郵便貯金の定期預金の年間利率は0・01％です。日本は現状マイナス金利で、そしてインフレ率を上昇させる政策を打ち出していますが、実際には物価は上昇するものの所得は増えないというねじれ構造になっています。

物価上昇が本当に起こっているということが最もわかりやすいのは、缶ジュースの値段の推移だと思います。

30年間の缶ジュースの値段の推移

1984年　100円
1990年　110円
1997年　120円　消費税5％
2014年　130円　消費税8％

30年で缶ジュースが100円から130円まで、30%も値上がりしていることが物価上昇を顕著に表しています。

一方で実質賃金指数の推移を見ると、日本の実質賃金は横ばいかむしろマイナスに推移しています。

未来の資産形成

少子高齢化が進む日本で、現在の年金制度を維持するためには、一人当たりの負担額を増大するしかありません。物価上昇、人口減少にともない国内需要が下がり、一部企業を除いて現在の所得水準（賃金水準）の上昇はほとんど望めないでしょう。これからは自力で資産形成をしないと、日本人は相対的に貧乏になる可能性が高いでしょう。

これからの時代は、貯金ではない資産形成・運用が必要になります。その選択肢の1つとして、筆者が最もお勧めするのが「**米国株投資**」です。

■ 実質賃金指数推移

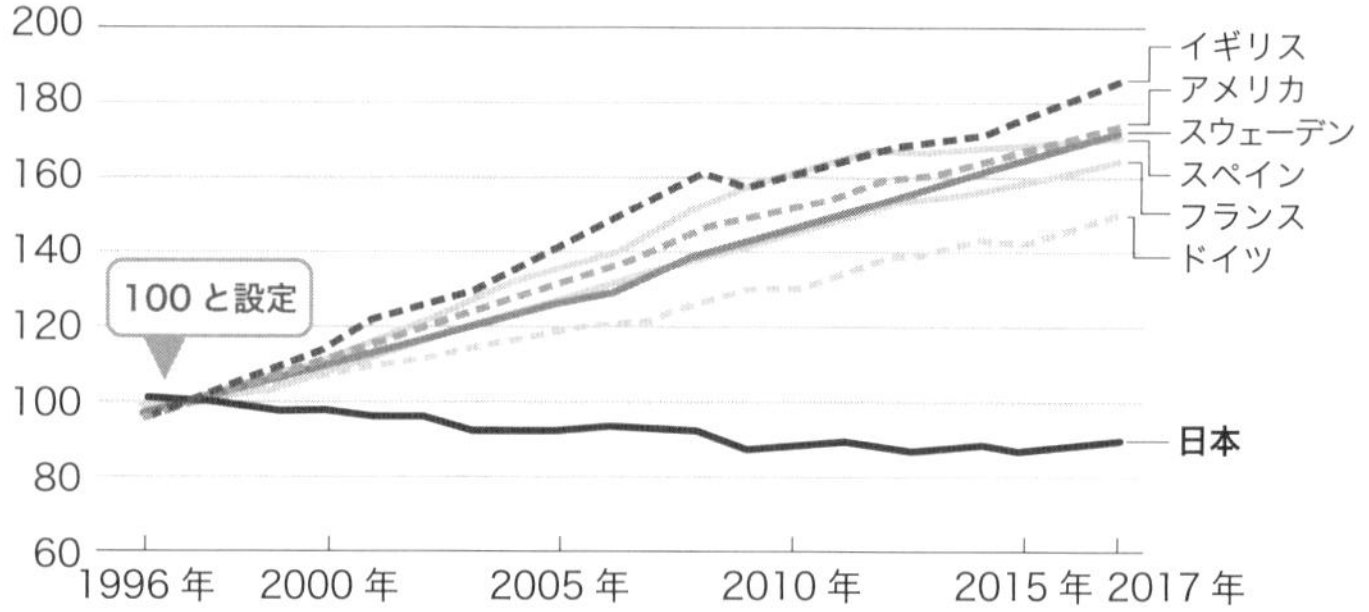

OECD統計から全労連作成の資料を元に作成

1-2 なぜ米国株投資なのか？

これからの社会で投資の重要性が高まることを説明しましたが、様々な投資先の中でなぜ筆者が米国株投資を勧めるのかを説明します。

株式に投資するのなら日本株投資でもいいんじゃないか。そんな疑問が必ず生じるでしょう。米国株投資をお勧めする理由としては5つあります。

1．株価成長力の違い

米国と日本を比較した場合、株価の推移の形が全く違います。米国の株価指数（インデックス）として知られる「**S&P500**」と、日本の株価指数である「**日経平均株価**」の約50年間の推移を比較してみます（次ページの表を参照）。

■米国 S&P500の推移（1970～2018年）

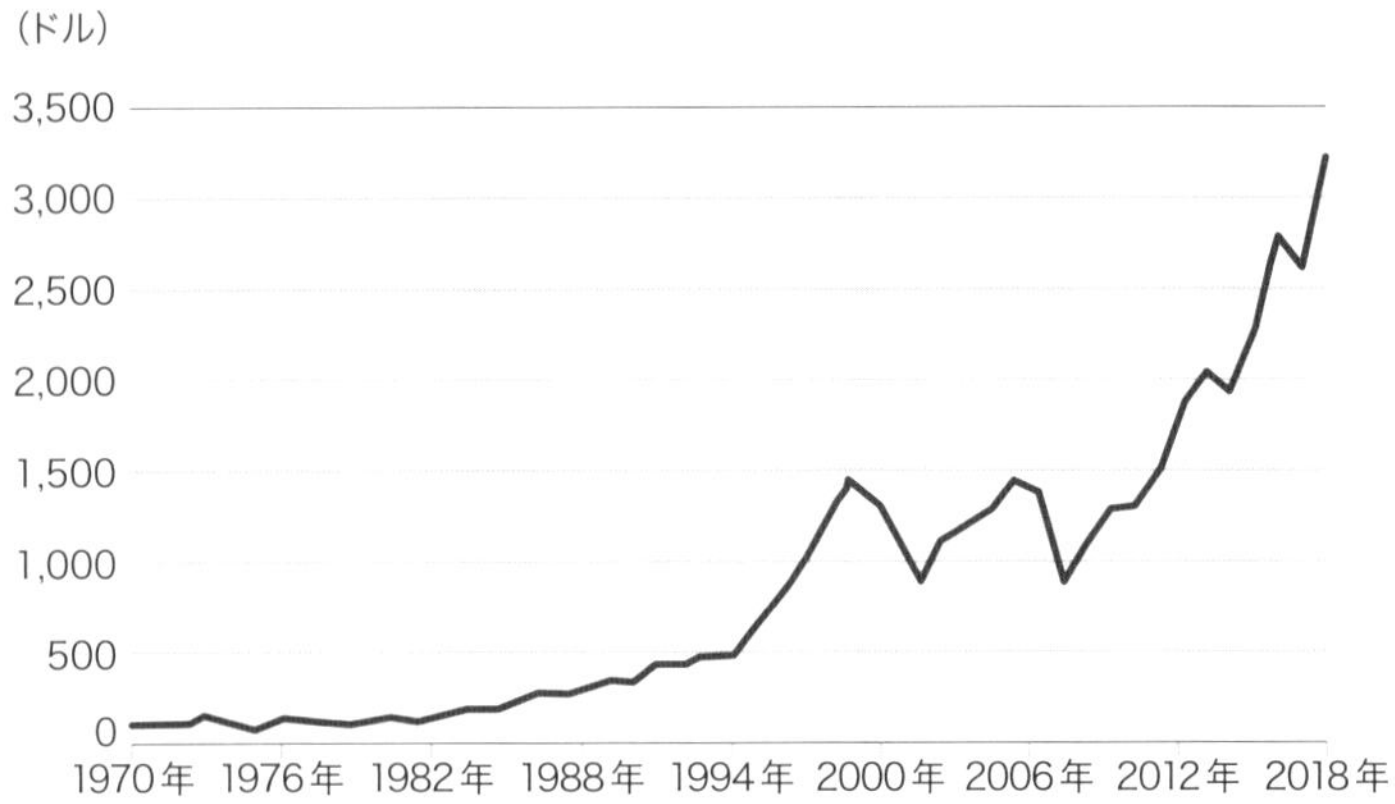

■日本 日経平均株価の推移（1971～2019年）

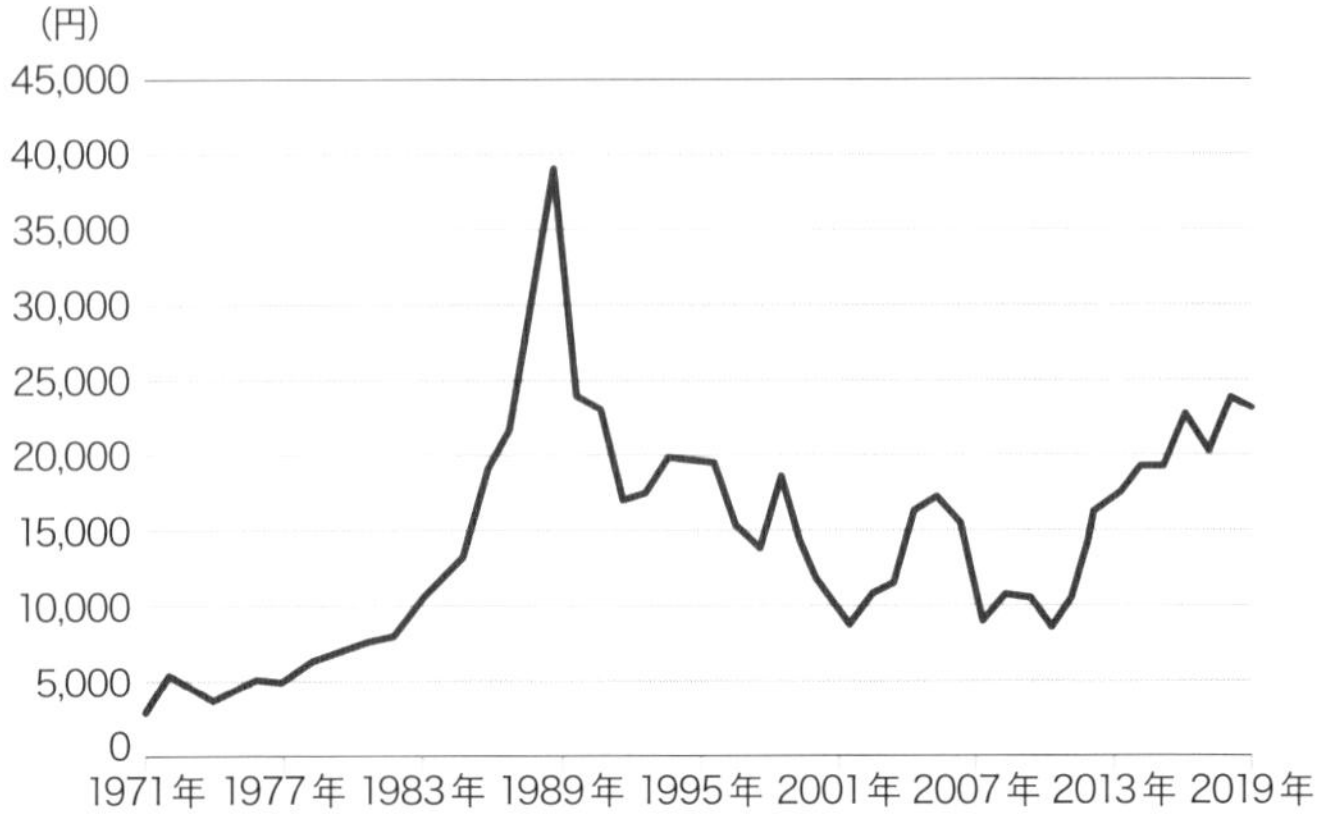

米国株は一時停滞・下落するときがあるものの、基本的には右肩上がりに上昇してきています。一方で日本株は、1989年のバブル時代に最高値である4万円近くに達してから、ずっとそれを超えられません。株式用語でいうとボックス圏内・レンジ圏内といいます。

このように、**米国株は基本的に右肩上がりなので、どのタイミングで投資しても長期的に見れば株価上昇によって資産を増やせる可能性が極めて高い**です。30年間で平均7％のリターンを出してきた実績がS&P500にはあります。日本株は、投資タイミングを間違えると株価下落によって、長期的に資産を減らしてしまう恐れがあると考えられます。

株価成長力の差が時価総額にも明確に表れています。

日米企業の時価総額のトップ10の合計を比較すると、米国企業トップ10の時価総額合計額は日本企業トップ10の時価総額と比べて、2019年末の時点で7倍近くです（次ページの表参照）。また、米国上位5社のGAFAM（グーグル、アップル、フェイスブック、アマゾン、マイクロソフト）においては、2020年7月時点で、日本の証券所に上昇している全企業の時価総額合計を上回っています。

■ 日米トップ10企業の時価総額比較（2019年末）

順位	日本企業	時価総額	順位	米国企業	時価総額
1位	トヨタ自動車	25兆円	1位	アップル	121兆円
2位	NTT	10.8兆円	2位	マイクロソフト	120兆円
3位	NTTドコモ	10.1兆円	3位	アマゾン	96兆円
4位	ソフトバンクグループ	9.8兆円	4位	グーグル	95兆円
5位	ソニー	9.4兆円	5位	フェイスブック	60兆円
6位	キーエンス	8兆円	6位	バークシャーハサウェイ	57兆円
7位	三菱UFJ	7.6兆円	7位	JPモルガンチェース	44兆円
8位	KDDI	7.5兆円	8位	ビザ	39兆円
9位	ファーストリテイリング	7兆円	9位	ジョンソンエンドジョンソン	38兆円
10位	武田薬品	6.9兆円	10位	P&G	34兆円
合計		102.1兆円	合計		704兆円

■ 日米の各年のGDP成長率

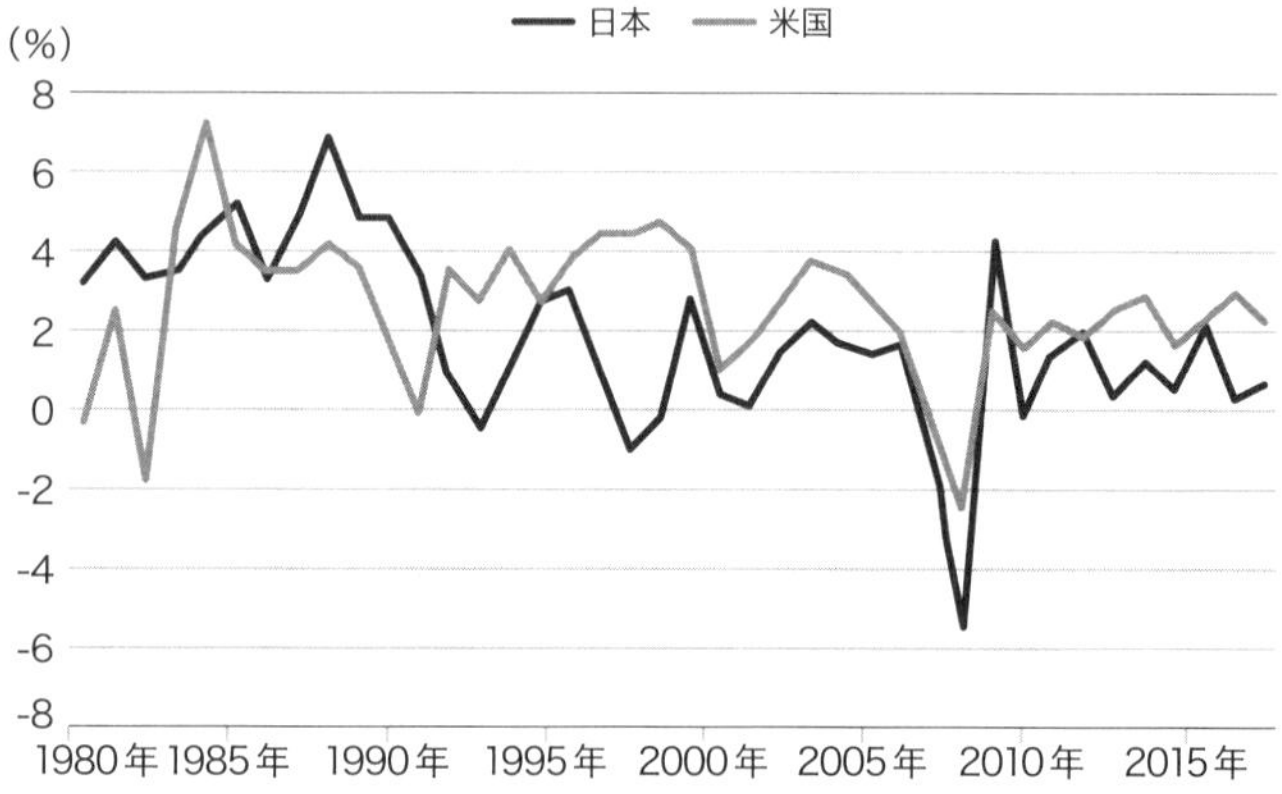

2．ＧＤＰ成長率の違い

ＧＤＰ（国内総生産）の成長率を日米で比較した場合、日本は２０００年以降、ＧＤＰはほとんど成長できていません（前ページ図参照）。それに対して、米国のＧＤＰの成長率は２００９年のリーマンショックなどを除いてほぼ２％を超えています。

3．人口増加の違い

人口増加は、国の経済成長率（ＧＤＰ成長率）を構成する重要な要素です。**米国は先進国の中で数少ない人口増加国**です。米国と日本の人口推移を比較すると、人口増加に大きな違いがあることが明確にわかります（次ページ図参照）。米国の人口は、２０２０年以降も順調に増加していく予想です。一方、日本は人口が減少していくことが見込まれています。

米国の人口推計
２０１９年　３億３０００万人
２０４０年　３億７４００万人
２０６０年　４億３５００万人

日本の人口推計
２０１９年　１億２５００万人
２０４０年　１億１４００万人
２０６０年　１億１０００万人

実は、米国と日本は似たような産業形態で、人口が非常に大きく経済に影響します。米国も日本も**内需がメイン**の国であるためです。

■ 米国の人口推計（1950〜2100年）

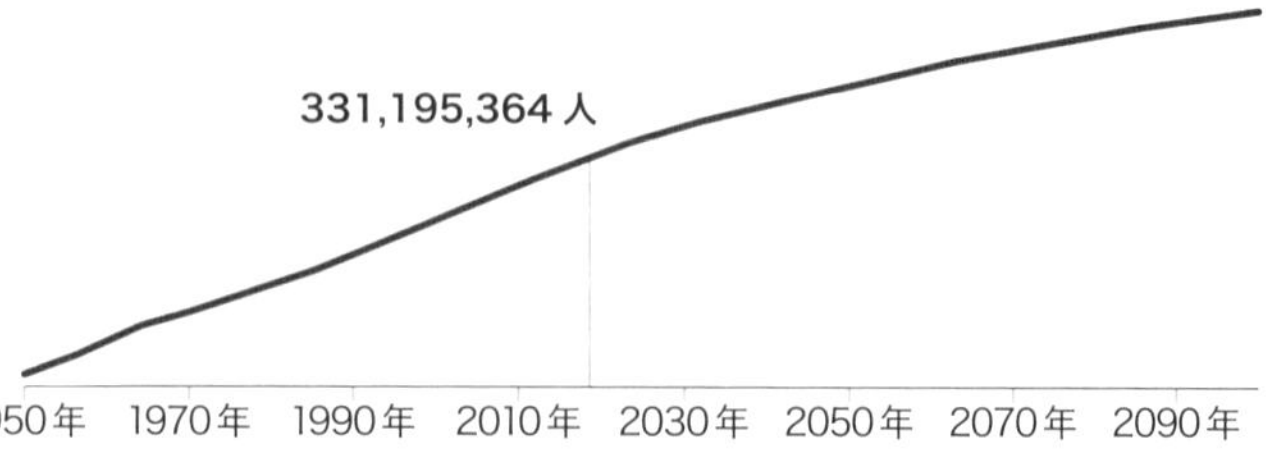

■ 日本の人口推計（1950〜2100年）

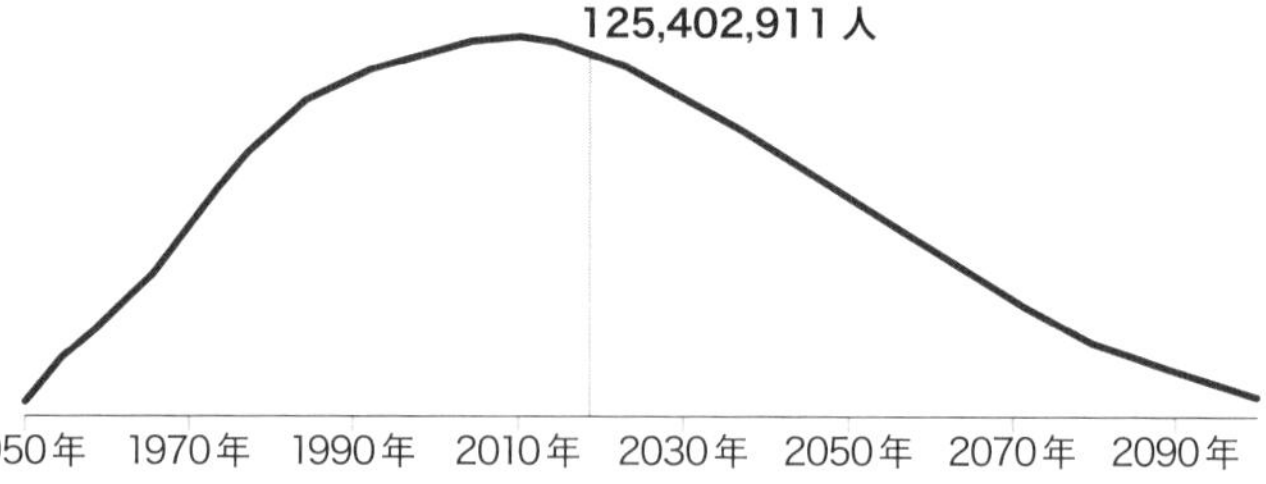

4. 内需型産業

国の経済の産業形態を表す際、**内需型産業**か**外需型産業**かに区分けできます。外需と内需の違いは簡単に説明すると次のとおりです。

外需と内需の違い

- **外需とは貿易によって国が稼ぐこと**
- **内需とは国内の消費によって国が稼ぐこと**

米国のGDPの内訳は、内需が70％で外需が30％です。日本は内需が60％で外需が40％です。内需中心の経済で、GDPを増加させるためには、何よりも国内の消費が大切です。そのため、人口が非常に大きく影響します。米国は内需型で、さらに今後も人口増加が見込まれており、これからもGDPの成長が期待できます。

5．株主第一主義

米国企業は株主第一主義で知られています。事業の成長が最優先であることはまちがいないのですが、企業に投資してくれた株主へのリターンは厳格に評価されます。それを表す２つの株主優先の実績があります。それが**自社株買い**と**連続増配実績**です。

自社株買い

２０２０年３月の新型コロナパンデミック前まで、Ｓ＆Ｐ５００の米国企業の自社株買いの実績は、配当と合わせると企業の純利益を上回る金額が実施されてきました。

- **2018年に8064億ドルで過去最高を記録**
- **2019年も7287億ドルと高水準で、配当と合わせると期間純利益を上回る**

自社株買いが多すぎて債務超過に陥っている企業もあったため（債務超過は５００社中24社）、これが原因でコロナ暴落で大きなダメージを負った企業が続出しました。財務健全性の

■ 自社株買い実施後1

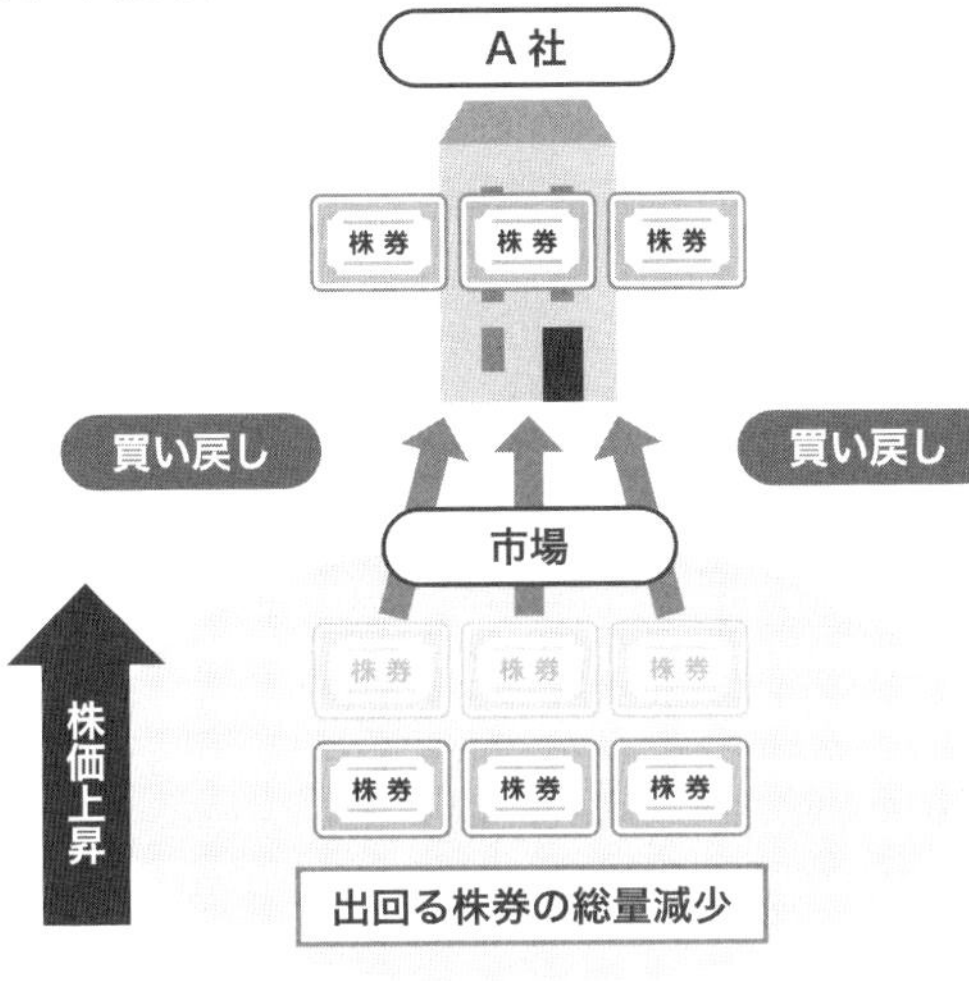

■ 自社株買い実施後2

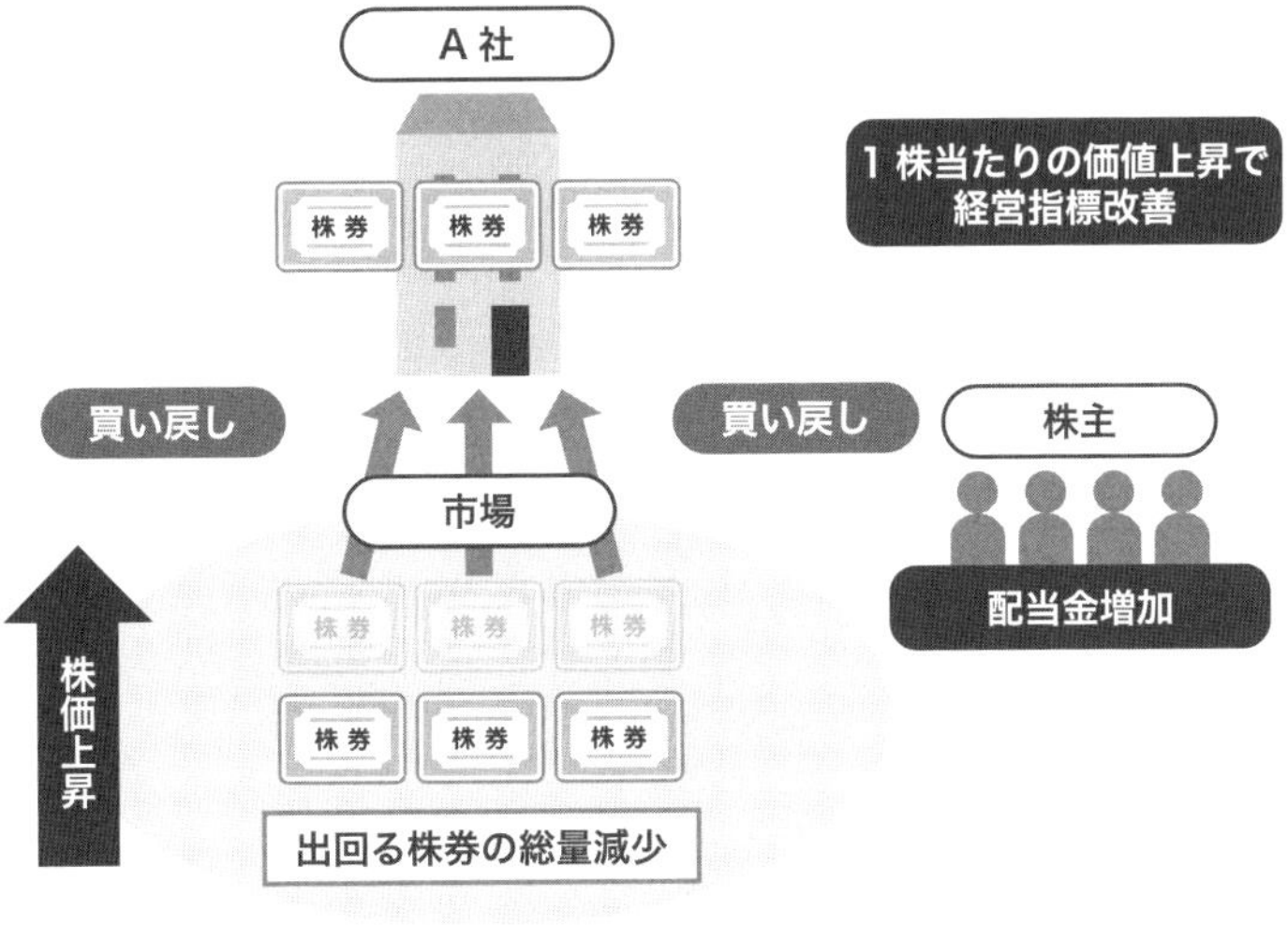

重要性が改めて米国企業で見直された局面でもありました。

しかし、自社株買いは株主にとってこれ以上ない素晴らしい行為ともいえます。

自社株買いとは市場（その企業が上場している証券取引所）で発行している株式を買い戻すことです。

企業が自社株買いを実施すると、市場に出回る株券の総量が減少するので、まず株価が上昇します。

そして最終的には、**1株当たりの価値上昇で経営指標が改善されるだけでなく、株主への配当金が増加します。**自社株買いは、株主にとっても企業にとってもWin-Winなのです。

ただし、自社株買いをするだけの資金力が必要なので、財務が健全でないと実施できません。

連続増配実績

米国企業の株主第一主義を裏付けるもう1つの要素が**連続増配実績**です。こちらも米国株において重要視されていて、増配を何年継続できているかは投資家の投資判断において非常に重要なポイントです。連続増配25年以上の企業を「**配当貴族**」、連続増配50年以上の企業を「**配当王**」と呼びます。
日米企業で比較すると**日本の配当貴族は1社**だけ（花王）です。それに対して**米国の配当貴

族は109社です。さらに**配当王は29社**と、圧倒的な実績を積み上げている企業があります。連続増配実績も、企業と株主にとってWｉｎ-Ｗｉｎの関係を構築していますね。

自社株買いと連続増配に関して、米国企業が取り組む姿勢は、他のどの国と比較しても別格だと思います。米国では、株主の意見が非常に強い影響を企業に与え、株主から認められない場合はＣＥＯ（最高責任者）もただちに交代させられる仕組みが整っていることも、この背景にあります。株主第一主義は、株主にとって本当にありがたいものです。

■ 日米連続増配実績比較

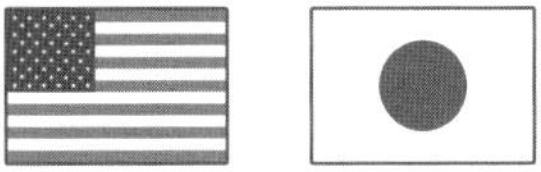

配当貴族	109社	1社
配当王	29社	0社

米国株はプラスサムゲーム

よく、株式やＦＸなどの取引を「ゼロサムゲーム」と呼ぶことがあります。ゼロサムゲームとは、参加者全員の得点と失点の総和がゼロ（均衡）になることで、ゼロサムゲームでは誰かの利益は誰かの損失から生まれていることになります。

米国経済は様々な要因で成長を持続し、それが株価に反映されています。そのため、米国株市場に参加するすべての人が、程度の差はあれ勝利する、プラスになる可能性があるゲーム「**米国株はプラスサムゲーム**」とも呼ばれているわけです。

これが筆者が米国株をお勧めする最大の理由の一つです。誰かの損失で自分が利益を得るのではなく、米国株投資をすることで皆が資産形成を成功できる可能性がある、だからこそ米国株投資をお勧めしたいのです。

■ 米国株はプラスサムゲーム

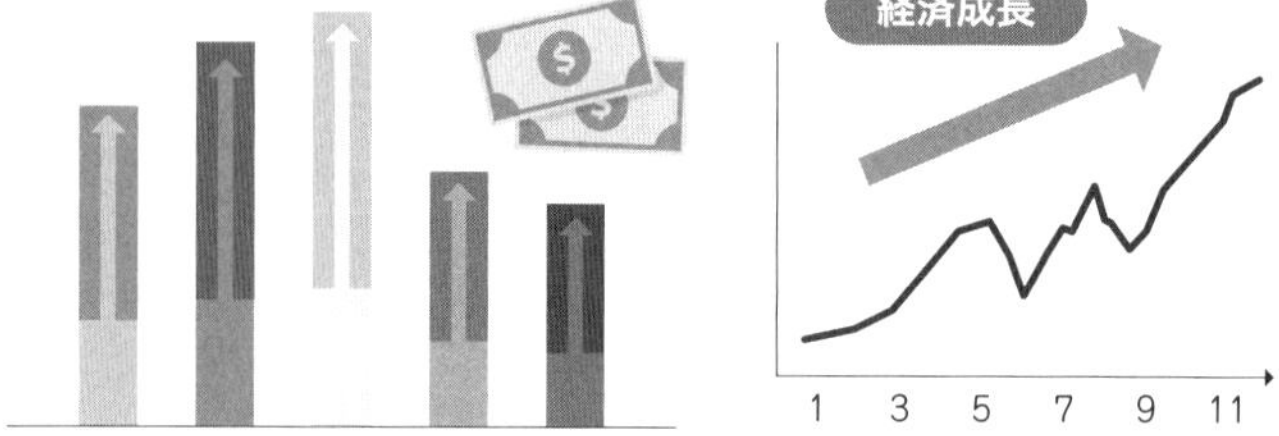

第2章

米国株投資の始め方・投資方法・種類

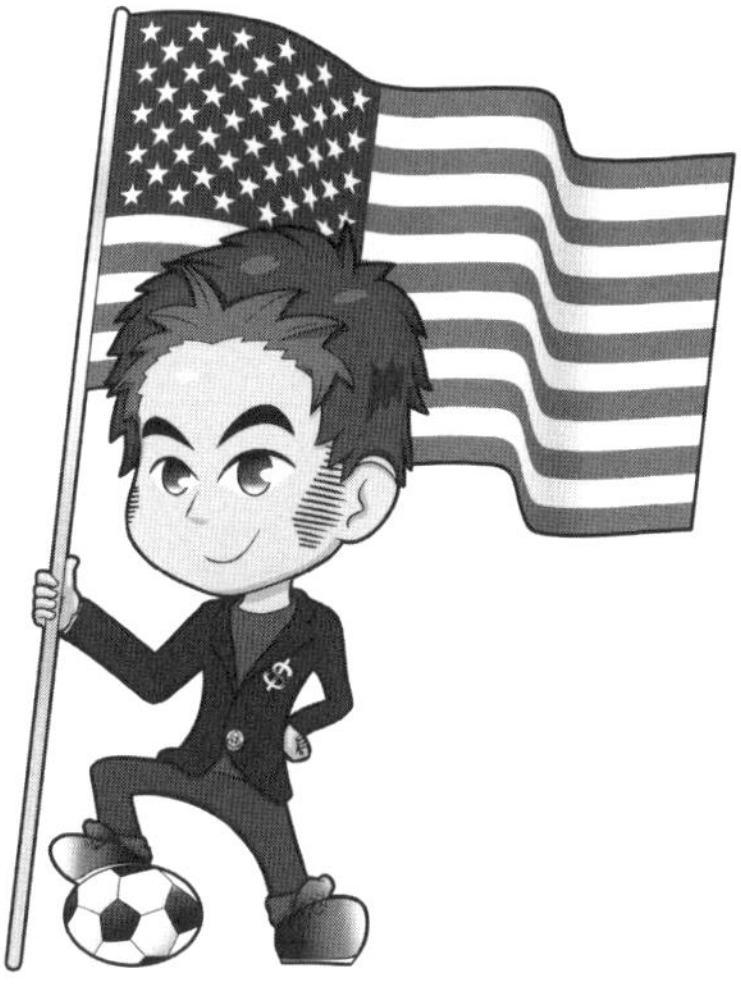

2-1
米国株投資の始め方

米国株の始め方を簡単に解説します。まず、証券口座を開設する必要があります。ただし、証券会社の窓口で証券口座を開設する必要はありません。手数料が高額なうえ、不必要な金融商品のセールスを受ける場合もあります。必ずネット証券口座を利用しましょう。

ネット証券口座開設に必要な物と、お勧めのネット証券会社を4社紹介します。

証券口座開設に必要な物

- マイナンバーカードまたはマイナンバー通知カード
- 免許証などの本人確認書類（写真付きでない場合は2種類必要）

お勧めのネット証券会社

● SBI証券（https://www.sbisec.co.jp）

SBIネット証券との同時開設で為替手数料が破格、手数料も業界最低水準です。投資できる銘柄は、基本的なものは揃っています。

● 楽天証券（https://www.rakuten-sec.co.jp/）

マネーブリッジを利用すれば楽天ポイントを活用可能です。特に、つみたてNISAでの投資信託運用に優れます。投資できる銘柄が若干少なめです。

● マネックス証券（https://www.monex.co.jp/）

取引手数料は業界最低水準です。銘柄スカウター（銘柄分析ツール）などが非常に使いやすく、取扱銘柄数もSBI・楽天証券より多いのが特徴です。中級者以上向けといえます。

● サクソバンク証券（https://www.home.saxo/ja-jp）

取引手数料は前記3証券より高いですが、取扱銘柄数は米国本国で投資するのと遜色ないほどに揃っています。ただし、一般口座のみで確定申告が必要だったり、円貨決済のみだったりと、大きなデメリットがあります。上級者向けといえるかもしれません。

2-2 米国株投資方法

3つの投資方法

米国株に投資する方法は、次の3つがあります。**投資信託**、**ETF**、**個別銘柄**への投資です。違いを簡単に解説します。

投資信託は、日本の運用会社によって運用されるファンド（投資信託）に投資する方法です。ファンドは複数の金融商品に投資して運用実績を出し、それを投資家に還元します。

ETFは、仕組みは投資信託とあまり変わりません。投資信託との違いは、投資信託は非上場で、ETFは上場しているという点です。また、取得価格も異なります。投資信託に投資する場合は毎日算出される基準価格で投資（取得）しますが、ETFは上場しているので、市場

■ 投資信託のイメージ図

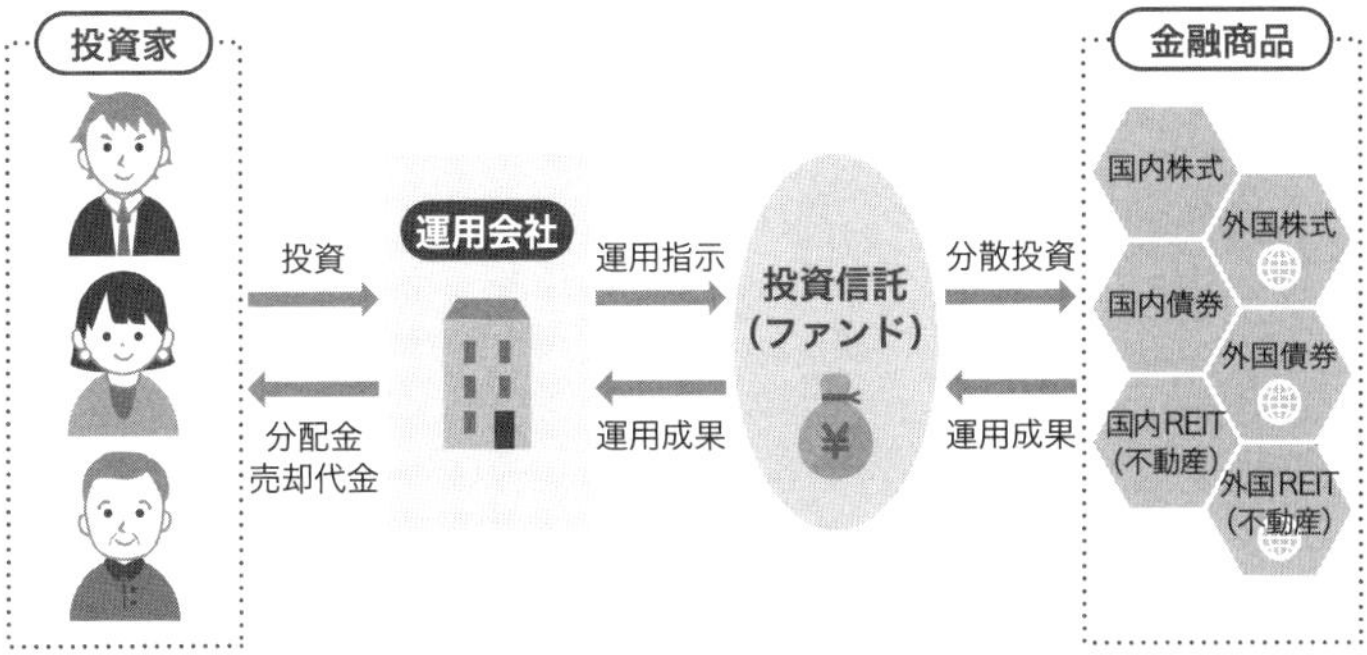

■ ETFと投資信託の違い

項目		ETF	投資信託
上場・非上場		上場	非上場
売買取引		取引所の取引時間中	申込期間中の9時～15時
取得価格		リアルタイムで変動する価格	1日1回算出される基準価格
コスト	取得時の費用	市場で取得する際に、証券会社により異なる売買委託手数料	ファンドによって、また販売会社ごとに異なる販売手数料
	信託報酬	0.06%～0.08%	インデックス型投資信託0.09%～0.15%
	売却・解約時の費用	市場で売却する際の売買委託手数料など	信託財産留保額や換金手数料がかかる場合がある
iDeCo適正		×	○
つみたてNISA適正		×（数種類のみあり）	○

で決まる価格で取得します。

前ページの表に、投資信託とETFの違いを一覧にしました。米国ETFに非常に魅力的な商品が多いために、筆者はETFを主に活用しています。

個別銘柄投資は、企業単位の株式に投資をすることです。コカ・コーラ（KO）、マクドナルド（MCD）といった企業が発行している株式に直接投資をすることですね。

「Ticker（ティッカー）」について

さきほどの個別銘柄の例で紹介した「コカ・コーラ（KO）」のように、個々の銘柄を個別認識するためにつけられた符丁を「Ticker（ティッカー）」（あるいは「Ticker Symbol」など）と呼びます。Tickerは1〜4文字（稀に5文字のものも）で、多くは企業名を省略したものになっています。また、ETFにもTickerがついています。

本書では、銘柄の紹介の際に、企業名に続けてTickerを記載しています。

2-3 米国株投資の種類・属性

投資信託、ＥＴＦ、個別銘柄の３つの投資方法でどのような投資ができるかを紹介します。米国株投資を属性などで大まかに分けると5種類に分類できます。5種類の特徴を理解すると、ぐっと米国株投資への理解が深まります。

本書では、第４章以降で、その5種類をさらに詳しく分析して、どのようなメリット・デメリットがあるか、どんな目的・テーマの人に適しているかを解説していきます。

①S&P500インデックス投資

一般的に米国株投資で「**インデックス投資**」といわれるものは、「**S&P500**」と呼ばれる指数に準じる成績を目指す投資方法です。Ｓ＆Ｐ５００は、ニューヨーク証券取引所、ＮＹＳＥ Ａｍｅｒｉｃａｎ（旧アメリカン証券取引所）、ＮＡＳＤＡＱに上場する銘柄から代表的な500銘柄の株価を基に算出される株価指数です。
本書では、様々な投資方法を解説する際に、インデックス投資のリターンを基準として比較する解説がたくさん出てきます。理由は、**インデックス投資が平均点以上を取れる投資方法**として一般に認識されているからです。

S&P500の強みは、**時価総額加重平均（時価総額が上昇すればするほど、その銘柄の組み入れ率が上昇する）**を採用している点です。米国上場企業から厳選した500社を組み入れて、時価総額が大きい順に組み入れ比率を変更していきます。

ただし、2020年8月末の時点ではS&P500には大きな歪みが生じています。S&P500の指数上昇の大部分を**GAFAM**といわれる5銘柄（グーグル・アップル・フェイスブック・アマゾン・マイクロソフト）が牽引し、その他の495銘柄はほとんどパ

■ S&P500（GAFAM合計とその他495銘柄合計）推移

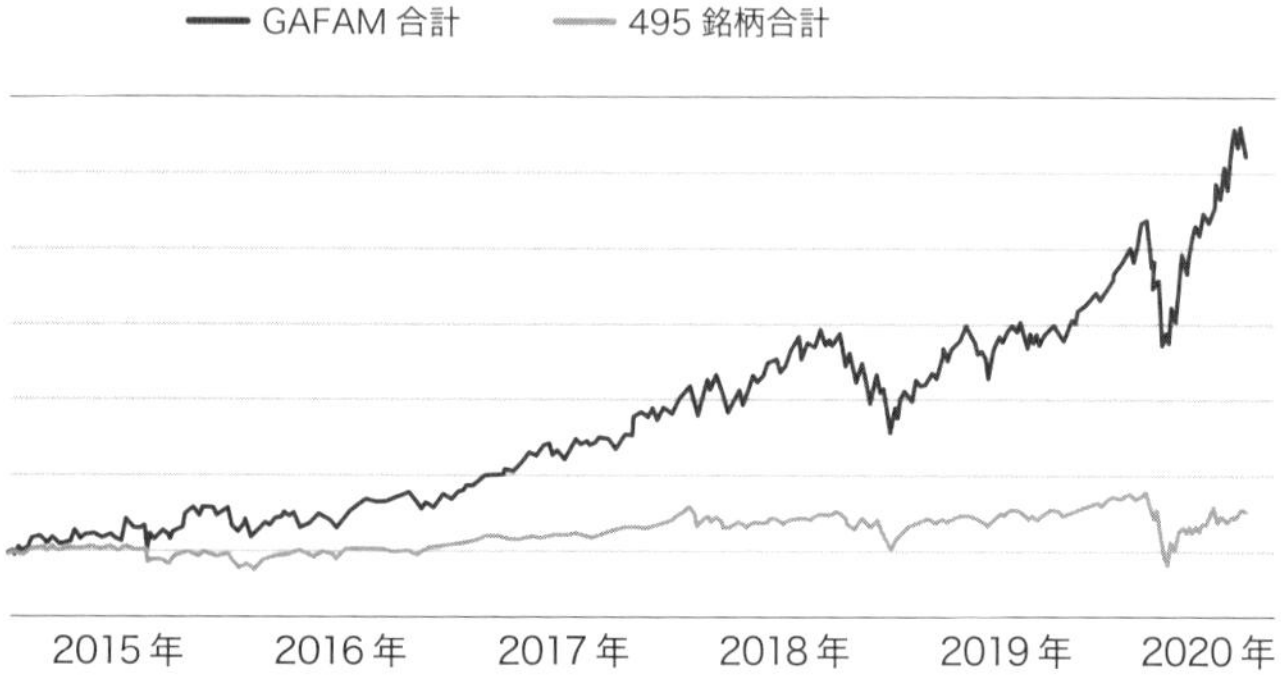

ブルームバーグ（https://www.bloomberg.co.jp/markets/stocks）の公開データを元に作成

フォーマンスが出ていないという状況なのです。
インデックス投資をどう考えるべきか、どう活用するべきかなども含めて、第4章で投資方法を解説します。

②成長株投資

本書ではいくつかの銘柄やETFを、成長株の代表格として解説していきます。**成長株投資**は、米国株のリターンを最大化できる可能性を持つ投資方法です。**米国の経済成長を最も活かせるのが成長株投資**だからです。

株価が大きく上昇するということは、大きく下落するリスクもはらんでいます。しかし、資産形成を少しでもブースト（加速）させたい投資家はチャレンジする価値があると思います。

ハードルが高いといわれる成長株投資について、第5章〜第7章、第10章などでできるだけわかりやすく詳細に解説していきます。筆者が、米国株投資を継続するのに最も魅力を感じているのが、米国株の成長性だからです。

本書の成長株分野

- **GAFAM（グーグル・アップル・フェイスブック・アマゾン・マイクロソフトの総称）**

（第5章）

- **成長銘柄ETF「QQQ」（第6章）**
- **成長株投資（第7章）**

半導体・AI：エヌビディア（NVDA）、関連する個別銘柄やETF「HERO」など

決済サービス・EC（Eコマース）：ビザ（V）、メルカドリブレ（MELI）など

成長ヘルスケア：ダナハー（DHR）、ユナイテッドヘルス（UNH）、テラドック・ヘルス（TDOC）

未来企業：テスラ（TSLA）

- **ESG投資（第10章）**

③高配当株投資

高配当株投資は、日本株投資をしている投資家も注目を集める投資方法ではないでしょうか。JT（日本たばこ産業）などが有名ですね。

もちろん米国株でもこの分野はあります。そして使い方次第では、毎月配当金を得ることも可能です。

一方で、**高配当株投資には大きな弱点やリスク**が存在することもわかっています。それらを

明確にしつつ、投資をするならどういった観点が必要か、どのような銘柄やETFを選択すると失敗しにくいかなどを、第8章でわかりやすく説明していきます。

④安定連続増配株投資

安定連続増配株投資を紹介する理由は、インデックス投資と比較してもパフォーマンスが上回る可能性がありながら、成熟かつ安定経営が行われているため10年、20年といった長期間で考えても安定して株価や配当の成長に期待できるからです。ディフェンシブな投資ともいえます。第9章ではP&G（PG）とジョンソンエンドジョンソン（JNJ）、さらに連続増配ETFを紹介しています。

⑤セクター投資

米国の各セクターにどのような特徴があるかを掴んでおきましょう。同じセクター内でも銘柄によって違いはありますが、基本的に同じセクター内では似た傾向があります。

次ページの表は、筆者が行ってきた投資を通じて得た印象を、11セクターにまとめたものです。「**景気影響**」は景気拡大・後退にどの程度影響を受けるかを表しています。金融とエネルギーは景気循環を単純に追随する（景気拡大のときは株価上昇、後退のときは下落）傾向が強いです。つまり、金融とエネルギーを見れば、米国経済状況の現状がわかります。

景気は、景気拡大の後は景気後退が起こり、その後また景気拡大するというように、基本的に循環しています。その景気循環に対して、どのセクターがどういった影響を受けるかも、ある程度わかっていきます。景気循環とセクターローテーションの関係は注目です（次ページの図参照）。

「**ボラティリティ**」は、株価の上下度合いです。ボラティリティが高いほど株価の上下が激しいということになります。

「**特徴**」はそのセクターにどういう特徴があるかを説明しています。

● **成長**

株価成長銘柄が多いことを表していま

■ セクター評価リスト

セクター	景気影響	ボラティリティ	投資難度	特徴
ハイテク	大きい	高	中	成長
一般消費財	大きい	中	中	成長
通信	低い	低	低い	インカム
生活必需品	低い	低	低い	安定
ヘルスケア	中	中	中	リスクが複雑
公益	低い	低	低い	暴落に強い
資本財	凄く大きい	高	高い	複雑
エネルギー	単純循環	中高	高い	先物的
金融	単純循環	中高	高い	難しい
素材	大きい	中高	激高	先物的
不動産	大きい	中	激高	REITなら可

す。

- **インカム**

配当率が高い銘柄が多いことを表しています。

- **安定**

株価の上下が非常に少なく、キャピタルもインカムも安定している傾向にあります。

- **リスクが複雑**

ヘルスケアは政策リスク、買収リスク、製薬の特許切れリスクなど、リスクが多岐にわたるためです。

- **複雑**

資本財に関わる分野が航空、軍需、建築など多岐に渡り、それらすべてが影響し合うためです。

- **先物的**

銘柄企業の業績よりも、先物取引など株式取引とは別の相場状況に左右されやすいことを表して

■景気循環とセクターローテーション

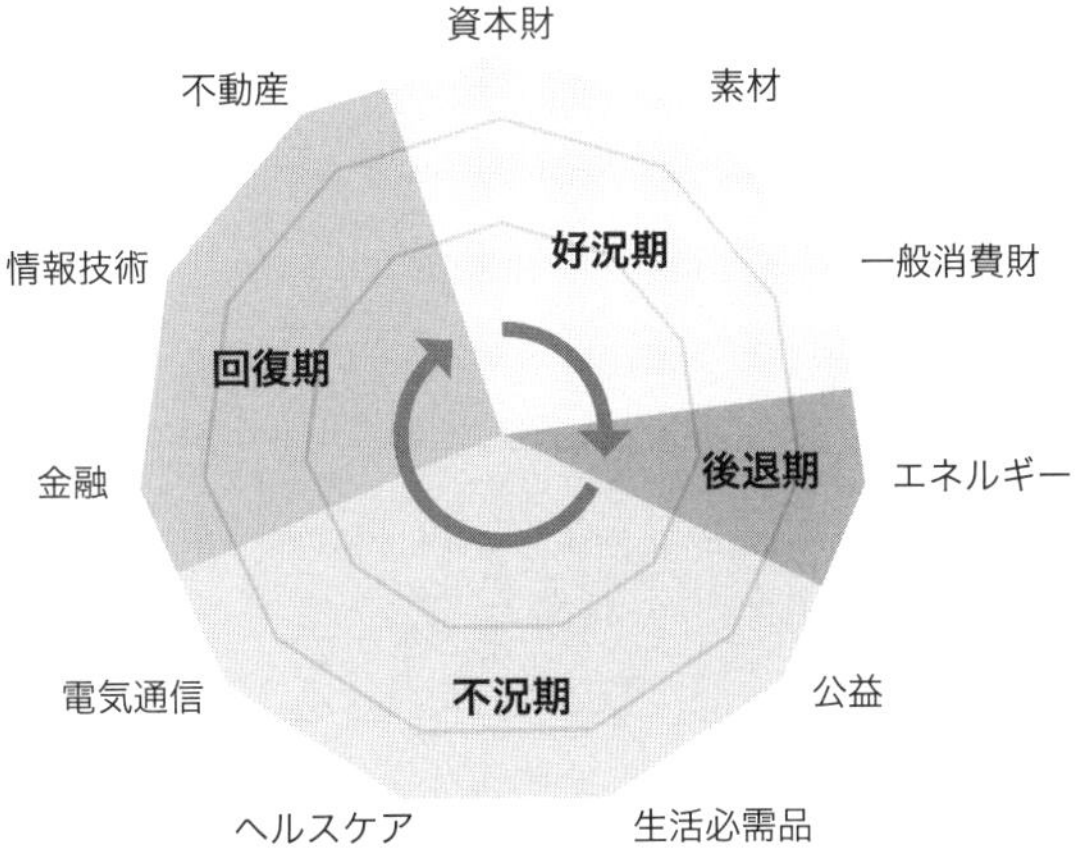

います。

- **REITなら可**

不動産投資はＲＥＩＴ　ＥＴＦを利用するなら可能ですが、米国の不動産への直接投資は日本からは不可です。

「**投資難易度**」は、米国株初心者にとっては非常に重要です。投資難易度は、ボラティリティや景気影響も考慮して設定しています。米国株投資を始めたばかりの人、あるいは本書で米国株投資に挑戦してみようという人は、投資難度が低いセクターの銘柄から始めることをお勧めします。投資難度が高くなるほど複雑な要素が絡み合ってくるので、投資しても思ったような結果が出ない可能性が高いためです。

セクターETFでセクター全体に投資

個別銘柄ではなく、各セクター全体に投資する方法があります。世界3大資産会社で最大のインデックスファンドでもあるバンガード社が**セクターETF**を展開しています。パフォーマンスを確認しながらセクターＥＴＦを紹介します。

セクターＥＴＦは経費率０・１０％、配当は年4回、配当月は3、6、9、12月です。

パフォーマンス的には圧倒的に**ハイテクセクターが優れています**。そのため、セクターETFで投資するなら、現在は**VGT**が最も優れたパフォーマンスを出せることになります。GAFAMの中でもアップル（AAPL）とマイクロソフト（MSFT）はこのセクターに属しています。2020年8月末時点、この2つの銘柄でVGTの約40%を占めています。

エネルギーと金融セクターは非常にパフォーマンスが悪いです。エネルギーは、第8章で解説する**ESG**という再生エネルギーへの投資が世界中で広まっているために、石油産業ベースのエネルギーセクターは、今後パフォーマンスが

■セクターパフォーマンス

セクター	セクターETF	配当率	1年パフォーマンス	ベストパフォーマンス	ワーストパフォーマンス
ハイテク	VGT	1.1%	14.43%	61.7%	-43.1%
一般消費財	VCR	1.2%	11.91%	43.1%	-33.5%
通信	VOX	0.9%	7.35%	32.7%	-30.5%
生活必需品	VDC	2.5%	8.78%	27.6%	-15.4%
ヘルスケア	VHT	1.9%	9.95%	41.5%	-22.8%
公益	VPU	2.9%	6.91%	29.0%	-29.0%
資本財	VIS	1.7%	5.72%	40.7%	-39.9%
エネルギー	VDE	3.4%	-4.48%	34.4%	-34.9%
金融	VFH	2.2%	-1.06%	35.6%	-55.3%
素材	VAW	1.9%	6.08%	48.6%	-45.7%
不動産	無し	無し	4.14%	32.3%	-42.3%

伸びないかもしれません。

「攻め」という点ではハイテクセクターのＶＧＴが最も優れていますが、「守り」を固めながら安定してパフォーマンスを出すという観点では、**生活必需品セクター**の**VDC**が最も優れています。ワーストパフォーマンスの年でもマイナス15％で済んでいるのは非常に心強いです。本書でも紹介しているＰ＆Ｇ（ＰＧ）などがこのセクターに属しています。

不動産は、バンガードシリーズのＥＴＦではないですが、配当率３・８％の**XLRE**や配当率４・０％の**IYR**といった不動産（ＲＥＩＴ）ＥＴＦへ日本からも投資できます。タワーＲＥＩＴやデータセンターＲＥＩＴといった、５ＧやＡＩのキーになるインフラを提供している**REIT**を、ＸＬＲＥは40％、ＩＹＲは30％ほど組込んでいるため、今後はある程度パフォーマンスも期待できると思います。

第3章

投資の目標とテーマの設定

3-1 自分自身の目標・テーマを設定する

ここまでの解説で米国株投資をどのように感じたでしょうか。マネーゲーム、貯金感覚、マネーマシーン、リスクがありそうで怖い……。感じ方は人それぞれです。ただ1つ、米国株投資が「資産形成・運用」を大きく助けることは強く感じていただけたのではないかと思います。

ここからは、米国株投資を失敗しないための、もみあげ流の考え方を解説していきます。見落とされがちなのですが、投資・米国株投資で成功するために、最初に考えなければいけない非常に大切なことがあります。それは銘柄や投資方法の選択ではありません。

投資で成功するには、「何を選ぶか」よりも、「投資で何を成し遂げたいか」を先に考えることが大切です。**投資における目標・テーマ設定**ですね。

その後、どの米国株に投資するかを決めてください。これが定まっている人ほど、間違いなく投資は成功します。ここから1つずつその目標を決めるための手順を踏んでいきましょう。

3-2 米国株投資で何がしたいかを決める

投資を始める前に目標を設定する

投資に一気に飛び込むことも否定しません。「試してみる」という第一歩は凄く大切です。心理面からも「すでに投資している」「まだ投資していない」という違いは大きく、考え方も変わってくるでしょう。

ただ、始める前にできれば一度立ち止まって、「**米国株投資で何がしたいか**」について考えてみることは非常に有効だと思います。

「お金持ちになりたい」

「ＦＩＲＥしたい」

「生活補助の資金が欲しい」
「事業立ち上げの資金を作りたい」

このような、自分の現在の資産から何年後にどうなっていたいかを設定するのは、投資において非常に重要です。もちろんざっくりとした目標で問題ありません。それにより、どのような方法で米国株投資をするべきかがおぼろげながらも見えてきます。

「**FIRE**」（Financial Independence / Retire Early：経済的に自立した早期退職）したいなら、アーリーリタイアするためにはいくら必要か考えてみましょう。5000万円でしょうか、それとも1億円必要でしょうか。何年後にFIREしたいか時間軸も非常に大切です。例えば「10年後に5000万円貯めてFIREしたい」といった具合に目標設定します。

現在1500万円持っていて、それをすべて初年度に投資し、さらに毎月15万円追加投資でき、年率5％のリターンが出る場合なら、10年後には4800万円になる計算です。元手3300万円なので1500万円増加したことになります。45％の増加率です。

10年間で45％も増加したなら、大成功の株式投資だと思います。しかし、それでも目標の5000万円には200万円足りません。その場合は、投資年数を増やすか、投資資金を追加するか、支出を減らせないか、などを検討できます。

時間を味方につける

しかし、そもそもこのプラン自体非常に厳しいものかもしれないですよね。特に、投資元金と年数です。年数を想定するのがなぜ重要かというと、米国株長期投資における最大の武器である「**時間**」を味方につけられるからです。時間を味方につけるというのは、何年間投資を継続できるかということです。

例えば、先ほどのように5000万円の資産形成を目標にするとします。元手500万円、毎月10万円投資を継続する場合は、年率5%だと19年で5100万円になります。10年で5000万円の資産形成より随分負担も軽くなるし、これなら頑張ればなんとかなりそうです。

このように、投資継続年数によって、投資の元金がどれだけ必要かが全く変わってきます。このことを考えてスタートするのは非常に大切です。

3-3 資産総額を増やしたいか、生活補助を増やしたいか

資産総額を増加させたいか、**生活補助**を増加させたいか。この点は非常に大切です。それによって、投資信託、ＥＴＦ、個別銘柄、そして高配当株か成長株か、など投資先・手段が変わってきます。

資産総額を増やしたい場合は、資産形成（資産の総額を増やす）に最も適した投資手法を選択するべきです。生活補助を増やしたい人は、**資産形成よりも資産運用に重きをおく**と解釈すると、資産運用（十分な資産によって配当金などを得る）によって生活自体を楽にする投資手法を選択するべきということになります。

シンプルに考える

資産形成に重きをおくか、資産運用に重きをおくか、シンプルに考えてみましょう。

資産形成に重きをおく場合

- **投資信託のS&P500インデックス投資なら、総資産を増やしつつ、最終的には毎月定額で切り崩すか、一括で売却する**
- **ETFのS&P500投資なら、総資産を増やしつつ、配当金も入手していく**
- **成長銘柄への投資なら、順張り（株価が上昇局面に入っている銘柄への投資）を積極的に行っていく。とにかく資産総額を増やすことに集中する**

資産運用に重きをおく場合

- **高配当銘柄への投資なら、含み損は気にせず、配当を増やすことに注力していく**

このように、できる限りシンプルに考えた方がよいでしょう。投資方法によって役割を分けた方が、自分の中でのテーマや目標を達成しやすいためです。複雑に考えるほど、パフォーマンスは劣化する傾向があります。

複利を活かす

利益の先取りか利益の積み上げか、それ以外に「**複利**」の力を活かすことも大事です。配当金を早期に入手しても、それを再投資することで、資産総額は全く違ってきます。

例えば、初期投資1００万円で配当率３％（配当課税20％を差し引いたとして2・４％）の配当金を再投資するだけでも、30年間継続すれば、元金の１００万円は2倍の２００万円まで増加します。複利の力を活かすだけでこれだけの効果が出ます。これに株価成長が加われば大きく資産形成が進むことは想像できると思います。

3-4 資金余力を考える（アセットアロケーション）

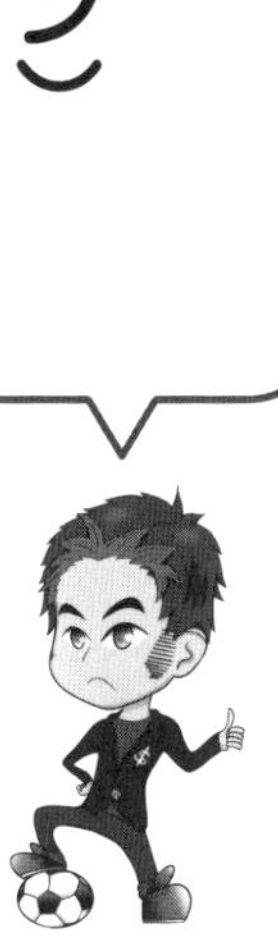

投資資金に回すお金は、生活からの余剰資金にしてください。

一般的に**アセットアロケーション**（**資金余力**）を考える場合、現金比率は年齢によって変化するといわれます。

- **20歳＝現金比率は総資産の20％**
- **30歳＝現金比率は総資産の30％**
- **40歳＝現金比率は総資産の40％**

年齢が若いほど現金比率が低い（投資比率が高い）理由は、20代の方がリスクをとった資産形成を行った方がリターンがいいという考えからです。一般的には、投資と現金の比率は

60%：40%程度が、標準的で無理がないといわれています。現金比率を低くするほど、当然リスクは大きくなります。

この比率は、年齢だけでなく家族構成によっても異なります。年齢・家族構成・地域・職種などを考慮しながら、自身にとって最も無理がない現金比率で長期的に投資を継続できるかどうかといった観点で、最適値を見つけるのがベターです。

資金余力は割合（%）で考えてもいいですが、**余剰資金が総額いくらあるか**も意識した方がよいでしょう。例えば、1000万円の資産を持つ人の20%（200万円）と、100万円の資産を持つ人の20%（20万円）では全く意味合いが異なります。

これがなぜ大事かというと、10年や20年といった長期投資では、様々なライフイベントが発生するからです。結婚・出産・お葬式など突発的な費用が発生する可能性もあります。もしかしたら勤め先の業績が悪化してボーナスがなくなることもあり得ます。そのときに投資にお金を入れすぎると生活自体が苦しくなってきます。そういったケースでは、資金余力は生活費の半年分を残しておく、といった形が適切になるかもしれませんね。

余裕がなくなると、無理な投資をしたり、投資を辞めてしまったりということにもつながります。余剰資金の管理を徹底するのは、その点からも非常に大切です。

3-5 投資資金を増やす（入金力を高める）

給料を増やすか、節約で支出を減らす

投資によってリターンの総額を増やすために最も効率的なのは、投資資金を増やす（入金力を高める）ことです。投資資金を増やすには2つの要素が考えられます。1つは本業の給料を増やすこと。そしてもう1つは、**固定費などの支出を減らすこと（節約）**です。どちらが簡単かというと、支出を減らす方がハードルが低いはずです。

支出を減らす方法としては次のようなことが考えられます。

- 固定費としての携帯通信料の削減 ⬇ SIMフリー携帯など
- 節税としてのふるさと納税の活用
- ライフプランに合わせた保険契約の見直し

自身にとって一度最適な状況は何かを、投資をきっかけに見直してみてください。もし1ヶ月に1万円削減して、年間で12万円をS&P500に投資できたら、年率5%で20年間投資を継続した場合、投資利益が170万円ほど出る可能性があります（投資金額と合わせて総額510万円の資産）。1ヶ月1万円でも長期投資によって大きなリターンを見込めることを想像してみてください。

本業での給料上昇ですが、非常に難しいことだと思います。ただ、投資をどのように捉えるかは人によって違いますが、投資だけでお金持ちになることは非常に難しく、本業による入金が資産形成では必須条件であることも、忘れないようにしてください。

3-6 投資は人生を豊かにする「お手伝い」ツール

長期間投資を続けられる、負担が少ない方法を選ぶ

自分自身への投資を忘れないでください。人生を豊かにするのは投資ではありません。投資はあくまで資産形成を「助ける」ための手段であって、人生を豊かにするのを補助するツールだと考えてください。

投資だけで「**億り人**」といった1億円以上稼いでお金持ちになれる人は、ごく限られた才能のある人だけです。才能だけでなく、投資タイミングなどにも大きく左右されます。もちろん、それを目指すことは否定しませんし、チャレンジは応援したいと思います。

ただし、ほとんどの人の場合、投資にすべてのエネルギーを注ぎ込んでしまったら、本業がおろそかになったり、1日ごとの値動きに敏感になって精神的に大きなストレスを感じる恐れも高くなります。

ただでさえ投資は、自分の大切なお金をリスクを取って行う資産形成です。そのために、自身にとってできるだけ精神的負担が少ない方法を選択するほうが、長期的に投資を継続できるのは間違いないでしょう。

第4章

目的にあった投資方法の選択とインデックス投資

4-1 目標にあった投資方法の選定

多くの投資方法から選定する理由

本書ではたくさんの投資手法を紹介します。それはなぜでしょうか。

インデックス投資・高配当投資を、筆者が厳選して紹介することは簡単です。選定した投資のメリットだけを強調して紹介してもいいのですが、実際にはすべての投資方法にはメリットとデメリットがあります。デメリットを知らずに「これが儲かる！」と勧められた方法だけで投資を行った場合、仮に利益が出ても喜びは少ないですし、ましてや損失が出たら納得できないでしょう。

様々な投資手法を知ったうえで、比較して自分にあう投資手法を選ぶことは、選択した投資手法に対しての納得感につながります。逆に、限定的な情報しかない状況で選んだ投資手法を採用して、後にさらにいい（自分にあった）投資手法を見つけた場合、自身の選択を後悔する恐れもあります。

様々な投資手法のメリット・デメリットを知り、その中で自分に最も適している投資を選択してほしいのです。

もみあげ流投資メソッドで最も大切にしたいのが、読者1人1人が最も納得できる米国株投資を選ぶ、手伝いをするということなのです。

個別銘柄を選択する際の「大前提条件」

S&P500インデックス投資を除いて、ETFや個別銘柄を選択する場合には、次の**5つの大前提条件**があります。

1 財務健全な企業を選ぶのは当たり前

2 長期的な将来性

インフラ・身近で欠かせないサービス・商品を提供している企業を選択する重要性を意味します。

3 企業が事業を営む市場規模と成長性

4 ワイドモートを築いている銘柄を選ぶ

ワイドモートとは、その分野において他社を寄せ付けない圧倒的な強みを有しているということです。

5 CEOの魅力がとにかく大切

経営者という側面からも、企業の魅力を高める意味でも、CEOが魅力的な企業に投資するべきです。例としては、テスラのイーロン・マスク氏、マイクロソフトのサティア・ナデラ氏、アマゾンのジェフ・ベゾス氏など。米国企業において、CEOは実務的な経営力だけでなく、企業イメージを体現する看板としての魅力も求められます。

米国では、企業の主要な株主である個人投資家や機関投資家が、株主の得られる利益の最大化を常に求めていて、企業の取締役会もこうした株主の利益を保護するために企業経営を監視する役割が期待されています。そのため、企業の収益・成長性などが悪化した場合は、CEOが交代することが頻繁にあります。

それだけ株主の発言力が強いですし、CEOに課せられた責任が日本より重いと考えてもらえればいいと思います。

前提条件をベースにテーマを思い浮かべる

投資銘柄の選択では、必ず「**テーマを思い浮かべる**」ことが必要です。テーマというのは、「これからの世界がどのような形になるか」というイメージに基づいた、未来へのストーリー・自分なりのシナリオです。

なぜこれが必要かというと、銘柄を選ぶ際にテーマが構築されていれば、何か問題が起こったときや突然の暴落が起きたときに、冷静に対処できます。トラブルや暴落の原因が、株式市場全体の問題であるか、その銘柄固有の問題であるかを見極め、銘柄固有の問題でなければ、銘柄を信じて投資を継続できるからです。

そして、投資銘柄に対してどのような事象がキーワードになるかを想像できていれば、世界のニュースをチェックしたときに、投資銘柄がさらに成長する可能性があると予測することも可能になってきます。

筆者の失敗談

2020年3月のコロナ暴落の際の、筆者の失敗経験を紹介します。筆者は「AWK」（アメリカン・ウォーター・ワークス）という銘柄に投資をしていました。

この銘柄は「ウォーター」という単語からわかるように、米国の水関連事業を営む、公益セクターに属する銘柄です。米国では水道事業が民間運営されています。AWKは米国最大手で米国内の水道事業において寡占性が非常に高く、時価総額が最も大きく、コロナ暴落前まで寡占性を高めていました。

株価の上昇率としては、5年間でS&P500と比較した場合は2倍以上の素晴らしいパフォーマンスだったのです。さらに、**公益セクターは基本的に暴落にも強く、暴落が来たとしてもS&P500よりは暴落耐性が高いという先入観**がありました。

水道事業は生活に必要であるため、コロナ暴落でも株価への影響は軽微だと想像していたのです。水道インフラは必要不可欠で、ライフラインとして欠かせないことは容易に想像できると思います。

ただし、筆者の想像力が足りなかった点がありました。2020年3月のコロナ暴落で、AWKもS&P500と同様に暴落しました。S&P500が35%近く暴落したのに対して、AWKもほぼ同じくらいの暴落でした。

なぜ暴落したのでしょう。それは、新型コロナパンデミックによって**失業者が米国で2000万人以上にも膨れ上がり、政府からの支援が行われるまでは水道料金を支払えない**という状況が発生したためでした。

そしてもう1つ。**米国でロックダウンが実施されたため、製造業関係の工場が操業停止したことで、水道使用量が極端に減少した**ことも、同社の業績を低下させました。

さらに、コロナ暴落時に同時に原油価格も暴落しました。**米国の原油産出量は実は世界一**になっています、そして米国の原油を支えているのはシェールオイルです。**シェールオイルは、掘削時に大量の水を必要とします**。原油価格下落で採算性が悪化したシェールオイル企業の倒産が相次いで産油量が落ち込むことで、水道使用量が極端に減少しました。

その後、S&P500が3月のコロナ暴落から6月までに40%以上回復していた中で、AWKは35%以上しか回復できていませんでした（2020年7月末には景気回復を受けて急激に株価回復中）。

AWKという企業は、水インフラという生活に必要な公益企業としての側面があるのですが、米国では水道使用料は景気に大きく左右されるということを見落としていたわけです。

筆者には「ライフラインにおける水」しか見えていなかったんです。電気・水道・ガスなどのライフラインのうち、日本では水道が止まるのは一番最後といわれています。しかし、米国では水を使用する消費者の状況によって水道企業の業績が変化しやすく、そして「産業としての水道」という構造を理解しきれていなかったことによる失敗です。

これは一つの例ですが、株式投資においては、投資銘柄の事業構造を調査したうえで、自分なりの分析で銘柄の特性を想定できていたほうが、納得感を持って投資継続できるはずです。

今後の「注目テーマ」

これからの米国株投資において、筆者は次の7つのテーマに注目しています。

- **AI**
- **5G**
- **半導体**
- **クラウド**
- **サブスクリプションモデル**
- **コロナによる働き方の変化（リモートワーク）**
- **インドなどの今後成長が見込まれる国へのビジネス展開**

「企業が事業を営む市場規模と成長性」に関連するテーマです。これらのテーマに沿った、成長戦略を取っている銘柄をピックアップして紹介します。

米国株投資でなぜインドに注目するのか

米国株投資だから、米国にのみ注目すれば良いということではありません。米国企業の多くは様々な国に投資や事業を展開しています。その投資先として現在最も有力なのがインドです。

二十一世紀に入って目覚ましい経済発展を遂げた中国の成長は、今後も継続するでしょう。しかし、中国は基本的に中国共産党の一党支配による社会主義国です。経済運営も、かつての計画経済ではないものの、国家による統制が基本で、市場を完全に解放しているわけではありません。そのため、外国資本が事業を拡大することが極めて難しいのです。

事実、ＧＡＦＡＭの一角で世界一のＥＣ（Ｅコマース）企業であるアマゾンは、２０１９年に中国から撤退しています。中国国内のＥＣ事業は、アリババとＪＤで中国の80％を占めています。中国は外国資本の企業の中国進出を推奨する一方で、厳しくコントロールする政策を進めてきました。外資系企業にとっては様々な制約があり、中国国内で自由にビジネスを展開できる環境にはありません。

インドを注目する理由としては、いくつかの点が挙げられます。「人口」「労働人口」「市場規模の成長性」です。

●**人口推移予想　2020年⬇2030年（「世界の統計2018」総務省統計局より）**

インド：13億8319万人⬇15億1298万人

アメリカ：3億3143万人⬇3億5471万人

中国：14億2454万人⬇14億4118万人

日本：1億2532万人⬇1億1912万人

今後10年間で、インドの人口はアメリカ・中国・日本などと比較しても、圧倒的な増加が見込まれています。経済成長に人口増加は欠かせない要素なので、非常に重要です。

●**2020年時点の中位数年齢（「世界の統計2018」総務省統計局より）**

インド：28・2歳

アメリカ：38・3歳

中国：38・7歳

日本：48・7歳

中位数年齢というのは、人口を年齢順に並べたときに、人口がちょうど半分になる年齢です。

世界で最も高齢化している日本との比較ではもちろんですが、アメリカや中国と比較しても10歳若い28歳前後というのは驚異的です。若い労働力には事欠かないということです。

- **2020年のアメリカ・中国・日本のEC市場規模（推定）**

アメリカ：4198億ドル
中国：1兆19億ドル
日本：991億ドル
インド：1031億ドル

2020年現在、**インドのECの市場規模は日本とほぼ変わりません。しかし、インドの人口は日本の約13倍です。**人口規模がインドと同程度の中国で、インドの10倍以上のEC市場があることを見ても、インドで今後経済発展が進み、ECのインフラが整えば、極めて高い成長の可能性があることがわかります。

インドのEC市場規模は、2015年の230億ドルから2020年には1030億ドルへと4倍以上に増加しています。インターネットとスマートフォンの普及率は30％弱です。これらの数字を見ても、インドには潜在的な成長余力が十分あることがわかります。

4-2 インデックス投資（平均点以上を取る投資）

市場に参加する投資家の平均点以上を目指す方法が、「**インデックス投資**」といえます。インデックス投資は、米国株投資に興味を持った人であれば、一度は聞いたことがあるかもしれないですね。

インデックス投資とは、S&P500のような株価指数と連動するように**インデックスファンド**が運用する投資信託やETFへの投資を意味します（投資信託とETFの違いについては76ページで解説します）。

インデックスファンドとはそもそも何なのか？

インデックスファンドは、別名**パッシブファンド**といいます。インデックスファンドは、S

&P500指数を対象にその指数と連動した成績を目指すファンドです。インデックスファンドの対義語として**アクティブファンド**があります。アクティブファンドは、個別株投資などで指数平均値を上回る運用を目的として運用されるファンドと考えてください。

世界で初めての個人向けインデックスファンドは、ジョン・ボーグル氏が設立したバンガード社が1976年に設定しました。

運用実績でアクティブファンドに勝るインデックスファンド

この「インデックスファンド」が世界的に認知されるようになった理由はいくつかあります。2002年に、「プロスペクト理論」によってノーベル経済学賞を受賞し、「**行動経済学**」の第一人者である**ダニエル・カーネマン**の「ファスト&スロー」という著書で紹介されている有名な話があります。

50年間にわたるデータを基にした調査によれば、「投資マネージャーの運用成績はサイコロ投げにも劣る。この調査によれば、少なくとも投信・ファンドの3件に2件は、市場全体のパフォーマンスを下回っていた」という話です。

要は、「アクティブファンドを利用するくらいなら、コイン投げで運用した場合の的中率（5割）の方がまし」ということです。

また、かの有名な世界一の投資家、「オマハの賢人」と呼ばれる**ウォーレン・バフェット**氏も、自分の死後に備えて妻に「**資金の90％をＳ＆Ｐ５００に投資せよ**」という言葉を残しています。

それは、次の理由からでした。

ウォーレン・バフェットとあるファンドが、インデックスファンドとアクティブファンド５本で勝負し、どちらが勝利するか（高利回りを出すか）を10年間において賭けた結果、10年間でＳ＆Ｐ５００が１２５・８％（約２・３倍）上昇したのに対して、５本のファンドのうち成績の良いものでも８７・７％しか増えず、最も利回りの低いファンドではたった２・８％しか増加しなかったそうです。

これらの逸話が、インデックス投資を世間的に認知させることになりました。インデックス投資が、現代において最も効率がいい投資の１つといわれる理由ですね。

株式市場を席巻する「世界ビッグ３」

現在、インデックスファンドを運用する代表的な資産運用会社3社を指して、「世界ビッグ3」と呼ばれています。ビッグ3は1位の**ブラックロック**、2位の**バンガード**、3位の**ステートストリート**で、この3社でＳ＆Ｐ５００企業の90％の最大株主であり、市場規模４２００兆円ある米国全上場企業の40％で筆頭株主になれる規模であることがわかっています。

インデックスファンドが特に注目を集めるようになったのは、２００８年に端を発したリーマンショックからです。以降、アクティブファンドからインデックスファンドへの資金シフトが続きます。２０１６年には、アクティブファンドから40兆円資金が流出する一方、インデックスファンドには60兆円の資金が流入し、さらにアメリカ株式投信の20％以上がインデックスファンドで運用されているといわれています。

インデックスファンドの資産額は２０１９年8月末時点で４兆２７００億ドル（約４６１兆円）と、月次報告ベースで初めてアクティブファンド（４兆２５００億ドル）を上回りました。「金融市場の最も劇的な変化の一つ」だと報道されました。

インデックスファンドが運用するインデックス投資に個人が投資するには、次の２つの方法があります。

- **投資信託でのＳ＆Ｐ５００インデックス投資**
- **ＥＴＦでのＳ＆Ｐ５００インデックス投資**

この２つに関して簡単に説明していきます。

投資信託でのS&P500インデックス投資

投資信託を利用したS&P500インデックス投資には、何種類か商品があります。特にその中でお勧めできる投資信託を紹介します。

投資信託を選択する場合、とにかくシンプルに**信託報酬が安価な投資信託**を選択するべきです。その観点からすると次の3つから選べば失敗はないでしょう。

- **eMAXIS Slim 米国株式（S&P500） 信託報酬0.088%**
- **SBI・バンガード・S&P500インデックス・ファンド 信託報酬0.094%**
- **楽天・全米株式インデックス・ファンド（楽天VTI） 信託報酬0.162%**

この3種類はつみたてNISAを利用できます。つみたてNISAは年間40万円までの投資であれば、それによる投資益に対しては非課税になる制度です。投資信託とつみたてNISAの組み合わせは、米国株投資の基本かつ鉄板ともいえるので、活用しない手はありません。

投資信託での米国株投資では、基本的に**配当はない**ものとお考えください。配当をもらう方法もありますが、配当ありにすると著しくパフォーマンスが落ちるのでお勧めできません。

米国ETFでのインデックス投資

米国ETFでのインデックス投資にも、次のようにいくつかの商品があります。

- **VOO（S&P500連動のインデックスETF）**
- **SPY（S&P500連動のインデックスETF）**
- **VTI（S&P500以外の米国企業小型・中型含む）**

これら3種類の米国ETFは、楽天・SBI・マネックスの3つの証券会社が取り扱っています。手数料が無料というのも魅力的です。

VOOとSPYはS&P500に連動したインデックスETFです（ちなみにVOOは、Vが数字の5、OOは数字のゼロを表し、S&P500の500銘柄を表しています）。VTIはS&P500インデックス投資とは違いますが、米国全体に投資をしており、S&P500にも勝るとも劣らない優位性を持っているので、敢えて追加しています。

これら3種類のETFは運用成績も非常に優秀で、運用資産額も年々増加しています。**優秀なETFは資産額も増加していく**ので、ETFに投資する際には運用資産額も気にしたほうがいいでしょう（下グラフ参照）。

VOO・SPY・VTI徹底比較

3つのETFを基本データで比較してみます。ほとんど大きな差はないですが、何を選べばいいか迷うこともあると思うので、違いを明確にしていきます。

設定年は、SPYが1993年と最も歴史があります。そのためか、純資産額も他のETFの2倍になっています（次ページ表参照）。ただし、SPYの信託手数料は0・09%と、他のETFの0・03%より高いですね。ほとんど差がないとはいっても気になる点です。

1年間のパフォーマンスはVTIが6・3%と他の2つ（7・3%）と比べて低いです。これは、VTIが中

■3つのETFの2015年からの運用資産額推移

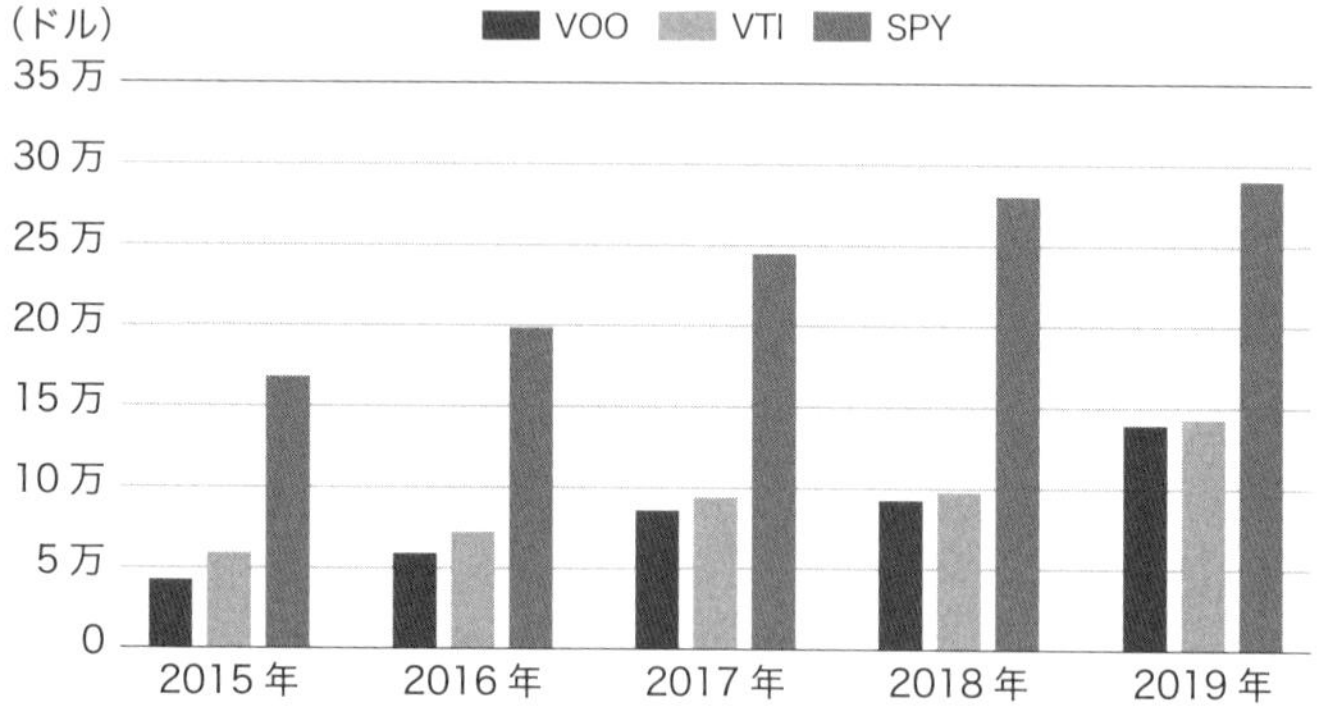

小企業も含んでいてその株価が大きく下がったためです。ただし、中小企業を含むメリットもあります。中小企業の中には成長性が高い企業もあり、中小企業の業績が安定し出すとパフォーマンスが向上することです。

組み入れ銘柄はVOOとSPYはともに500銘柄ですが、VTIは3500以上です。VTIの分散力は圧倒的です。

平均取引は1日に取り扱われる出来高です。出来高が大きいほうが人気が高いといえます。実際、米国でS&P500インデックス投資というとSPYが選ばれることが多いです。日本ではVOOですね。さらに、SPYの出来高が他の2つと比べて20倍以上あるのは、機関投資家が好んで扱うETFであるという理由もあります。それを反映するように、トラッキングエ

■ 3つのETFの基本データ

銘柄	VOO	VTI	SPY
運用会社	バンガード	バンガード	ステートストリート
単価($)	300	166	327
設定年	2010年	2001年	1993年
信託手数料	0.03%	0.03%	0.09%
純資産額	$137B	$140B	$289B
配当率	1.88%	1.85%	1.85%
1年パフォーマンス	7.3%	6.3%	7.3%
設定来騰落率	13.3%	7.4%	9.4%
平均取引	300万株	300万株	6500万株
トラッキングエラー	0.03	0.03	0.04

ラー（指標としているインデックス指数と運用結果の誤差）は、ＳＰＹが０・０１ほど大きいという結果になっています。

結論として、**圧倒的な純資産額で安心感を得たいならＳＰＹ**、とにかく**Ｓ＆Ｐ５００インデックスに忠実な動きを目指すならＶＯＯ、米国全体に投資をしたく、中小企業の成長率も期待したいならＶＴＩ**という選択になるでしょう。

投資信託とＥＴＦの違い

投資信託とＥＴＦの主な違いは、第２章の31ページの表を参照してください。様々な違いがありますが、大きな違いは**投資信託は非上場でＥＴＦは上場している**という点です。

投資信託への投資は、ファンドが１日１回算出した株価で投資します。米国ＥＴＦへの投資は、上場したＥＴＦのリアルタイム株価で投資します。

投資信託は定期積立設定も可能なので、設定してしまえば「投資をしていることを忘れて」積立投資を続けることができます。一方、米国ＥＴＦでのインデックス投資は、証券会社を通じての投資を自分自身で行う必要があり、その都度ＥＴＦの株価をチェックする必要性があります。

投資信託は基本的に円建て（日本円）での投資です。米国ＥＴＦの場合は円での投資もできますが、円で投資する場合は通常より大きな為替手数料を取られてしまうので、ドルに両替してから投資することがベターです。

インデックス投資のメリット

● 米国株投資の優位性を理解して信じることができれば、永続的に積み立て感覚で投資を継続できる。そして市場平均よりも高リターンを出せる可能性が高い

● 時間効率を考えた場合、可能な限り少ない時間で最大効率を出せる方法の1つ

１００円からできる投資信託は、投資の最初の一歩として利用しやすいでしょう。

ＥＴＦも、Ｓ＆Ｐ５００とほぼ同じ動きをするＶＯＯや、米国の全企業の株価指数（インデックス）と同じ動きを目指すＶＴＩなどのＥＴＦは、取得単価が非常に安いです。１株から投資できる米国株のメリットでもあります。なお、２０２１年から日本でもこの制度の導入を検討しています。

インデックス投資のデメリット

1 S&P500をプラスに大きく引き上げているのはGAFAMの存在で、高パフォーマンスが一部企業の業績に大きく依存している

２０２０年6月末時点、年初来でＧＡＦＡＭ（グーグル、アップル、フェイスブック、アマゾン、マイクロソフトのＩＴ業界で支配的な業績を持つ5社の総称）はプラス23％のパフォーマンスですが、ＧＡＦＡＭを除いた４９５銘柄はマイナス８％のパフォーマンスでした。ＧＡＦＡＭがＳ＆Ｐ５００全体を5％も引き上げていることになります。

これはＳ＆Ｐ５００が強い理由の1つともいえます。時価総額加重平均を採用しているために、ＧＡＦＡＭが成長すればするほどＳ＆Ｐ５００も上昇することになります。

ただし、逆にこれがＳ＆Ｐ５００の弱点でもあります。ＧＡＦＡＭにあまりにも頼っているために、他の組み入れ銘柄にパフォーマンスが非常に悪い銘柄を組み入れてしまっていることになるのです。

インデックス投資はＳ＆Ｐ５００が柔軟に組み替える仕組みを利用しています。とはいえ５００の銘柄を組み入れているためにパフォーマンスが低い銘柄に引っ張られてしまうという弱点ともいえます。

2 投資的には非常に退屈

S&P500インデックスETFなどに投資を継続していくだけなので、それ以外は本当に何もすることがなく退屈な投資です。

ただし、これはメリットと表裏一体です。投資信託であれば自動積立を設定しておいたり、ETFであれば毎月同じ日に投資することを決めて実行したりすれば、投資に関してはほぼ何もする必要がありません。投資に要する時間を最小限にすることで、家族との時間・趣味の時間・勉強の時間を大きく確保できます。投資に時間をかければ必ず結果が得られるわけではないので、投資にかける時間を最小限にするなら俄然インデックス投資がお勧めです。

3 インデックス投資への期待感が大きすぎ

■S&P500とGAFAMおよび495銘柄のパフォーマンス比較

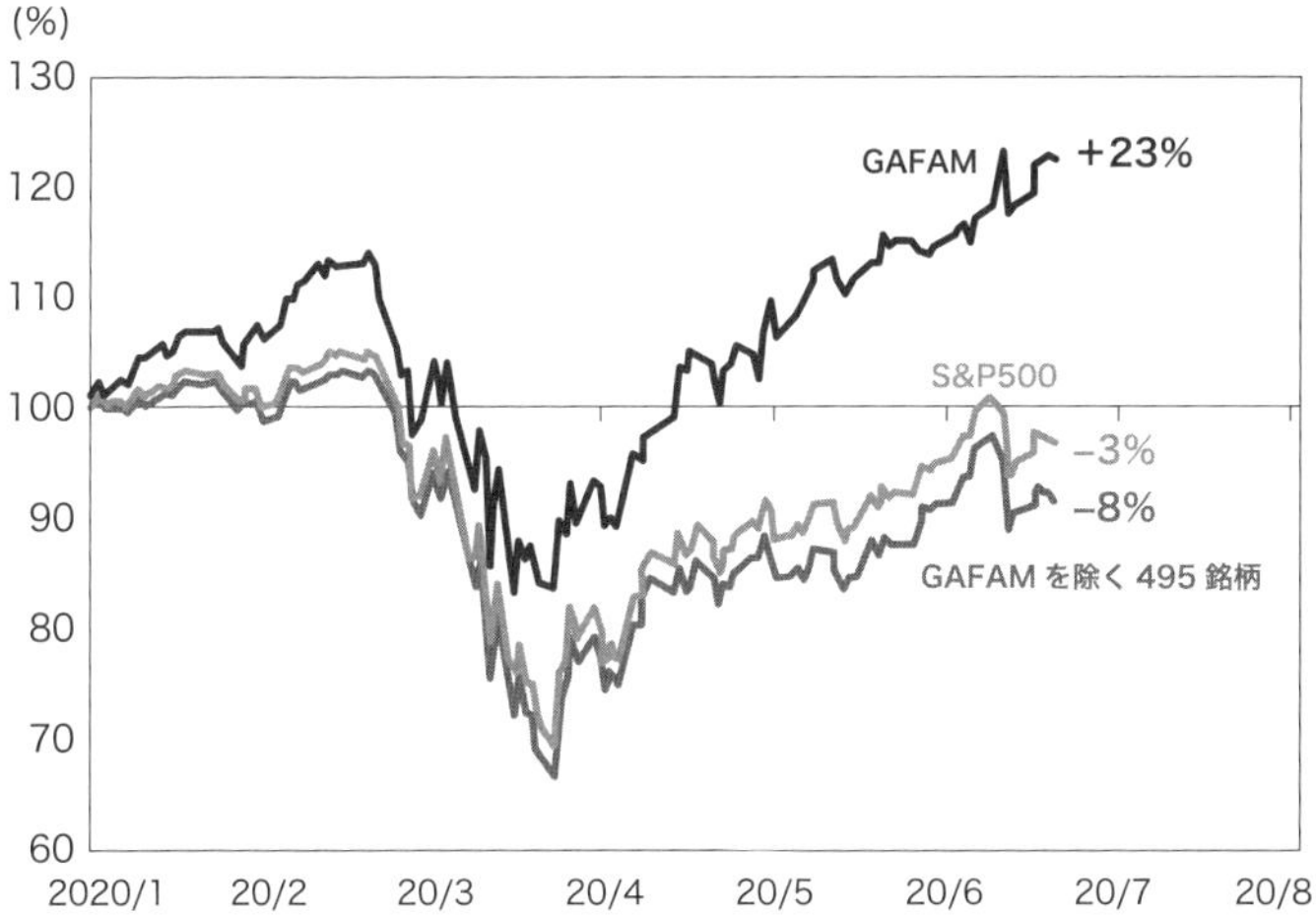

Goldman Sachsの調査より

ると、期待感が先行してしまって仕組みや優位性への理解不足で継続が困難になる

インデックス投資は、市場平均と同じ値動きを目指す投資です。上昇することもあれば下落もします。インデックス投資で簡単にお金持ちになるといった間違った解釈をしてしまうと、暴落時に大きく含み損が出た際、勘違いして継続を断念してしまう恐れがあります。

4 投資に関して知識を深めることが難しい

インデックス投資をしていて投資に関する知識が深まることは難しいでしょう。インデックス投資を選択する理由は、投資に関する時間を最小限にすることを優先すると考えてもいいです。

投資知識を増やしたい、成長株投資などで大きなリターンを目指す知識を得たいと考える場合は、インデックス投資では難しいでしょう。

第5章

GAFAMへの投資

5-1 「GAFAM」への投資でインデックス投資のさらに上へ

GAFAMは**グーグル（GOOGL）**、**アップル（AAPL）**、**フェイスブック（FB）**、**アマゾン（AMZN）**、**マイクロソフト（MSFT）**を表しています。IT業界で独占的、支配的な業績をあげる5社の頭文字を取ってGAFAMと称します。このような略称はいくつかあり、GAFAMからマイクロソフトを除いた**GAFA**、フェイスブックを除いて**MAGA**と呼んだりもします。MAGAはトランプ大統領が命名しました。

圧倒的な株価上昇率

第4章でも紹介しましたが、インデックスにおいてGAFAMの業績は飛び抜けています。インデックスの各指標をGAFAMの業績が押し上げている構図なので、GAFAMへの集中投資により、インデックス投資のさらに上へ行ける可能性が高いことは容易に想像できるでしょう。ここでは「**バックテスト**」という、過去のパフォーマンスを参考に投資した場合のリターンを算出する方法で、GAFAM投資とインデックス投資を比較してみます。

比較条件

- 1ドル100円で換算
- 2013年1月から2020年6月末までのリターンを比較
- GAFAMの5社に20%ずつ均等配分で初期投資1万ドル（100万円）
- その後毎月投資1000ドル（10万円）
- S&P500にも同条件（初期投資1万ドル、毎月1000ドル）で投資

■GAFAMとS&P500リターン推移表

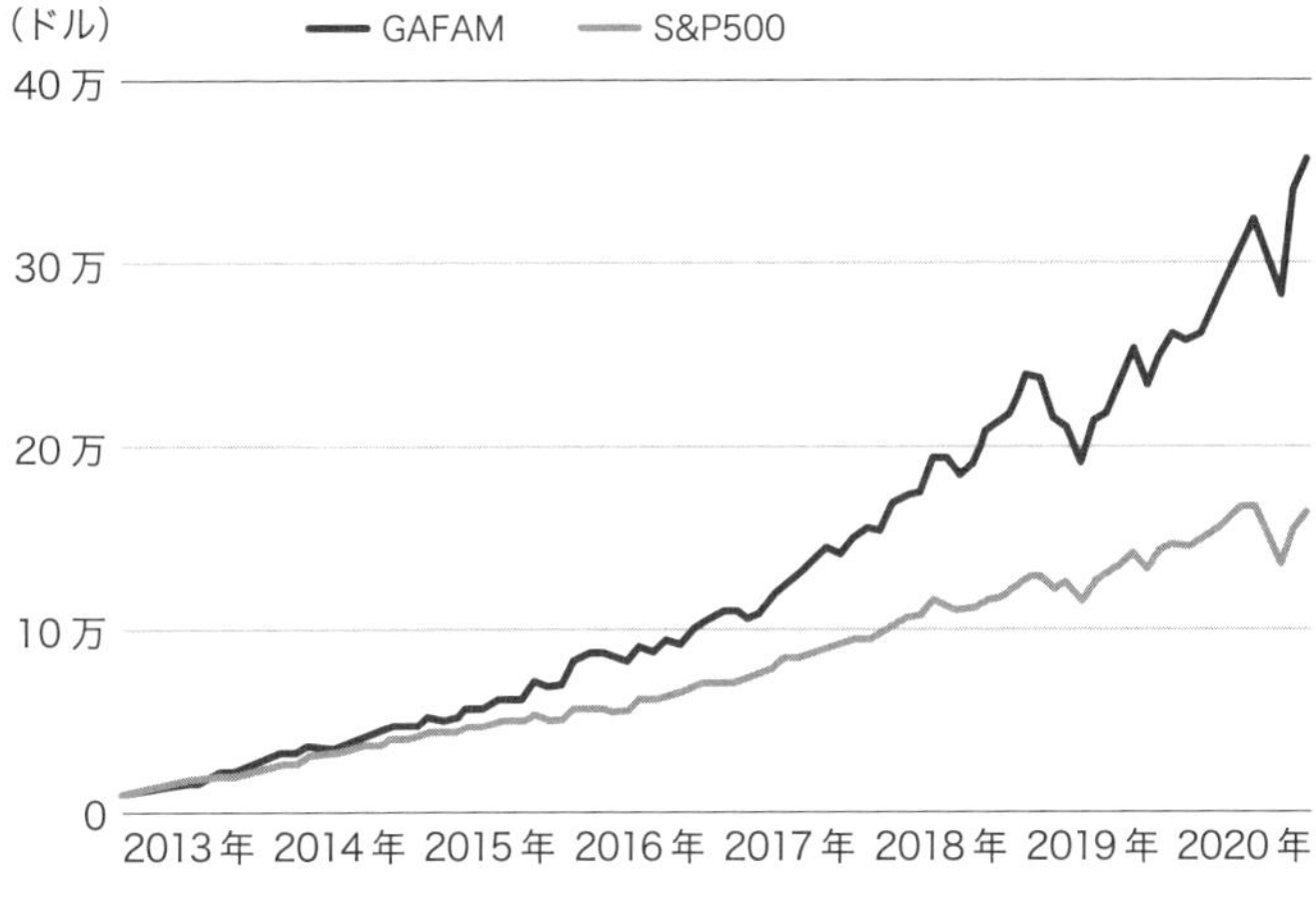

7年あまりの運用でのリターン比較は次の通りです。前ページにグラフも掲載しました。S&P500と比べて、GAFAMが約2倍以上のパフォーマンスを出しています。

- **GAFAM**
  357166ドル（3571万6600円）
- **S&P500**
  163593ドル（1635万9300円）

ここまでの差がつく理由は、株価成長率が圧倒的に高いからです。次に株価成長率を比較してみます。

2015年半ばから2020年半ばまでの5年間のGAFAM各社とS&P500の株価成長率をグラフで比較しました。S&P500も、5年間で55%、年間11%近く上昇しており、十分なリターンを出しているといえ

■GAFAMとS&P500の5年間株価成長率（2020年7月17日まで）

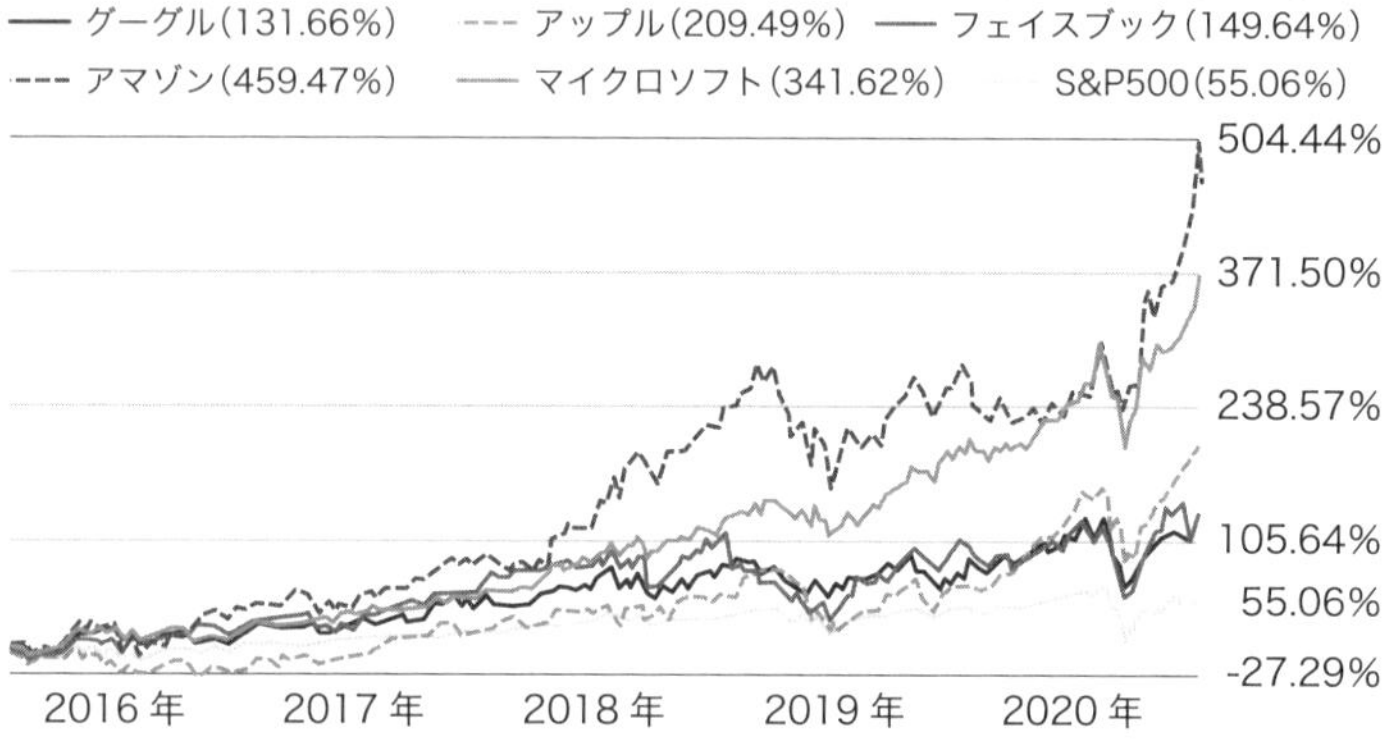

ブルームバーグ（https://www.bloomberg.co.jp/markets/stocks）の公開データを元に作成

ます。

しかし、それ以上にGAFAM各社の成長率が高いことがわかります。5年間で、グーグルは131%、アップルは210%、フェイスブックは150%、アマゾンは460%、マイクロソフトは341%の上昇です。GAFAMは、S&P500の上昇がまるで止まって見えるようなリターンを出していることがわかります。

時価総額

2020年4月の時点で、GAFAMの合計時価総額は東証1部の約2170社を上回っています。

GAFAM5社で時価総額5兆ドル（約535兆円）を超えているのは驚異的なことです。米国証券市場は約4000兆円と試算できますが、GAFAMは時価総額でその8分の1を占めています。

■GAFAM時価総額と東証1部全社の比較

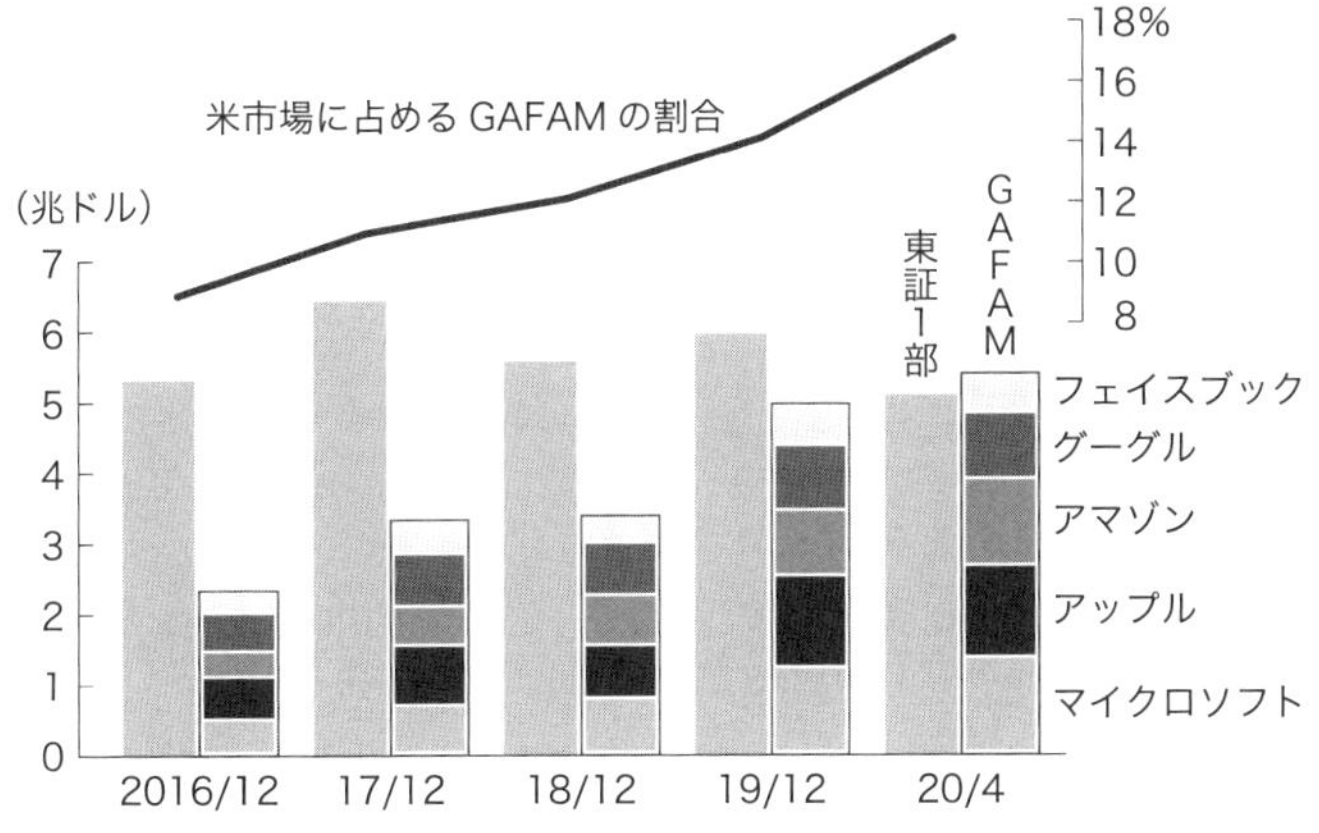

5-2 GAFAM各社の特徴

巨大帝国を築くＧＡＦＡＭ各社の基本的なデータを紹介します。次ページの表に、株価・ＰＥＲ・ＥＰＳ・配当の各データをまとめました。

株価はアマゾンが特に高く、日本円換算で1株約30万円を超えます。グーグルも1株16万円を超えていますね。この2社は単価的に個別株投資のハードルを高くしてしまっています。

EPSは1株当たりの利益です。企業の決算では、売上とこのＥＰＳが基準に考えられます。

PERは株価をＥＰＳで割った数字です。一般的にＰＥＲが20を超えると割高といわれますが、米国の成長株の場合、25は一般的に超えています。

アマゾンのＰＥＲが１４１・５と非常に高いのは、**アマゾンはまだEPSよりも売上の成長を重視しているため**です。成長路線を取る企業は成長分野への投資を重視するため、配当を出さない特徴があります。ＧＡＦＡＭではグーグル、フェイスブック、アマゾンは配当を出していません。

　次に、ＧＡＦＡＭの収益を確認します。２０１９年の収益を下ページのグラフにしました。

　収益を見ると、各社の特徴がよくわかります。グーグルは５社の中だと中程度です。アップルは売上が２位で利益率が３位ですね。フェイスブックは売上は最低ですが、利益率は２位になります。アマゾンは売上が最も大きいですが、利益率は５社中最低です。最後にマイクロソフトは売上は

■ GAFAM基本データ（2020年7月18日時点）

社名	Ticker	株価（$）	PER	EPS	配当
グーグル	GOOGL	1,517	30.6	49.57	なし
アップル	AAPL	385	30.27	12.73	0.85%
フェイスブック	FB	242	33.21	7.29	なし
アマゾン	AMZN	2,962	141.5	20.94	なし
マイクロソフト	MSFT	203	33.8	6	1.01%

■ 2019年のGAFAM各社収益（売上・利益・利益率）

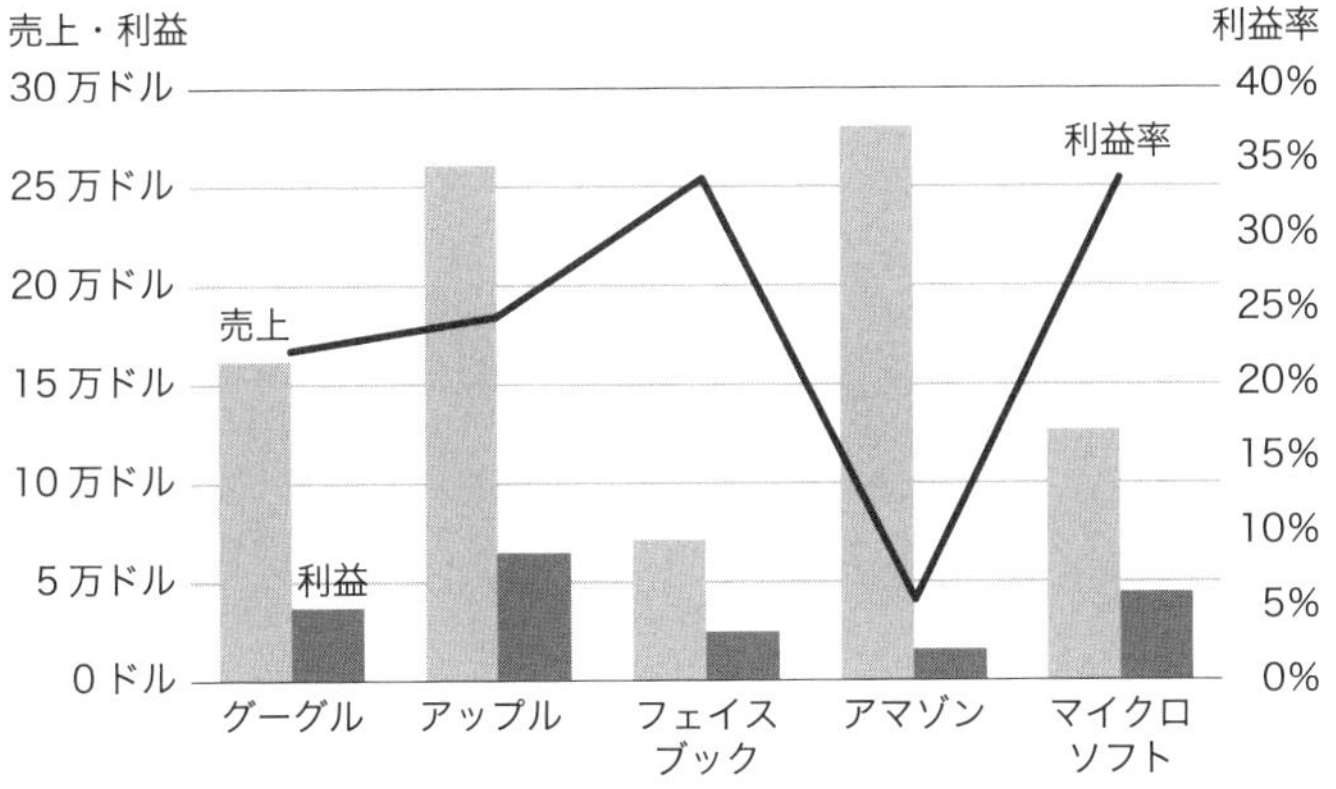

4位ですが、利益率は1位となっています。

収益の違いは、各社のビジネスモデルに大きく起因しています。次に各社のビジネスモデルや特徴などをまとめていきます。

①広告収入がメイン「グーグル」

基本データ

グーグルの親会社は**アルファベット**です。インターネット広告がメイン事業で、インターネット検索のシェア率は90％以上です。

収益の85％が広告収入、15％が広告外収入です。ただし、広告収入の伸び率が15％、広告外収入の伸び率が40％と、広告外収益を増加するべくビジネスモデルを変化させています。YouTubeもグーグル傘下の事業です。

売上

売上構成をチェックしてみます（次ページ図参照）。**サービス内広告が50％以上を占めています**。グーグル検索などによる広告売上がキーであるため、景気が悪化してくるとグーグルは無傷ではすみません。クラウドビジネスやＹｏｕＴｕｂｅなどにも力を入れていますが、まだまだ広告に頼る部分が多いのが現状です。

CEO

ＣＥＯはインド出身の**サンダー・ピチャイ**氏で、ＡＩによる同社の事業分野の成長を加速させる戦略を掲げています。例えば、グーグルの自動運転開発部門が分社化してできたＷａｙｍｏ社は、世界で初めて自動運転のタクシー配車サービスを開始しています。

インドへのビジネス展開

グーグルは２０２０年７月に、今後５年から７年の間でインドに１００億ドル（約１兆円）投資することを表明しています。インドにおいて、グーグルの強みである人工知能（ＡＩ）を医療、教育、農業などの分野の発展

■ グーグルの売上構成

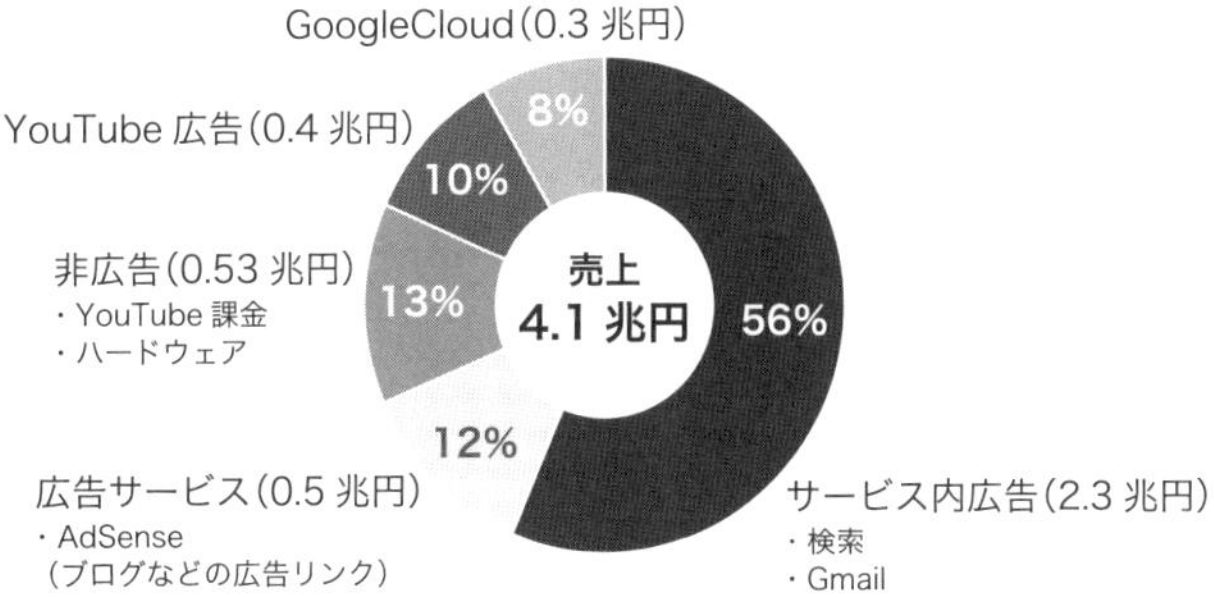

に活用して、成長市場を取り込むことを目的としています。

インド出資の第一歩は、石油化学を中心としたインド最大のコングロマリットReliance Industries Limited(ＲＩＬ)への４８００億円の出資です。同社のＣＥＯのムケーシュ・アンバーニ氏はアジア1位の大富豪です(２位はアリババ創業者のジャック・マー氏)。

今後のグーグルのＡＩ分野におけるインドでのビジネス展開は非常に注目です。

②サブスクリプションに期待「アップル」

基本データ

これまでのアップルは、ｉＰｈｏｎｅ・ｉＰａｄ・Ｍａｃなどのハード部門売上が収益全体の75%を占めていました。しかし、現在は成長性が高いソフト部門であるウェアラブル(Ａｐｐｌｅ Ｗａｔｃｈ・ＡｉｒＰｏｄｓ)・サービス(サブスクリプション)の売上成長に注力中です。

アップルのビジネスモデルは非常にシンプルです。自社のハードウェア製品の拡大によって顧客の囲い込みを行い、アップルビジネス圏を構成して固定の売上・利益を伸ばしてきました。

売上

スマートフォン市場におけるｉＰｈｏｎｅのシェア率は、２０２０年時点で全世界3位の14％です。１位はサムスンの22％、２位はファーウェイの18％です。各国でファーウェイへの規制の動きが広がっているため、ファーウェイが落としたシェアをｉＰｈｏｎｅが伸ばす可能性もあるかもしれませんが、ｉＰｈｏｎｅの急激な売上上昇は難しいと思います。事実、ｉＰｈｏｎｅの売上は２０１９年は前年比で10％程減少していました。

一方、サブスクリプションモデルは前期対比で40％近く上昇しており、成長軌道に乗っています。そのため、サブスクリプションモデルを強化してアップルユーザーからの売上増加に注力しています。ｉＰｈｏｎｅをベースにＡｐｐｌｅ ＴＶ＋、Ａｐｐｌｅ Ｍｕｓｉｃをはじめ、クレジットカードのＡｐｐｌｅ Ｃａｒｄなど、アップル経済

■アップルの売上構成

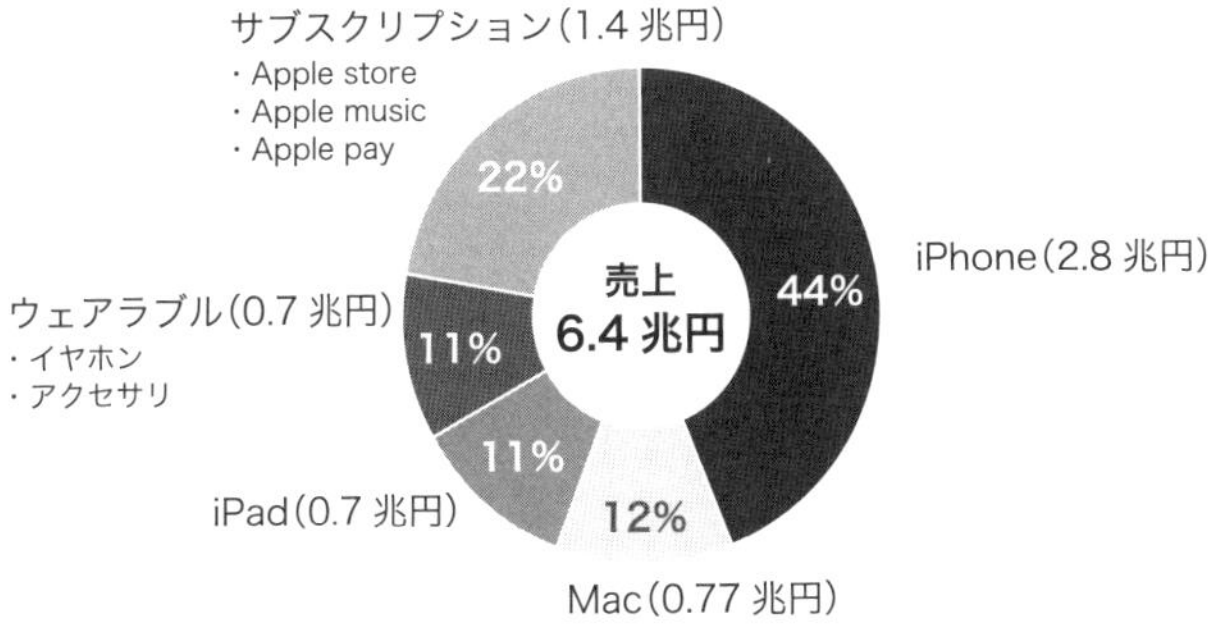

圏を強化しています。

売上構成をチェックしてみます（前ページ図参照）。ｉＰｈｏｎｅの売上が全体の44％を占めています。しかし先ほど説明したように、これ以上のｉＰｈｏｎｅの売上成長はあまり見込めません。一方、ウェアラブルとアップル・ストア、サブスクリプションなどが伸びてきているることに非常に好感が持てます。特にサブスクリプションの売上が全体の22％にも占めてきているのは、アップル全体の売上成長にとって非常に重要な要素だと考えられます。

CEO

ＣＥＯは**ティム・クック**氏です。創業者のスティーブ・ジョブズ氏の後を受け、ｉＰｈｏｎｅ頼みだった事業を改革し、ふたたびアップルを成長軌道に乗せました。クック氏が２０１１年にＣＥＯに就任してから、アップルの時価総額を１・６５兆ドル（１７５兆円）増加させています。

ティム・クック氏は非常に高い交渉力を持つことで有名です。米中貿易摩擦では、米国内で中国からの輸入品に対して追加関税が課される中、トランプ大統領からアップル製品は除外するという譲歩を引き出しています。

トランプ大統領の政策に支持と反対の両方の意見を示しながら大統領の好意を受け続け、その一方でアップルの従業員や顧客からの反発を回避しています。政治が著しく二極化された現在、柔軟に立ち回れる稀有なCEOです。グーグルのCEOであるピチャイ氏とも家族ぐるみの交遊があるとのことです。

インドビジネス展開

2020年8月2日の報道によると、インド政府のスマホ生産優遇策に対して、アップルのサプライヤーなど22社が申請を行っているそうです。すでにアップルはインドにおいて、ホンハイとウィストロンの南インドの2つの州にある工場でiPhone11などの組み立てを行っています。

インドのスマホ優遇策PLI（生産連動型優遇策）は、2019〜2020年の売上を基準として、インド国内で製造された製品の売上高の増加分に応じて、5年間で66億5000万ドル規模の補助金が支払われる制度です。

これを機会に、インドがアップルのスマホ工場を取り込むだけでなく、アップルはiPhoneの製造の中国依存から脱却しつつ、iPhoneのシェアをインドで拡大するチャンスも狙っています。

③米国内で絶大な影響力を持つ「フェイスブック」

基本データ

フェイスブックは、25億人もの利用者を誇る**世界一のSNS**（ソーシャル・ネットワーキング・サービス）プラットフォームを運営する企業です。**世界人口75億人の約3分の1が利用**する計算になります。日本人にはフェイスブックはそれほど馴染み深くないかもしれませんが、インスタグラムはフェイスブックが買収し傘下に収めたＳＮＳです。

収益はほぼ１００％広告宣伝費から得ています。北米・ヨーロッパで70％、アジア地域で30％という比率です。

売上

売上構成をチェックしてみます（次ページ図参照）。**売上構成の98％が広告収入です**。これだけ特定の収益源に特化した企業も珍しいかもしれません。収益源は偏っていますが、全世界で25億人のユーザーがいるため、その影響力は計り知れません。また、米国での特徴として、**個人の政治献金がほぼフェイスブックを利用して行われている**ことも挙げられます。

米国におけるフェイスブックの重要性を示すものとして、次の3つの例があります。

1つ目の例です。2020年4月、米議会下院の公聴会で55人の議員が、フェイスブックのマーク・ザッカーバーグ最高経営責任者（CEO）にプライバシー保護をめぐる懸念やユーザーデータの流出について質問をぶつけたそうです。また中間選挙直前には、この55人のうち約3分の2が選挙資金を投じてフェイスブックに広告を掲載していました。このように、**米国議員にとってフェイスブックはなくてはならないもの**なのです。

なぜならば、フェイスブックに掲載する広告が、政治献金や投票してくれそうな人にダイレクトにアクセスできる実用性を備えているからです。

2つ目の例です。2016年のアメリカ大統領選挙で、共和党のトランプ陣営と民主党のクリントン陣営が集めた選挙資金の総額は、およそ9億3620万ドル（日本円で

■フェイスブック売上構成

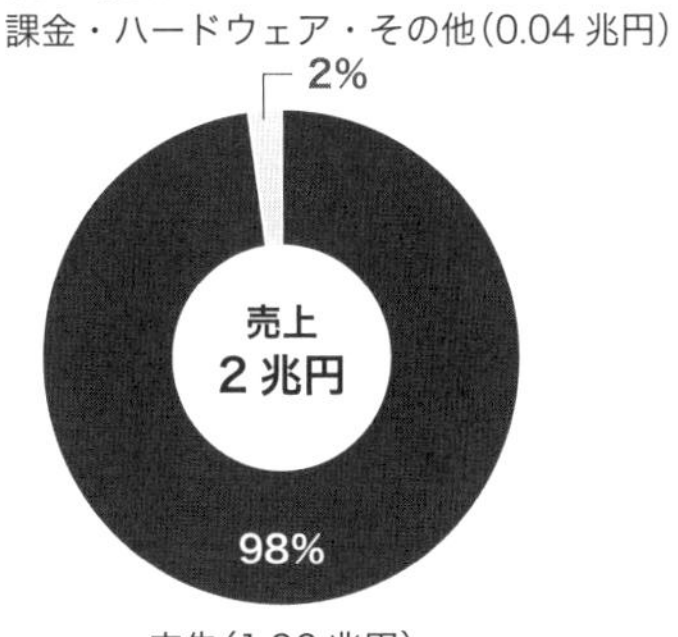

約1013億7520万円）にのぼりました。米国では選挙資金の大部分が政治献金資金で賄われ、政治献金のうち約6割が個人からの献金で、**個人の政治献金のうちフェイスブックによる献金が大多数**といわれています。数百億円規模の政治献金がフェイスブック経由で大統領候補に渡ったことになります。

3つ目の例です。米国では、教会勢力が非常に大きな力を持ちます。「**メガチャーチ**」と呼ばれる大規模な教会があり、日曜日の礼拝で1日2000人以上、6000人から7000人を集める教会もあります。このメガチャーチが全米に1600ほどあります。

それらの教会の80％がSNSとしてフェイスブックを利用しています。メガチャーチの支持は選挙戦に大きな影響を与えるために、このこともフェイスブックの重要性を高めています。

メガチャーチの出席者数は年々増加しています。

■メガチャーチの出席者推移

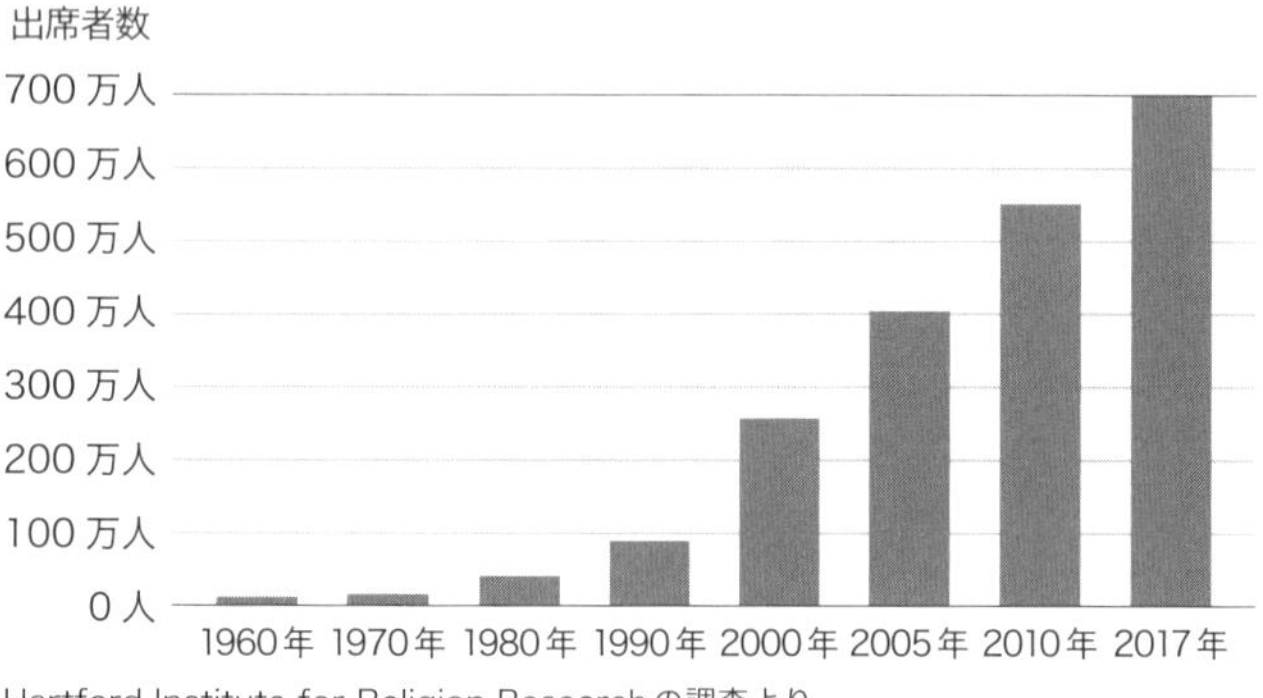

Hartford Institute for Religion Researchの調査より

2017年には700万人もの出席者を集める規模になっています。

こういった米国ならではの背景を調べていくと、フェイスブックというSNSの強大さがわかってきます。

事実、フェイスブックは影響が大きすぎるため、2020年5月25日に起きた白人警官による黒人男性への不適切な拘束による死亡事件に対する、トランプ大統領の不用意な発言を放置した責任を問われました。ヘイトスピーチ（憎悪表現）・人種対策的発言への対策が不十分として、400社以上の企業がフェイスブックでの広告停止をするという事態に陥っています。

今後もソーシャルメディアは、このような社会的問題における立ち位置の難しさに直面する事業です。フェイスブックは良くも悪くもCEOを含めて世間の注目を集める企業です。

CEO

CEOは創業者である**マーク・ザッカーバーグ**氏です。ハーバード大学在学中に、友人とフェイスブックのベースを立ち上げ、現在の規模まで成長させました。年齢も弱冠36歳と若く、フェイスブックはマーク・ザッカーバーグ氏の経営やイノベーション次第で今後も長期的に成長できる可能性を秘めています。

インドビジネス展開

フェイスブックも、グーグルと同様にインドに巨額の出資をしています。前述のインド最大のコングロマリットであるＲＩＬグループの一社であるJio Platformsを通して６２００億円を投資しています。同社最大の出資者です。Jio Platformsは新規通信企業で、３億８８００万人にサービスを提供しています。インド１３・５億人の人口の実に約３分の１にインターネットを提供しています。

インドでは今後一層の人口増大が予想されます。新規投資によるインドでのＳＮＳ拡大が、フェイスブックの成長につながる可能性が高いので注目です。

④クラウドサービスの収益が柱「アマゾン」

基本データ

米国Ｎｏ．１の**ＥＣ**（Electronic Commerce）事業を運営し、日本でもお馴染みの企業です。アマゾンの売上構造は北米が60％、その他の地域が27％、クラウドサービスである**ＡＷＳ**（Amazon Web Services）が13％となっています。現状、北米の割合が高いですが、ＡＷＳの13％が今後のアマゾンにとって非常に重要な存在であるといえます。

売上

さらに詳細に売上構成をチェックします（下図参照）。

売上構成でもわかるとおり、オンラインストアが52％以上の売上を占めます。一方で、全営業利益の70％をＡＷＳで稼いでいます。アマゾンの戦略としては、ＡＷＳによって利益を確保しながら、利益率の低いオンライン市場（ＥＣ市場）へ投資を継続して、市場規模を拡大しています。売上構成を確認すると、この戦略が明確に見えてきます。

ＥＣ市場規模

アマゾンの成長力を理解するには、世界全体のＥＣ市場規模を確認するのが一番です（次ページ図参照）。

２０１９年の経済産業省のデータ（２０１９年経済産業省報告書）によると、世界のＥＣ市場規模は３１３兆円とです。その内訳は、アジア太平洋が１９０兆円（61％）、北米が62兆円（20％）、それ以外が62兆円（20％）です。

■ アマゾンの売上構成

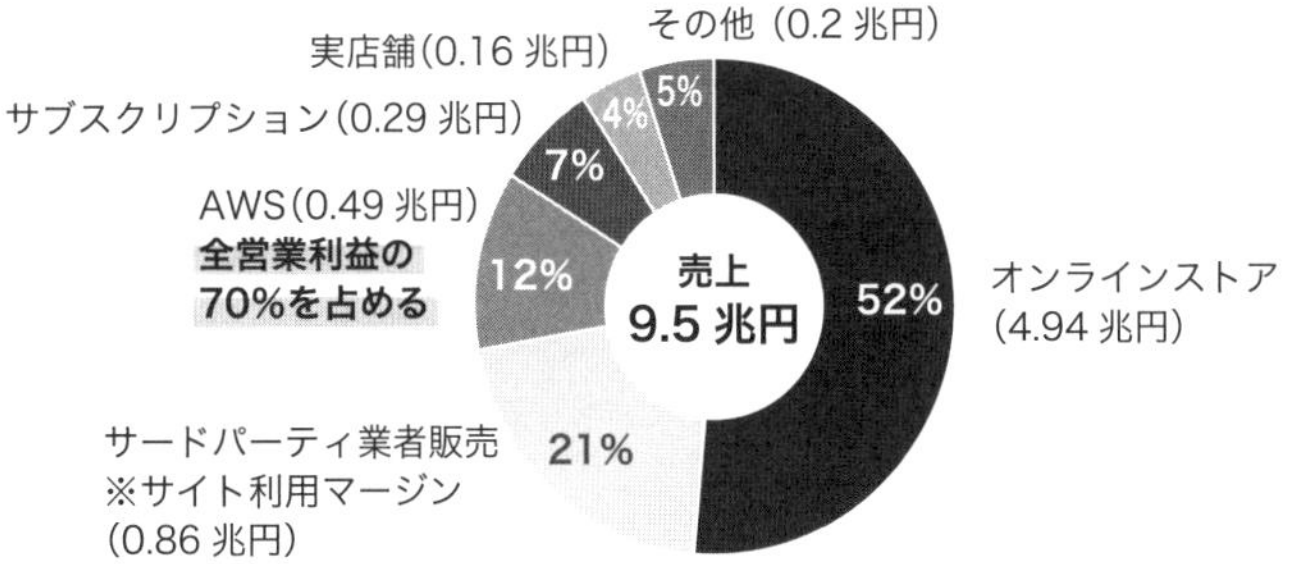

小売市場全体は２６３４兆円なので、ＥＣ市場規模は小売全体の12％程度です。ＥＣ市場規模は２桁成長を継続し、２０１６年から２０２０年まで年平均成長率（ＣＡＧＲ）23％を記録していきます。２０１６年対比で２０２０年はＥＣ市場規模は約２倍になっている急成長分野です。

米国のＥＣ市場規模は世界全体の18％（約55兆円）です。ＥＣ市場規模は今後も２桁成長が期待されています。しかし、米国ＥＣ分野は競争が激しく、アマゾンはシェア率Ｎｏ・１ですが、ＥＣ市場だけでアマゾンが成長を維持するのは難しい状況です。

クラウドビジネス

しかし、アマゾンはこれだけではありません。

実は利益の大部分を占めているのがクラウドビ

■世界の小売市場・EC市場における地域別および主要国が占める割合（2018年推計値）

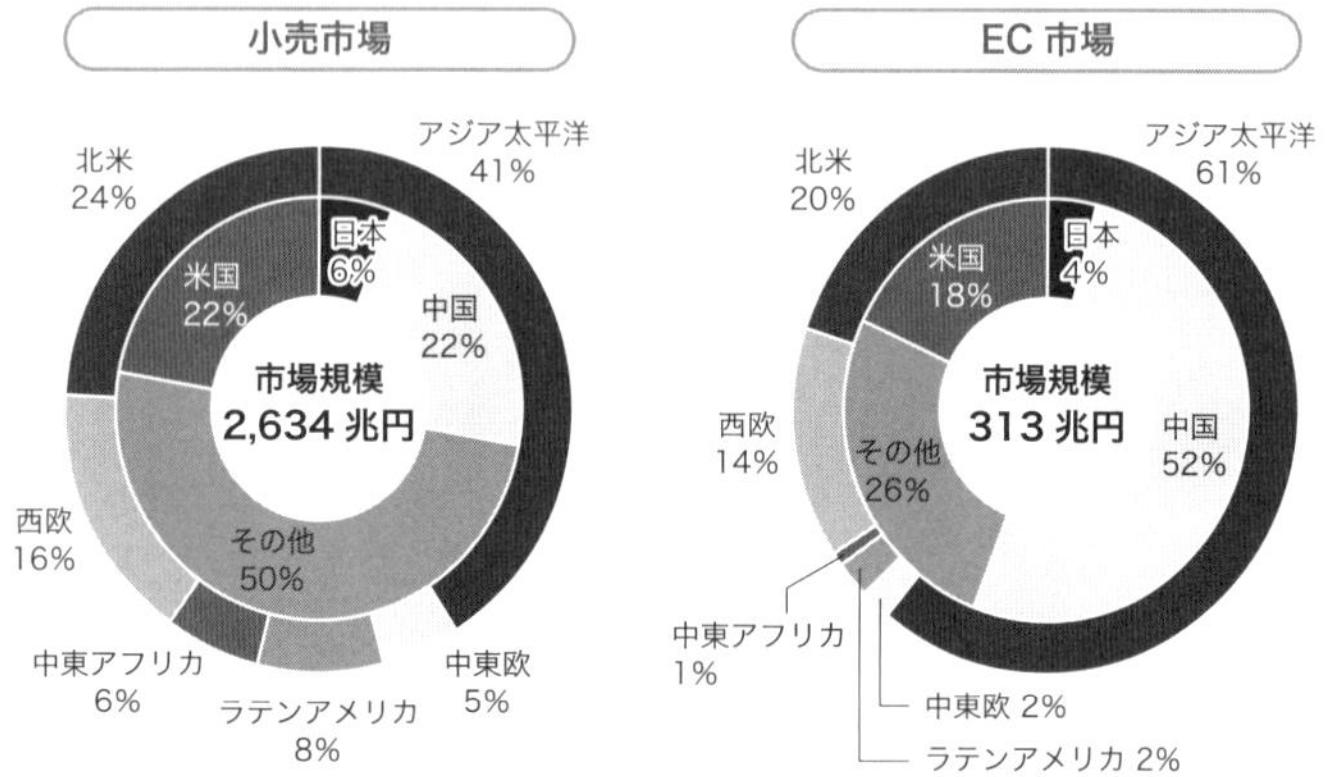

２０１９年経済産業省報告書より

ジネスです。売上の13％を占めるアマゾンのクラウドサービス「AWS」は、クラウドコンピューティング環境を提供しています。世界のクラウド市場でAWSのシェアは業界トップです。AWSの利益率は25％ほどで、アマゾンの営業利益の70％はAWSからもたらされています。２０１４年から２０２０年までにAWSの売上は約10倍に成長しています。２０１４年は40億ドル（約４０００億円）規模だったのが、２０２０年は４００億ドル（４・３兆円）を超える売上が見込まれています。

ここで、クラウド市場がどのようなものかを説明します。アマゾンだけでなく、マイクロソフト、グーグルも関わる、今後のハイテク業界において重要なファクターだからです。

「クラウドサービス」は、「ユーザーがインフラ（サーバーやストレージなど）やソフトウェアを持たなくても、インターネットを通じてサービスを必要なときに必要な分だけ利用できるサービス」です。

クラウドサービス出現前は、企業が自社やレンタルでサーバーを構築し、自前でシステムやサービスを構築・運用するのが一般的でした。これが、クラウドサービスの出現で劇的に変化します。最大のメリットは無駄なコストが発生しなくなることです。

また、急激に増加するデータストレージの強化と、ハードでデータを管理するのではなくクラウド上で管理できるために、データ面のセキュリティ強化にもなり、企業の事業継続性強化にもつながっています。

世界市場における２０１９年時点のクラウド業界のシェア率を確認していきます。

下のグラフのように、**クラウド市場のシェア率はアマゾンのＡＷＳが１位**で40％のシェア率です。２位はマイクロソフトのＡｚｕｒｅで20％弱、３位はグーグルのGoogle Cloud Platform（ＧＣＰ）で10％、４位はアリババ（中国で圧倒的なＥＣ事業を展開する企業）のAlibaba Cloudで６％程です。この４社で市場の75％以上を占めています。５位以下の他社も順調に成長しているのですが、この分野ではグローバル展開をしているブランド力が強みになるために、４社以外は業界でのリーディングカンパニーになるのが難しい状況です。

クラウド市場の市場規模は、２０２０年時点で

■ 2019年クラウドシェア率

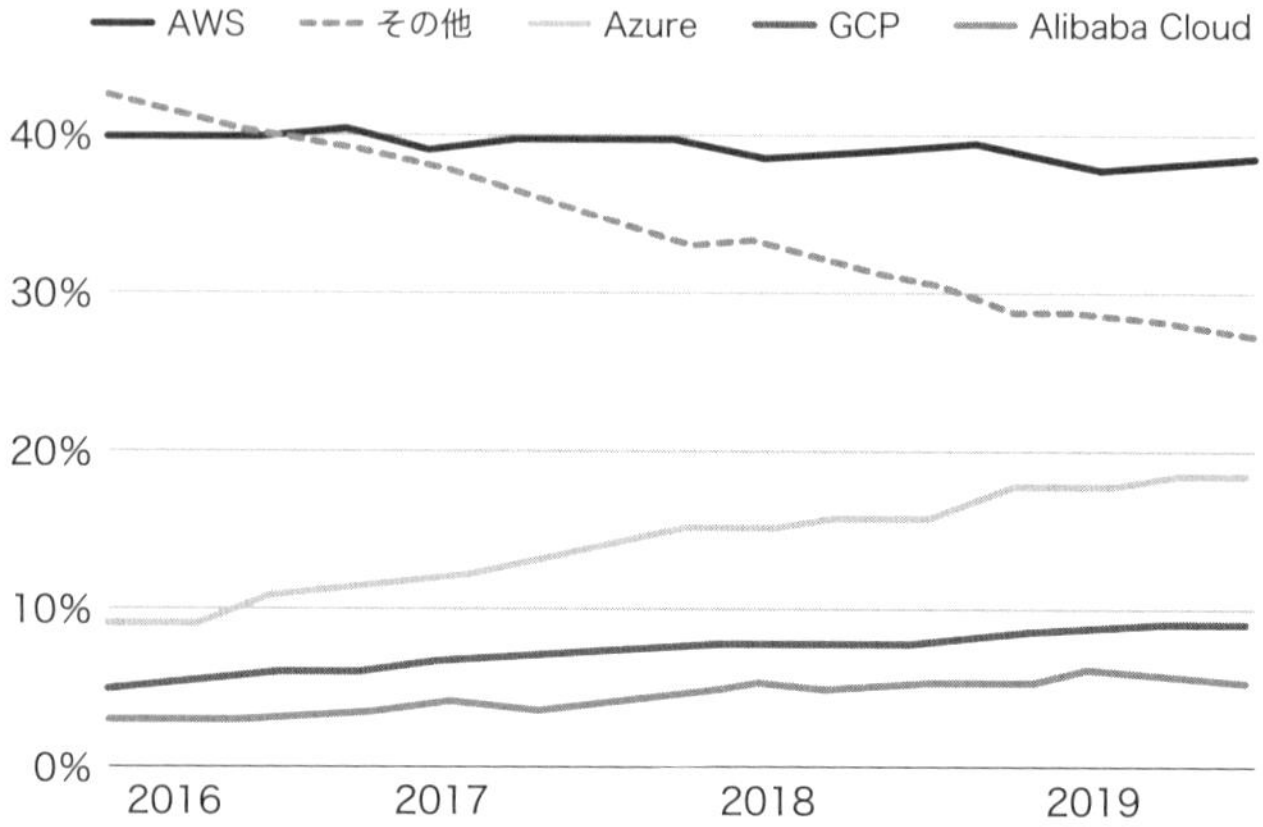

synergy Research Groupの調査より

1140億ドル（約12兆5000億円）で、前年比32％増に達すると予測されています。

アマゾンはクラウド市場において圧倒的なシェア率を誇りますが、長期的に盤石というわけではありません。今後も熾烈な競争を続けることになりそうです。4社の2019年のクラウド成長率を比較していくと、アマゾンは36％増、マイクロソフトは64％増、グーグルは88％増、アリババは64％増です。アマゾンの成長率は市場成長率を上回っていますが、**マイクロソフトから猛烈な追い上げを受けている**のがわかります。

ただし、アマゾンの強さのベースは、小売から始まった圧倒的なチャンネル数・物流拠点数です。米国内だけでも2018年時点で175の物流拠点を持ち、さらに35拠点の建設を予定しており、その上物流センターは半自動化されています。これによって、日本の約25倍の国土面積を持つ米国でも、アマゾンプライムは1～2日での配送を実現しています。

後述するヘルスケア事業でも独自の開発を行っています。小売・物流・クラウド・ヘルスケアなどあらゆる分野を同時に成長させることによって、アマゾンなしでは生活が困難になるレベルでの巨大帝国を築き上げていくのがこの企業の正体だと考えています。

CEO

CEOは**ジェフ・ベゾス**氏です。1993年にオンライン書店事業からスタートし、

1994年にアマゾンを創業して一代でここまでの巨大帝国に成長させています。チャリティー活動への参加は消極的であり、被雇用者に対して非情・冷酷でビジネスライクなイメージを持たれています。また、トランプ大統領との関係も良好ではありません。

しかし、2002年の破綻危機からの立て直しや、世界一の小売企業にまで成長させた経営手腕とカリスマ性は、現代最高のCEOの1人であることは疑いようのないことです。

インドビジネス展開

インドでは都市、町、村に**キラナストア**と呼ばれる小規模な商店が数多くあります。世界各国の小売大手企業がインドで数十億ドル規模の投資をしているにもかかわらず、インドの小規模な商店は生き残り、繁盛しています。

商店はあらゆる商品を扱い、賃金は低く、家賃もほとんどかかりません。商店はインド中に1000万超あるといわれ、キラナストアより迅速に配達できる大手小売企業は現在存在しません。インドではECは初期段階にあり、全小売売上高のわずか3%に留まっています。

2020年1月18日、アマゾンは商品を保管・配達するために、インド中にあるキラナストアと提携したと発表しました。インドのEC市場の成長性への期待値は非常に高いもののハードルも高く、アマゾンのインドビジネス展開としては次の4点が挙げられます。

- すでに55億ドルの投資を実施済み
- 数百万もの小規模小売のデジタル化をサポートするため、追加で10億ドル投資
- ２０２５年までにインドで１００万の雇用を創出することを予定
- Amazon Easy というプログラムで、オンラインショップに参入したい商店主をトレーニング中

このような投資・教育プログラムを実施していますが、２０２０年1月には数十店舗の店主から反競争行為疑いで抗議活動を受けるなど、まだまだ前途多難です。とはいえ、アマゾンが３％に留まるインドのＥＣ市場のパイを広げることができれば、将来への成長がさらに期待できるのは間違いありません。

⑤バランスよく収益を上げる「マイクロソフト」

基本データ

マイクロソフトはパソコンのＯＳ（基本ソフト）である**Ｗｉｎｄｏｗｓ**を開発提供している会社です。世界有数の億万長者としても知られる**ビル・ゲイツ**氏が共同創業者の一人です。マ

イクロソフトは、**S&P500格付において世界で2社しかない最高評価のAAA**を与えられているうちの1社です（もう1社はジョンソンエンドジョンソン）。

２０１４年に３代目ＣＥＯにサティア・ナデラ氏が就任してから、現在のビジネスモデルを確立しました。ＷｉｎｄｏｗｓというパソコンＯＳ中心のビジネスモデルから、Ｏｆｆｉｃｅ３６５の月額課金制サブスクリプションモデルを導入し、クラウドを利用したクラウドビジネスを確立させ、売上・利益を一気に伸ばしています。

売上

詳細に売上構成をチェックしてみます（次ページ図参照）。

売上構成としては、サブスクリプション・クラウド・ハードのバランスがいいのがマイクロソフトの特徴ですね。どの分野も並行して売上を伸ばせるのが強みです。各セクションのシナジー効果も大きいです。中でも最も注目されているのがクラウド分野です。

クラウドは同社にとって最大の成長分野です。２０２０年４月の決算では同社のクラウド分野の成長率は27％、同社のクラウドサービス「**Azure**」単体で見ると60％弱の成長と絶好調でした。

サブスクリプションでも著しい成長を遂げています。以前は売り切りモデルだったＯｆｆ

ｉｃｅ製品を、**Ｏｆｆｉｃｅ３６５**というアップデート対応モデルに切り替え、月額課金制に変更しました。これがユーザーの満足度・利便性を高め、２０２０年に入ってＯｆｆｉｃｅ ３６５の月間アクティブビジネスユーザ数は２億５８００万人を超えています。また、付随する**Microsoft Teams**というオンラインミーティングシステムはコロナ禍で需要を伸ばし、２０２０年4月時点でデイリーユーザー数（ＤＡＵ）が７５００万人を突破しました。6週間前には４４００万ＤＡＵだったのが70％の増加を達成しています。その前4ヶ月間にも１１０％増加していました。Microsoft TeamsのユーザーはＯｆｆｉｃｅ３６５の月間アクティブユーザー数の四分の一なので、まだまだ成長の余地があります。Ｏｆｆｉｃｅ３６５から広がるサブスクリプションモデルの成長性と発展性は、マイクロソフトにとって大きな強みになっています。

マイクロソフトが提供するサービスを簡単にイラストにし

■ **マイクロソフトの売上構成**

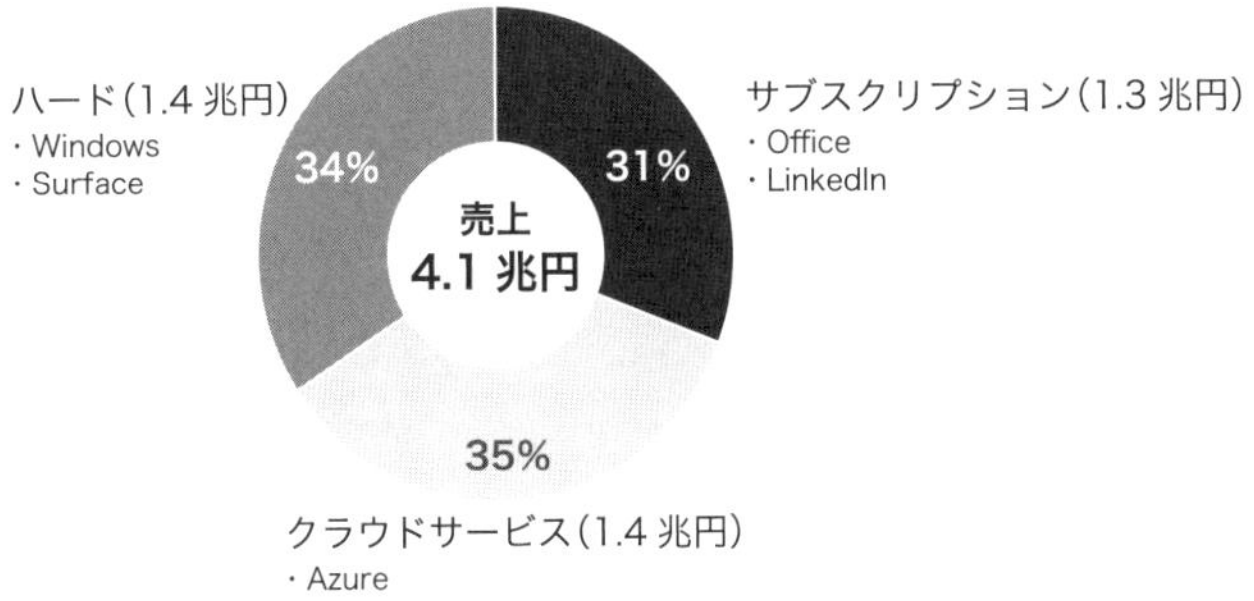

ました。パソコンのOSにWindowsが搭載され、Azureでデータストレージをクラウド上で管理して利便性・セキュリティ・キャパシティを強化します。Office365でビジネスニーズにあわせたツールを提供し、Teamsによってコロナ禍でのリモートワークやグローバルのビジネスシーンのニーズにマッチさせています。マイクロソフトが提供するサービス・製品だけでビジネスが完結できます。

売上比率は米国内50%、米国外50%とバランスが非常にいいです。マイクロソフトに投資することで世界分散投資をしているのとほぼ同義であることになりますね。

ただし注意点として、過去には米司法省と独禁法における法廷での闘争が起こったことがあります。2011年5月12日に1998年から始まった12年間の法廷闘争を終えていますが、巨大なビジネスであるため、また同様の事態が発生する恐れがないとはいえません。

■マイクロソフトのサービス

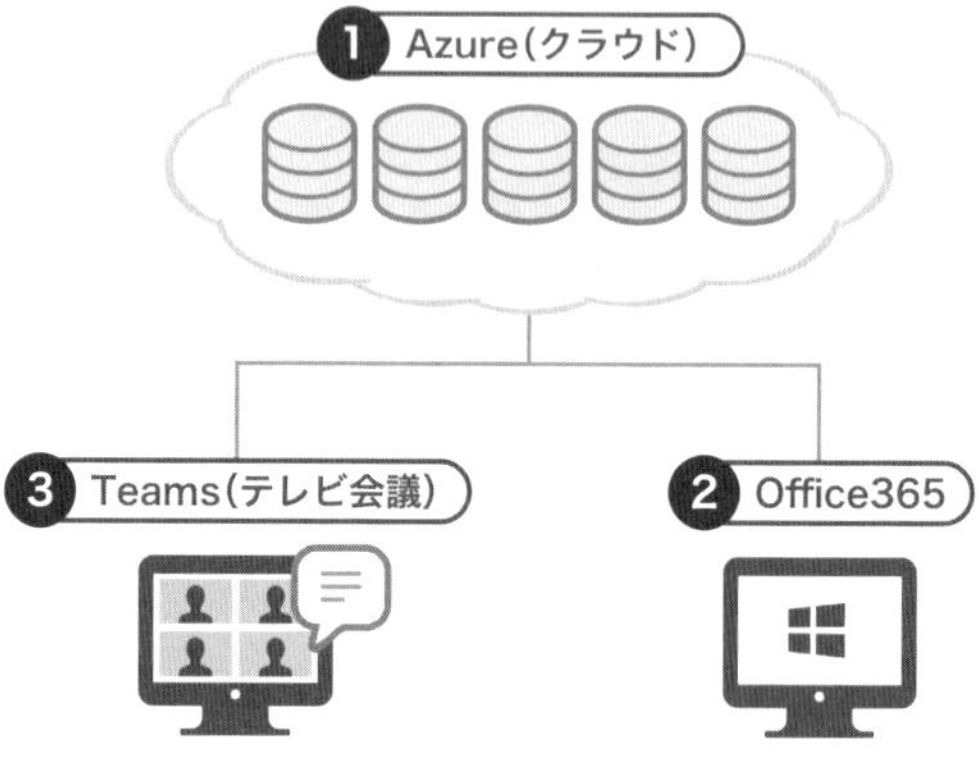

CEO

現在のCEOであるインド出身の**サティア・ナデラ**氏は、**マイクロソフトを再び成長路線に乗せた、全世界で最も優秀なCEO**の1人であることは間違いありません。同氏が就任してから株価が4倍以上になり、時価総額は2014年に同氏がCEOに就任してから1・35兆ドル（142兆円）増加させていることがそれを証明しています。

同氏が就任する前のマイクロソフトは、ユーザーに対して自社製品を押し付ける支配的な企業ともいわれていました。同氏は社内改革をして、ユーザーやパートナーと協調・共感したサービスに変化させています。2020年、アマゾンとの競合の末に国防省から1兆円のジェダイプロジェクトの契約を勝ち取ったことや、様々なインタビューにおけるマイクロソフト社の社員のエネルギーを見ていると、現代に必要な共感力が非常に高いCEOだと感じます。

インドビジネス展開

マイクロソフトは、グーグルとフェイスブックが巨額出資をしているインド最大のコングロマリットであるRILグループの1社であるJio Platformsと、2019年から10年間のクラウド契約を結んでいる点も注目です。

5-3 積極的な買収で事業を拡大するGAFAM

キャッシュリッチ

ＧＡＦＡＭは5社とも**キャッシュ（資金）が非常に潤沢**です。業績が右肩上りなのはもちろん、２０２０年3月のコロナ暴落以降においても、その潤沢なキャッシュにはほとんど陰りがありませんでした。

コロナ暴落下で大手企業各社が財政的に困窮する中で、逆にＧＡＦＡＭはそのキャッシュ力で新興企業を積極的に買収していきました。

短期的なキャッシュはほぼ右肩上がりで増え続けており、市場の独占力が非常に強い上にキャッシュ余力も一般的な企業よりも遥かに大きいため、**買収（M&A）**や研究開発に潤沢に資金を投資できます。

GAFAMの買収実績を確認します。

GAFAM買収実績

- 10億ドル（1700億円）以上の買収実績は、マイクロソフトが10件で最多
- 10億ドル以上の買収実績が一番少ないのはアップルの2件
- 買収額の最大はマイクロソフトのLinkedIn（リンクドイン）買収で262億ドル（約2・8兆円）
- 2位はフェイスブックのWhatsApp（ワッツアップ）買収で220億ドル（約2・4兆円）
- 3位はアマゾンのWhole Foods（ホールフーズ）買収で137億ドル（約1・5兆円）

■ GAFAMの短期的な資金力推移

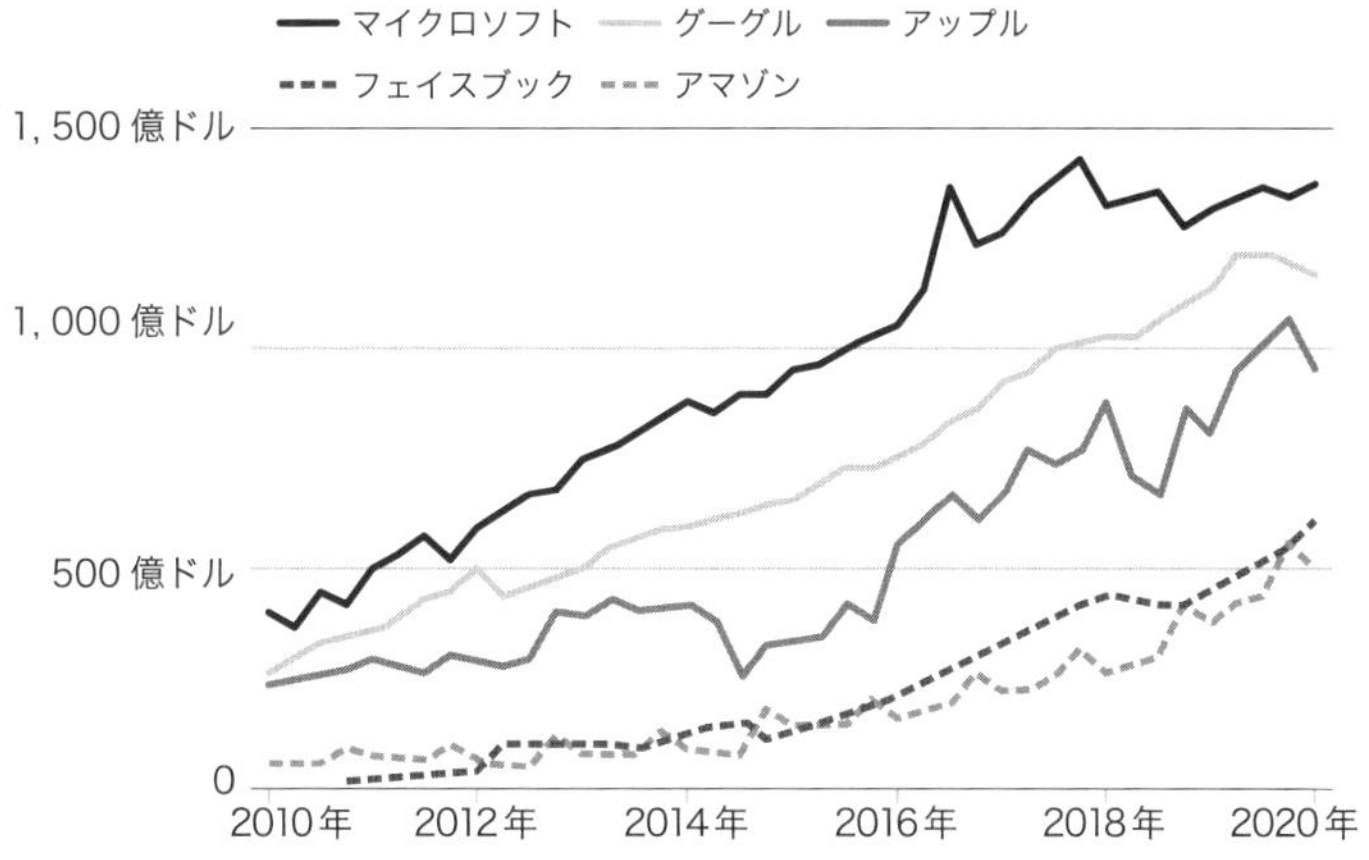

FactSet（https://www.factset.com）より

特に**GAFAMが買収で力を入れているのがAI分野**です。AI分野は今後の世界経済にとって非常に重要なキーワードです。AI分野の市場規模は、2025年には40兆円規模になると予想されており、米国各社はしのぎを削ってこの分野を開拓しています。**潤沢な資金を持つGAFAMは、AI分野でも先頭を走る**ことになりそうです。

2010年以降、企業や研究機関がAI開発を一層進め、AI開発の人材の獲得を目指しており、これまでに635件のAI関連の企業買収が行われています（2019年8月31日時点）。AIの買収は2013年から2018年にかけて6倍以上のペースで増加中です。2019年実績は200件近くに上っています。

AI関連の企業買収でもGAFAMは群を抜いています。GAFAMの買収実績の推移を次ページのグラフにまとめました。直近になるほどAI企業の買収を積極的に進めているのが非常によくわかります。**特にアップルの買収実績が急激に伸びています**。iPhoneの進化はAIの進化によって支えられているといってもいいかもしれません。

GAFAMと他の米国企業のAI関連企業買収数を比較します。調査対象の米国488社のうち、431社はAI企業1社を買収しているのみです。一方、GAFAM各社はアマゾンが7社、フェイスブックが8社、マイクロソフトが10社、グーグルが14社、アップルが20社を買収しています。AI技術への投資においてもGAFAMが群を抜いているのがわかります。

■ GAFAMのAI企業買収件数実績推移（2010～2019年8月末）

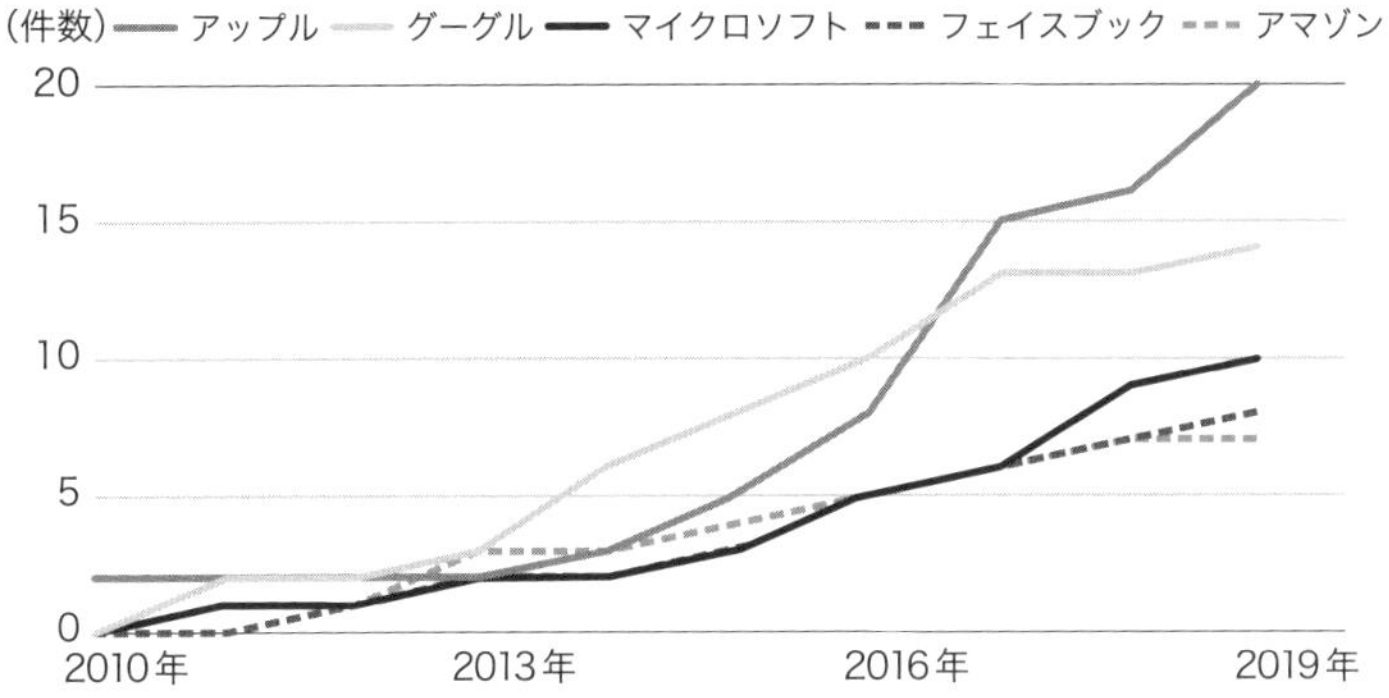

■ GAFAMと米国他社の買収数（2010年～2019年8月末）

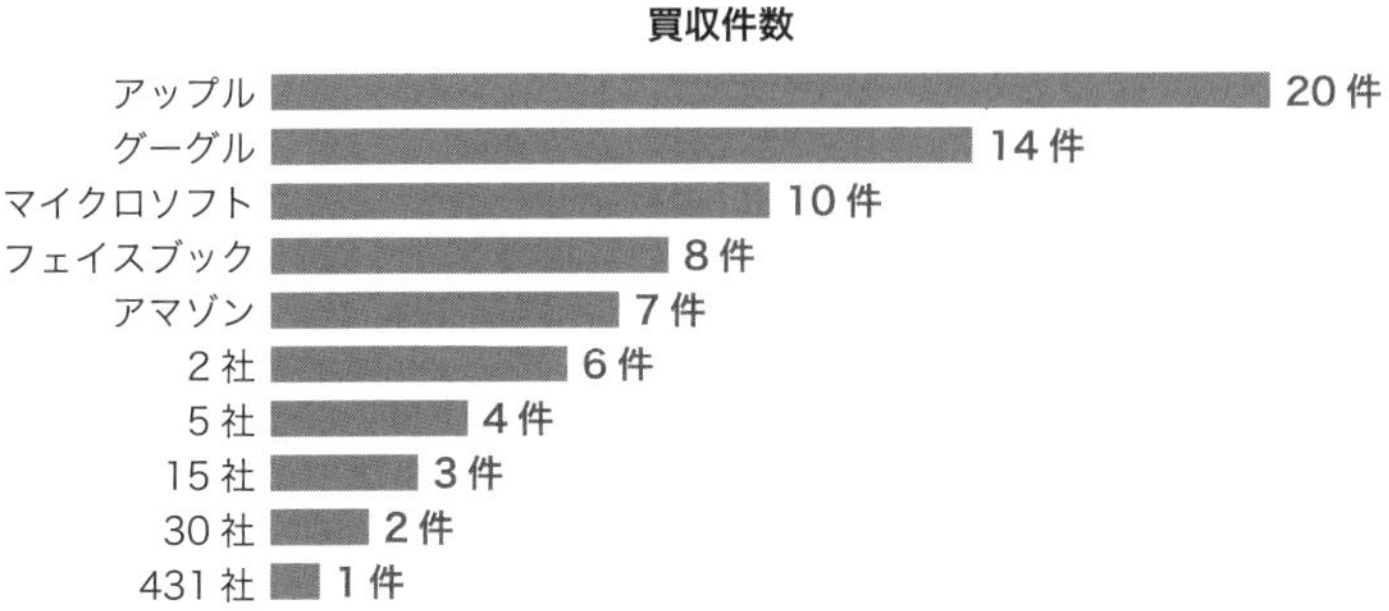

■ 2018年の研究開発費グラフ

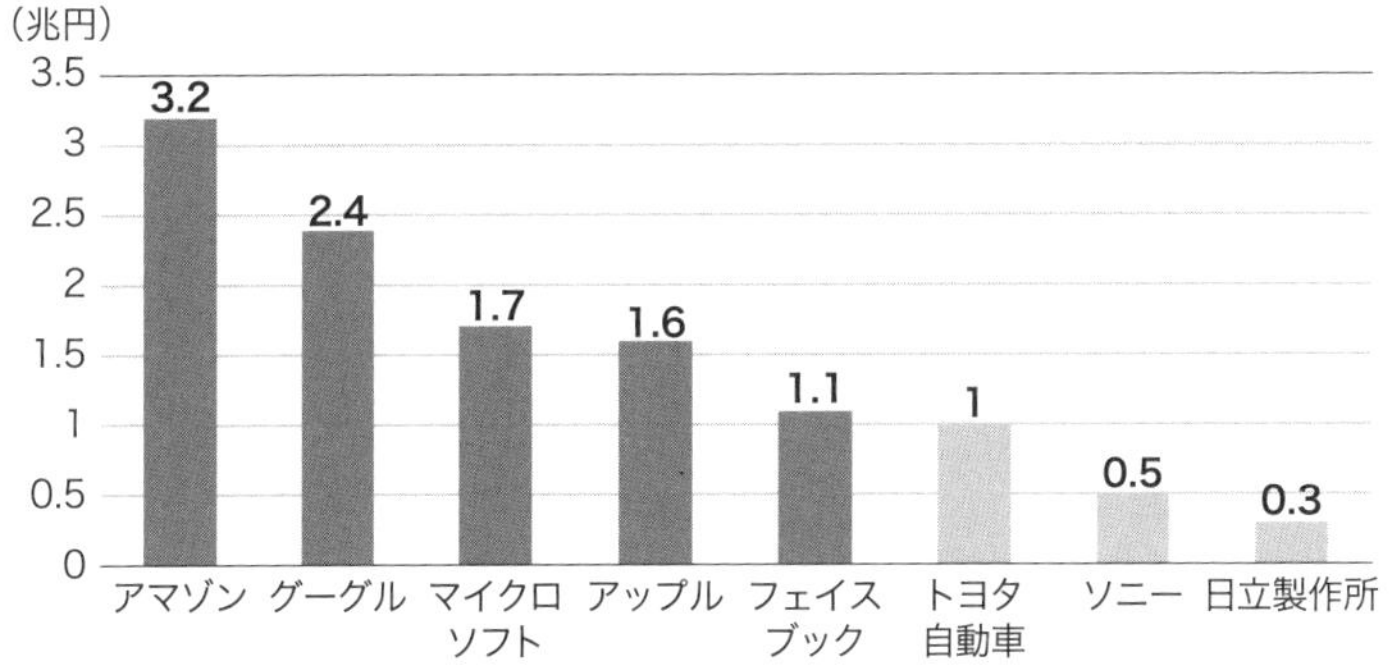

アップルのAI買収はiPhoneの新機能開発にも欠かせないものでした。例えば、iPhone Xに搭載された、端末を見つめるだけでロックを解除できる技術「**FaceID**」は、AI企業RealFaceの買収をはじめとする、アップルのM&Aの成果といえます。

GAFAMの製品やサービスの多くはAI企業の買収から生まれたものです。アップルのiPhoneに搭載された「**Siri**」、グーグルの「**Deep Mind**」によるヘルスケアへの貢献（Deep Mind社が開発した囲碁プログラム「AlphaGo」が2015年にヨーロッパプロ囲碁王者を破ったことで有名）など、GAFAMは確実にAI企業の買収を自身の製品に反映し、進化させています。

低金利とリモートワークはGAFAMにとってアドバンテージ

2020年6月末時点、世界中が（景気刺激策による）低金利や新型コロナパンデミックによるリモートワーク促進など、大きな時代の変化が起きています。

低金利は、設備投資や研究開発費に多くの資金を投資する企業にとって大きなアドバンテージです。これは成長株には共通のメリットです。GAFAMのキャッシュリッチな状況は、低金利下で資金調達が容易なことを背景に、さらに研究開発を加速させます。

主要企業の研究開発費を比較したグラフを用意しました（113ページ参照）。アマゾンの2018年の研究開発費は世界一で、年間3・2兆円です。2019年度でも研究開発費1位です。GAFAM5社と日本企業と比較すると、日本のトップ企業であるトヨタ自動車でも研究開発費は1兆円なのに対して、GAFAM各社はすべてそれを上回っています。

GAFAMの高成長の源泉は、膨大な研究開発費と、それを確実に売上と利益に結び付けるイノベーションとマーケティング力にあるといえます。

研究開発の例として「**ハイテクとヘルスケアの融合**」の取り組みを紹介します。コロナ状況下においてさらにスピードを速め、今後主流になっていく流れだと思われます。

「ヘルスケア」は米国人にとって極めて重要

米国医療費は世界トップの330兆円です。世界の医療費支出の50％を北米が占めています。人口は日本の3倍ですが、医療費の支出は8倍で、米国医療市場の規模の大きさがわかります。

この医療分野にGAFAM（フェイスブックを除く）が進出しようと取り組んでいます。

アップルとグーグルの取り組み

２０１９年から、アップルはジョンソンエンドジョンソンと共同で、自社のウェアラブル端末「Apple Watch」を用いて、心房細動の早期検出が65歳以上の人の脳卒中リスクを下げられるかを調査しています。

- **対象者はメディケア（高齢者・障害者向け医療保険）に加入する４０００万人強**
- **参加者はアップル・ウォッチを49ドルで買うか、無料貸し**

■米国と日本の医療費等の比較

	米国	日本
人口（2016年7月予測）	323,995,528人	126,702,133人
医療支出総額	3兆米ドル	4,690億米ドル
GDPに占める医療支出割合（2014年）	17.1%	10.2%
一人あたり医療支出（2014年）	9,403米ドル	3,703米ドル
公民の負担割合（2012年）	公：47.0% 民：53.0%	公：82.1% 民：17.9%
医療機器産業市場規模（2016年予測）	1,459.5億米ドル	281.5億米ドル
病床数（2007～12年）	2.9床/1,000人	13.7床/1,000人
年齢層（2016年予測）	0～14歳：18.84% 15～24歳：13.46% 25～54歳：39.6% 55～64歳：12.85% 65歳以上：15.25%	0～14歳：12.97% 15～24歳：9.67% 25～54歳：37.68% 55～64歳：12.4% 65歳以上：27.28%
平均余命（2016年予測）	男性：77.5年 女性：82.1年	男性：81.7年 女性：88.5年

出しが利用できる（最新モデルの定価は399ドルなので破格）

さらにこの取り組みを使って、アップルはグーグルと組んで、新型コロナ感染リスク減少に応用しようとしています。**「濃厚接触通知アプリ」**がその取り組みの1つです。新型コロナ対策で最先端の取り組みを活かしています。このアプリ・システムは、2020年5月時点でアメリカの多くの州と世界22か国で使用の方向性で動いています。

これは、既存の携帯電話とクラウドを上手くリンクさせた取り組みです。特別に新しい技術というわけではなく、既存技術の組合わせでイノベーション溢れる開発を行うのは、GAFAM共通といえるかもしれません。

マイクロソフトとユナイテッドヘルスの取り組み

マイクロソフトと米国最大手の保険会社ユナイテッドヘルスは、**「ProtectWell」**というアプリを共同でリリースしました。このアプリは、企業の従業員が新型コロナに感染した場合にスクリーニングを行い、職場復帰に必要なプログラムやメディカルチェックの方法を企業単位で構築できるように開発されたアプリです。

マイクロソフトのAzureは、企業向けに強みを発揮するクラウドです。パソコン用OS

■濃厚接触通知アプリの仕組み

A さんと B さんが 10 分ほど外で会話をした場合。

A さんと B さんが外で 10 分ほど会話
A さん
B さん
2 人の携帯電話は、Bluetooth 技術を使用して、近接していたことを記録する匿名の識別子ビーコンを交換

その後、B さんが高熱を出して新型コロナに陽性反応が出てしまったとする。その内容を B さんはアプリ上でアップデートする。

後に熱を出し、新型コロナの陽性反応が出る。B さんは自発的にアプリに結果を入力する。
B さん
B さんの情報がアプリを通してクラウドデータに蓄積される。

そのデータに基づいて、新型コロナ発生前の 14 日間のデータがクラウド上にアップロードされる。

クラウドデータがアプリを通して A さんの携帯に送信される。
2 週間以内に交流のあった匿名の誰かが感染したことを知る。アプリを通じて今後の行動方針のガイダンスがある。
A さん

のWindowsとオフィスアプリであるOffice365、それにクラウドまで組合わせて提案できる強みはマイクロソフトならではのもので、企業単位でフルカスタマイズが容易です。この強みをヘルスケアにも活かしていますね。

アマゾンのヘルスケアへの取り組み

アマゾンは早い段階からヘルスケア分野に取り組んでいます。アマゾンは小売業メインで成長してきたために、ECで薬の販売などを促進させたいという企業戦略からです。GAFAMの中では、ヘルスケア分野に最も進出している企業といえます。アマゾンのヘルスケアへの代表的な取り組みを5つ紹介します。

1 カーディナル・ヘルス社と提携

カーディナルヘルス（CAH）という、全米で医薬品の販売と医療サービスを提供する企業と提携しています。カーディナルヘルスの競合としてはアメリソース・バーゲン（ABC）やマッケソン（MCK）という企業があります。医薬品の販売網強化の一環です。提携によって全米43州における販売網を抑えることが可能になりました。

2 自社従業員への独自の健康保険プログラム提供

世界最高の銀行JPモルガンチェース、世界最高の投資会社・保険会社のバークシャー・ハサウェイと組んで、自社の従業員に対する独自の健康保険プログラムを提供しています。

3 「アマゾンX」で独自のガン治療研究

「**アマゾンX**」と呼ばれる研究室を自社内に持ち、ガン治療の研究に取り組んでいます。先進医療分野での研究を独自に進めており、同社のヘルスケア事業への本気度がわかります。

4 ピルパックを買収

オンラインで薬局を展開できるように「**ピルパック**」というスタートアップを買収しました。これによってアマゾンは医薬品をオンラインで販売できるようになりました。

5 EHRに直結するAIソフトウェアの販売計画

治療を容易にするためのＥＨＲ（電子カルテ）に直結するＡＩソフトウェアの販売計画があります。この分野は競合他社にヴィーバシステムズやテラドックヘルスなどの成長著しい企業が進出中です。しかしこの分野はまだ未開発で、ほとんどの企業が手を付けていない**ブルーオーシャン**（未開発でビジネス展開次第で第一人者になれる分野）な状況です。今後の展開次第で大きく成長する可能性を秘めた分野だとも考えられます。

２０２０年５月時点では、経営破綻した米国百貨店チェーン大手ＪＣペニーも買収を計画しています。ＪＣペニーは全米に店舗を持つため、拠点を増やしてヘルスケアの取り組みとの連動も考えられます。

5-4 もし1社を選ぶなら

ＧＡＦＡＭを徹底的に紹介してきました。各社とも非常に魅力的な企業であることは間違いないですが、投資家としてはすべての企業に投資をすることは難しく、５社の内の１つに集中して投資したいという要望があると思います。

１つの提案として、５社の収益構造を比較してみたいと思います（１２３ページの「ＧＡＦＡＭの２０２０年収益構造」グラフ参照）。

収益構造を比較してみると、**営業利益が最も大きいのはマイクロソフトの37%**です。マイクロソフトの収益構造は非常にバランスがいいのがわかります。原価ベースが低いということは、状況に応じて研究開発費（Ｒ＆Ｄ）や販促に費用を回すことも可能であるということです。安定性が高くなりますね。

次点でフェイスブックです。研究開発費が多いのは、既存のアプリシステムだけでなく、仮想通貨やＥＣ事業など積極的に事業拡大を目指していることが理由として挙げられます。

もちろん、ＧＡＦＡＭ各社のどれを選んでも問題ありませんが、**マイクロソフトの株価は安定性もありますし、初心者向けという意味でも一番のお勧め**だと思います。

それは営業利益と減価率だけではなく、５社で比較した場合の売上・利益の推移を確認することによって明確になります（次ページの「ＧＡＦＡＭの売上・利益成長率リスト（２０１９年決算）」参照）。マイクロソフトは売上・利益の成長率共に派手さはないですが、堅実に伸ばしていることがわかりますよね。売上の成長率では、フェイスブックが圧倒的な高さを示しています。そして、利益の成長率ではアマゾンが非常に高いです。

２０２０年7月時点の株価的には、フェイスブックがヘイトスピーチ関連による４００社以上の広告停止の影響を受けて、最も割安であると考えられます。

ＧＡＦＡＭへの投資のメリット

- **短期・中期では高い確率でＳ＆Ｐ５００を大きくアウトパフォーム（パフォーマンスが上回る）する実績を出せる**
- **成長率が低くなった場合でも、ＧＡＦＡＭ各社は高確率で安定成長企業になる可能性がある。そこからは安定配当株として長期的にホールドできる**

■GAFAMの2020年収益構造

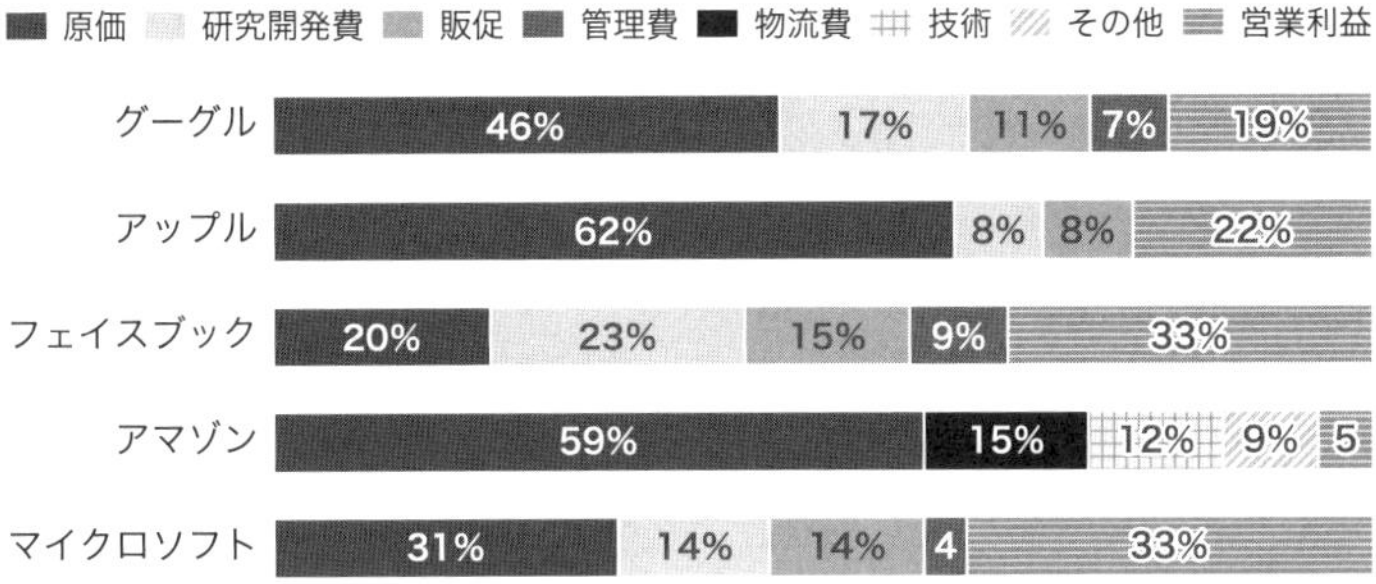

■GAFAMの売上・利益成長率リスト（2019年決算）

項目	売上（億円）	営業利益（億円）	営業利益率	5年売上成長率	平均売上成長率
グーグル	173,187	38,443	22%	116%	23%
アップル	278,386	68,405	25%	11%	2%
フェイスブック	75,646	25,665	34%	294%	59%
アマゾン	300,159	15,559	5%	162%	32%
マイクロソフト	134,652	45,966	34%	34%	7%

項目	1年売上成長率	5年利益成長率	1年利益成長率	5年利益率変動
グーグル	18%	86%	14%	-4%
アップル	-2%	-10%	-10%	-6%
フェイスブック	27%	285%	-4%	-1%
アマゾン	20%	551%	17%	3%
マイクロソフト	14%	52%	23%	4%

- **GAFAMはすでにインフラ化しているために、産業として永続性が期待できる**
- **GAFAMに投資するだけで、今回の投資メソッドの重要キーワードである「AI」「5G」などに実質的に先行投資していることになる**
- **インド市場でインド企業に直接投資するよりも低リスクで投資できる**

GAFAMへの投資のデメリット

- **反トラスト法（独占禁止法）の対象として問題になることが多い**

反トラスト法は、公正な競争の促進を目指す各種の法律の総称です。１９１４年に成立した「クレイトン法」では、「消費者に害を与える合併を政府が阻止できる」と定めています。

２０２０年5月にも、米司法省がアルファベット傘下のグーグルを反トラスト法（米独占禁止法）違反で訴追するため、訴状草案を準備しているという報道もありました。

ハイテクとヘルスケアの融合が進むことで何が一番問題かというと、**個人情報の流出**問題です。これは個人情報保護法に抵触する恐れも出てきます。

２０１９年7月24日には、フェイスブックが個人情報保護に関する行政命令に違反したとして、過去最大規模となる50億ドルの制裁金を支払って米連邦取引委員会（ＦＴＣ）と米司法省と和解したこともあります。

ＧＡＦＡＭにとって最大のリスクは、その時代の政権による法規制の動きになってくると思います。

- **取得単価が高い（特にアマゾン、グーグル）ため、投資するときに投資家にとって心理的なハードルが高くなる**
- **ＧＡＦＡＭだけに偏ると、これらの企業が衰退した場合、逆にＳ＆Ｐ５００に対してアンダーパフォーム（パフォーマンスが劣後）する恐れがある**

長期的にどうなる？

長期的に成長を継続できるかどうかはわかりませんが、可能性が高い展望は、これらの企業はいつかは**安定成長企業**に変わっていくということです。２６９ページで解説する**安定連続増配株**と同じバランスよく株価上昇と配当を継続する企業になることを意味します。

投資タイミングはいつ？

こういった優良銘柄を購入する場合は、「銘柄個別に下落しているとき」を狙うよりも、「**市場全体が下げているとき**」を狙うのがいいでしょう。

最もわかりやすいのが、S&P500、ダウ、ナスダックなどの主要指数がまとめて下落しているときが投資タイミングとしては最適です。各銘柄個別のニュースで下落することもありますが、下落の原因が適切に理解できていないと、「下落したから買う」ではさらなる下落が発生する恐れもあります。

それを考えると、指数関係がまとめて下落しているときが最も安全に投資できるタイミングといえるかもしれません。

ただし、GAFAMは成長企業です。待っているだけではずっと投資ができない可能性があります。**成長株は順張り**（株価上昇でも投資をする）が基本です。勇気を出して一歩を踏み込んで投資してみることも必要だということは忘れないでください。

第6章

ナスダック指数と連動するETF QQQへの投資

6-1 QQQへの投資が現在最強の手法

QQQとは？

QQQは米国株ETFの1つです。日本から投資できる米国ETFの中では、QQQが現在最もパフォーマンスがよく、**最強のETFの1つ**といっても過言ではありません。

ETFには様々なものがありますが、QQQはナスダック100指数をインデックス（指標）として、そのインデックスと同等の成績を収めることを目標として運用されています。

ナスダック指数は、アメリカの全米証券業協会（NASD）が開設・運営している電子株式市場「**NASDAQ**」に上場している3000以上の全銘柄を対象に、時価総額加重平均で算出した指数です。ハイテクやネット関連業界の動向を知る重要な指標になっています。

現在、ナスダック指数は非常に好調で、S&P500指数を引き離しています。1980〜2000年代の過去のバブル状況と酷似しているといわれることもありますが、過去のバブル期のリターンと比較すると、次のように大きく異なっているのがわかります。

過去20年のナスダックリターン：167％
同1980〜2000年代リターン：3352％

ナスダック100指数は、ナスダック全3000以上の銘柄の中から、時価総額上位100銘柄を対象にしています。ナスダック100指数には次の6点の特徴があります。

1 米国内での上場がナスダックのみである

2 金融会社は組み込まれていない

金融セクターは景気動向に非常に左右されやすい特徴があります。セクター全体が景気動向に左右されるので、個々の企業の強みが薄まる傾向があるためです。

3 平均1日当たり最低20万株以上の出来高である

出来高は非常に重要です。出来高は投資家からの人気度合いを示すため、いくら優良な企業でも出来高が伴わないと安定的に株価が上昇する可能性が低くなるからです。

4 破産手続きに入っていない

財務が健全であることが条件の1つです。

5 上場して2年以上が経過している

上場1年程度では、期待感だけで株価が加熱している可能性があります。2年以上経過すると、ある程度業績の方向性も見えて株価も落ち着く傾向になるため、大事な要素です。

6 毎年12月に構成銘柄の入れ替えが行われる

ただし、急成長している銘柄・急落している銘柄などはフレキシブルに入れ替えられます。

QQQの組み入れ銘柄

ナスダック100指数に含まれる銘柄のセクター割合を表にまとめておきます。代表銘柄も記載してあります。

■ナスダック100指数のセクター割合表

セクター	代表銘柄	割合
情報技術(ハイテク)	アップル、マイクロソフト	48%
コミュニケーション(ハイテク)	グーグル、フェイスブック	21%
一般消費財	アマゾン、スターバックス	16%
ヘルスケア	インテュイティブ・サージカル	8%
生活必需品	ペプシコ	5%
資本財	テキサス・インスツルメンツ	2%

「情報技術」と「コミュニケーション」を分けていますが、いずれも同じハイテクセクターで、ハイテクセクターの割合が70％近くになっています。それ以外にも注目銘柄が目白押しです。GAFAM、成長性が高いヘルスケア銘柄、ハイテクグロース株など、とにかくいいとこどりの銘柄構成です。生活必需品のペプシコは、ペプシコーラで有名な世界第二位の総合食品メーカーです（第一位はネスレ）。資本財セクターのテキサス・インスツルメンツは世界アナログ半導体市場シェア1位です。

ヘルスケア銘柄にはQQQに組み入れられている銘柄で代表的な成長銘柄を1つ紹介しておきます。

インテュイティブ・サージカル（ISRG）

インテュイティブ・サージカルは、手術支援ロボット「**ダ・ビンチ・サージカル・システム**」および関連機器とアクセサリーの設計・製造・販売を行う企業です。ロボット支援低侵襲外科手術技術の世界的リーダー企業です。「低侵襲」とは、外科的手術において患者の負担を必要最小限にすることです。

手術支援ロボットシステムでは、対抗馬になりそうな企業がたくさん出てきています。しかし、インテュイティブ・サージカルは他の企業が薬事承認を得るまでに時間がかかる状況で保険適用範囲を拡大して、この事業で圧倒的なシェアの構築を進めています。

下の表は、２０２０年7月時点のインテュイティブ・サージカルの財務データです。すべての数字が惚れ惚れするような数字です。**インテュイティブ・サージカルは、5年間の売上・利益成長率ともに80%を超えています。**営業利益率も31%と非常に優秀です。

それを裏付けるように、株価も5年前から２５８%上昇している成長株ですね。成長株の特徴ですが、配当を出さず成長分野に投資しています。5年の実績を比較すると、S&P５００の5倍近くアウトパフォームしています。

■ インテュイティブ・サージカルの財務データ

株価（$）	配当率	売上（億円）	営業利益（億円）	営業利益率	5年売上成長率	5年利益成長率	配当性向	5年間株価成長率
580	n/a	4,793	1,471	31%	88%	86%	n/a	258%

■ インテュイティブ・サージカルとS&500の5年間比較チャート

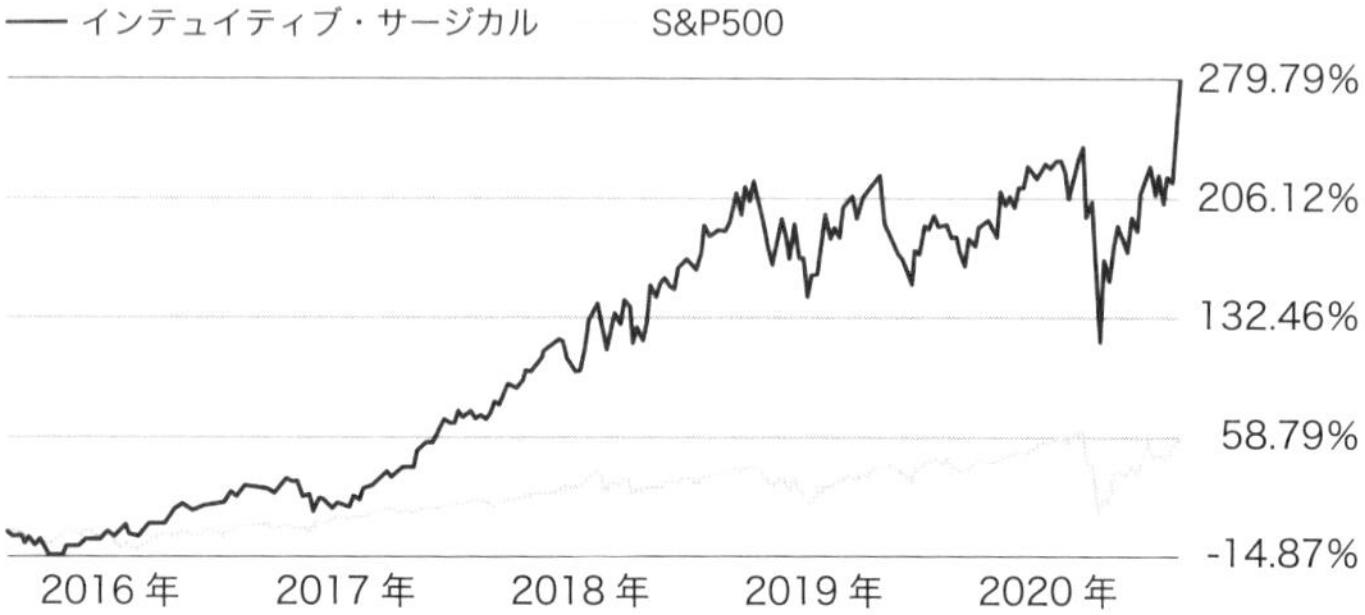

ブルームバーグ（https://www.bloomberg.co.jp/markets/stocks）の公開データを元に作成

ハイテクグロース銘柄

ＱＱＱの大きな特徴に、**ハイテクグロース銘柄**が組み込まれている点があります。ハイテクグロース銘柄は、ハイテク企業の中でも特に成長性が高く、将来のＧＡＦＡＭになる可能性もあり得る銘柄です。

ハイテクグロース銘柄は「**巣篭もり銘柄**」ともいわれています。新型コロナパンデミックでリモートワークが広まり、その状況を最大限成長に転用できる、コロナ特需銘柄ともいえます。

ズームビデオコミュニケーションズ（ZM）

ズームビデオコミュニケーションズは２０１１年創業、２０１９年４月にＩＰＯでナスダック市場に上場しました。クラウドコンピューティングを使用したＷｅｂ会議サービス「**Zoom**」を提供する企業です。オンライン会議やオンライン講義などで利用している人も多いのではないでしょうか。２０２０年のコロナ禍中で、Ｚｏｏｍはビジネスシーンでもプライベートでも、最も利用されたオンラインコミュニケーションツールといえます。

ドキュサイン（DOCU）

ドキュサインは２００３年創業、２０１８年４月にナスダック市場に上場しました。主に、クラウドベースで電子署名のソフトウェアや関連サービスを提供する企業です。ドキュサインのソフトウェア・サービスを利用すれば、契約書などをデジタルで準備し、電子署名により契約書の締結をスピーディーに行えます。工事契約書、不動産取引、家賃の取り立てなど何にでも応用可能で、ビジネスシーンだけでなくプライベートでも使える柔軟性があります。

ズームビデオコミュニケーションズ、ドキュサイン両者ともリモートワークで必要性が非常に高く、新型コロナ禍を特需として２０２０年に株価が一気に上昇しました。ズームビデオコミュニケーションズは２０２０年６月末時点において、年初来で株価は約３・５倍、ドキュサインの株価は２・５倍という驚異の株価上昇率を記録しています。

両者とも、リモートワーク向けのサービスを展開し、ニーズが非常に高まって顧客拡大を成し遂げています。今後はこの成長をアフターコロナでも継続してできるかがキーになります。

ＱＱＱには**テスラ**（ＴＳＬＡ）も組み込まれていますね。ＧＡＦＡＭに次いで大きな比率で組み込まれていて、２０２０年７月時点で２・６％を占めています。テスラについては２１６ページで詳しく紹介します。

6-2 QQQの強み

ＧＡＦＡＭを代表するＱＱＱの銘柄の特徴は、とにかく**成長性が高い**ということに尽きます。成長性が高いので、株価も上昇しやすいわけです。ＱＱＱは時価総額加重平均で厳選された１００銘柄が組み込まれているので、分散されすぎず個々の銘柄の強さが最大限に発揮できるＥＴＦであるといえます。

VOOとQQQの比較

ＶＯＯ（Ｓ＆Ｐ５００インデックス指数）と比較することによって、ＱＱＱの特徴がさらにわかりやすくなるので、比較表を用意しました（次ページ参照）。まずは基本データです。

運用会社は、ＶＯＯはビッグ３の一角である投資運用会社バンガード社、ＱＱＱはインベスコ・パワーシェアーズ（Invesco）という独立投資運用会社です。インベスコ・パワーシェアーズ自体もS＆P500銘柄に採用されていて、売上高は1兆8000億円ほどの企業です。

単価はVOOとQQQはほぼ変わりません。1株あたり3万円弱で投資できます。

信託手数料は、VOOよりもQQQの方が高いですね。信託手数料は、長期目線で考えた場合はできるだけ安く抑えたいところです。逆の視点で見ると、手数料が高い分QQQにはVOOよりも高パフォーマンスが望まれます。

純資産額はVOOとQQQはほぼ変わりません。特にQQQはコロナ暴落後、投資家から非常に人気が高く、3ヶ月ほどで純資産額が9兆円から11兆円と2兆円増加しています。

次にVOOとQQQのパフォーマンスを比較していきます（次ページの表）。

設定年はETFが作られた年です。VOOは2010年、QQQは1999年で、QQQの方が歴史が古いETFです。

■ QQQとVOOの基本データ比較表（2020年6月末）

銘柄	運用会社	単価（$）	信託手数料	組み入れ銘柄数	純資産額（兆円）	配当率
QQQ	インベスコ・パワーシェアーズ	252	0.20%	103	約11.5	0.69%
VOO	バンガード社	286	0.03%	509	約15	1.89%

設定来パフォーマンスを見ると、ＶＯＯは13％、ＱＱＱは８・１％で、一見ＶＯＯの方が上に見えます。しかし、実は２０１０年９月に作られたＶＯＯは、**リーマンショック**という過去最悪の暴落を経験していないＥＴＦであることを考慮する必要があります。

リーマンショックでは、Ｓ＆Ｐ５００は約50％ほどの下落を記録しています。つまり、ＱＱＱはリーマンショックの暴落も乗り越えて、現時点で20年間のリターンが８％以上を残している、非常に優秀なＥＴＦということになるんです。

事実、設定来以降直近になるほど、ＱＱＱはＶＯＯより優秀な成績を残しているのがわかります。ＱＱＱはＶＯＯと比較して、**５年間でのパフォーマンスは７ポイント上、１年間でのパフォーマンスでは22ポイント上、２０２０年の半年間では15ポイント上**と、ＱＱＱのパフォーマンスが非常に素晴らしいことがよくわかります。

２０２０年を例に挙げて、どのようにパフォーマンスの差がついているかを紹介します。

まず、ＱＱＱの**暴落耐性**を確認していきます。暴落耐性というのは、

■ QQQとVOOのパフォーマンス比較表（2020年6月末）

銘柄	設定年	年初来パフォーマンス	1年パフォーマンス	5年パフォーマンス	設定来パフォーマンス
QQQ	1999年	10.0%	35.0%	17.3%	8.1%
VOO	2010年	-5.0%	13.0%	10.0%	13.0%

２０２０年の新型コロナパンデミックのように、株価全体が暴落したときにおいて、どれくらい暴落に対して耐性があるかのデータです。ＶＯＯとＱＱＱを比較してみます。

２０２０年３月のコロナ暴落時　ＶＯＯとＱＱＱの下落率比較

２月19日に最高値を付けた後、３月23日に最安値をつけた１ヶ月間の動きの比較です。

ＶＯＯ：約35％下落
ＱＱＱ：約30％下落

ＱＱＱの方がＶＯＯよりも５％下落に強い結果でした。

次に、ＶＯＯとＱＱＱの上昇力を比較してみます。

２０２０年３月のコロナ暴落から７月までの上昇率比較

３月23日の底値から６月30日までの約３ヶ月間の値動きの比較です。

ＶＯＯ：約43％上昇

QQQ：約53%上昇

QQQの方がVOOよりも10%以上も上昇しています。現状、QQQの方がVOOりも下落耐性が強く、上昇力でも優れているという一例です。

QQQの強みと弱みは、組み入れ比率がすべてを表しているといってもいいかもしれません（下表参照）。GAFAMすべてを組み入れ、さらにその比率が非常に高いです。VOOが20%に対してQQQは45%なので、割合の大きさがわかります。

これまでの解説で、GAFAMの現状における圧倒的な強さは十分伝わったと思います。そのGAFAMの強さを、個別銘柄よりもリスクが低いETF投資で最大限に活かすならば、QQQへの投資が現状の最適解の1つであることは間違いないと思います。

■QQQとVOOのGAFAM組み入れ割合表（2020年6月）

No	QQQ	比率	VOO	比率
1	マイクロソフト	12.0%	マイクロソフト	5.6%
2	アップル	11.0%	アップル	4.9%
3	アマゾン	9.6%	アマゾン	3.8%
4	グーグル	7.9%	グーグル	3.5%
5	フェイスブック	3.9%	フェイスブック	1.9%

6-3 QQQの特徴まとめ

ナスダック指数に連動するETF「QQQ」を解説してきました。最後にQQQのメリット・デメリットをまとめ、どのような人に向いている投資かを解説します。

QQQのメリット

- 現状最もパフォーマンスがいいナスダック100銘柄を使った指数に連動するETFであるため、きわめて高いリターンを期待できる
- 成長銘柄の組み入れが非常に多く、特にハイテク分野銘柄が70％も組み込まれている。ハイテク技術がさらに生活のインフラ化した場合は、さらに成長の加速が期待できる
- GAFAMが50％近くも組み込まれている。個別株投資では（単価が高く）ハードルが高

いGAFAMの成長性を、ETFというリスクが低い投資によって最大限活かせる

QQQのデメリット

- ハイテク銘柄の割合が高いことの裏返しで、ハイテクの成長に陰りが出た場合は、ハイテクへの偏りが少ないS&P500インデックスよりパフォーマンスが劣後する恐れがある
- ハイテクグロース銘柄も多く組み込まれているために、ハイテクグロース銘柄のパフォーマンスが大きく悪化した場合はパフォーマンスが落ちる
- GAFAMの割合が50%近いのでGAFAMの成長性に大きく依存している。GAFAMの成長が衰えた場合、S&P500インデックスほどの柔軟性がない

どんな人に向いているか

- 配当率は0・8％と低いので、配当は期待せずに株価上昇によるキャピタルゲインを最大化したい投資家向け
- 長期的な成長性は未確定だが、少なくとも5年間はS&P500インデックス投資よりパフォーマンスが上回る可能性が高い。そのため、中期的に資産総額を可能な限り多くしたい投資家にお勧め

成長株への投資をしたいが、個別銘柄投資には抵抗があるという投資家であれば、QQQを選択するのは合理的な判断かもしれません。

第7章

成長株投資

7-1 成長株投資は資産形成をブーストするチャンス

個別銘柄に投資する場合は、是非とも**成長株への投資**にチャレンジしてみるべきです。なぜなら、GAFAMの例でもわかるとおり、米国では経済の仕組みが企業の成長を加速させているからです。成長株へ投資することで、株価成長による大きなリターンを期待でき、**資産形成のスピードを速めるチャンス**があります。力強い経済成長を支える人口増加率、米国企業の文化として根付く株主第一主義の部分も大きいことは間違いありません。

さらに、シリコンバレーが好例かもしれませんが、アイデアをビジネスとして立ち上げ、そのアイデアに対して資金が集まる仕組みが整っている国だからだともいえます。

成長株投資の紹介にあたり、最初にメリットとデメリットを説明しておきます。成長株の株価成長力を見てしまうと、どうしてもポジティブに捉えすぎてしまうリスクもあるので、メリット・デメリットはしっかり理解しておいてほしいからです。

成長株投資のメリット

- 成長株には成長分野に属する企業が非常に多いため、企業の強みはもちろん産業分野の成長性もプラスされ、株価成長力がS&P500を遥かに凌ぐ銘柄が多い
- インデックス投資を軸にしつつ、成長銘柄を1~2つ見極めてそれに投資できれば、インデックス投資よりも遥かに効率的に資産形成を進める可能性が高くなる

成長株投資のデメリット

- 成長分野であるため、その産業分野の成長が止まった場合は株価上昇力はS&P500に劣後するようになる。成長株投資はその傾向が強い。投資した銘柄の決算・業績を確認するのはもちろん、産業分野の成長力の変化も確認する必要がある
- 株価上昇力が高いと、逆に下落幅が大きいこともある。個別銘柄やETFをしっかり選定しないと、暴落の含み損に耐えられなくなり損失が発生するリスクも高くなる

成長株投資で今後もさらに成長が期待できる4分野を軸に、個別銘柄・ETFを紹介していきます。**「半導体・AI関連」**、**「決済サービス・EC」**、**「ヘルスケア」**、**「未来企業」**の4分野です。

7-2 半導体・AI関連・ゲーム

半導体分野

半導体には様々な分野があります。半導体が現在の産業には不可欠なのは周知ですが、今後さらに重要になることは間違いありません。これは新型コロナ禍でさらに加速した可能性すらあります。

半導体関連で、個別株3銘柄とETFを1つ紹介します。

はじめに個別3銘柄を紹介します。**インテル**（**INTC**）、**アドバンスト・マイクロ・デバイセズ**（**AMD**）、**エヌビディア**（**NVDA**）です。

まずは、3銘柄の5年間の株価推移をチェックしてみます。

下の折れ線グラフが半導体3社とＳ＆Ｐ５００の5年間の株価推移です。インテルもＳ＆Ｐ５００を上回っていますが、エヌビディアの株価上昇率はＳ＆Ｐ５００の33倍、ＡＭＤは65倍以上という驚異の成績をあげています。

これほどまでの上昇の背景には、半導体分野とＡＩが深く関係しています。

アナログ半導体とデジタル半導体

半導体分野には大きく分けると**アナログ半導体**と**デジタル半導体**があります。アナログ半導体は、主に工場などで利用される産業機械や自動車などに使用されます。アナログ半導体はテキサス・インスツルメンツがシェア率20%でトップです。

デジタル半導体は、主にスマートフォンやパソコンで使用されます。この分野は非常に多岐にわたっています。半導体受託製造市場では、台湾の台湾セミコンダクター（Ｔ

■半導体3社とS&P500の5年間株価チャート

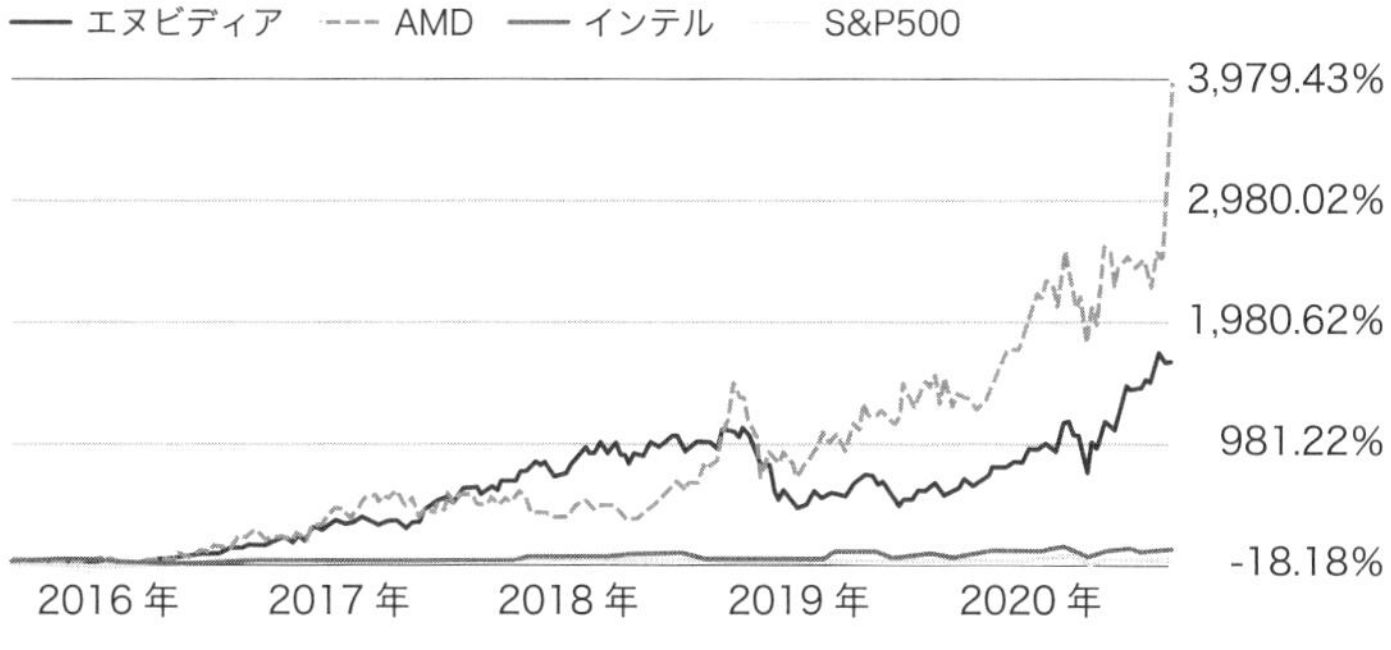

ブルームバーグ（https://www.bloomberg.co.jp/markets/stocks）の公開データを元に作成

SM）が49％と圧倒的なシェア率を誇ります。半導体全体でも売上高世界一位は台湾セミコンダクター、2位は韓国サムスン、3位は米国インテルです。

そのデジタル半導体分野の中で、**CPUやGPU**といったコンピュータープロセッサーに利用される半導体市場では、先の3社（インテル・AMD・エヌビディア）が激戦を繰り広げています。この分野のGPUが将来AIに密接に関係してくる可能性が高いので、今回ピックアップします。

銘柄分析をするときは、必ず競合各社の動きをチェックしましょう。競合各社と比較しないと、その銘柄自体の**ワイドモート**（競合各社・業界内での優位性）が理解できないからです。市場における寡占性（独占力）と考えてください。

半導体3社の特徴

インテル（INTC）

主にパソコンに内蔵されているCPUなどのプロセッサー、フラッシュメモリ等を製造販売する企業です。皆さんが使用するパソコンのほとんどに「Intel」のロゴマークが表示されているので、お馴染みですよね。「インテル入ってる」のCMを思い出す人も多いのではないでしょうか。

エヌビディア（NVDA）

エヌビディア（Nvidia Corporation）は、パーソナル・コンピューター（ＰＣ）グラフィックス、グラフィックス処理ユニット（**GPU**という半導体）および人工知能（ＡＩ）開発を中心とする企業です。

エヌビディアは、日本ではあまり有名ではない企業かもしれません。しかし、パソコンゲーム好きな人の間では超有名で、グラフィックボードの圧倒的なサプライヤーです。

アドバンスト・マイクロ・デバイセズ（AMD）

AMDは、主にＣＰＵとＧＰＵを提供している企業です。エヌビディアが独占的であるゲーム市場にも、積極的に進出しています。グーグルが提供するＷｅｂ版（クラウド）ゲーミングプラットホーム「Ｓｔａｄｉａ」では、ＡＭＤのカスタムＧＰＵとＬｉｎｕｘを採用したシステムを使用するという報道が出ています。近年、「**Ryzen**」のブランド名で知られるインテル互換ＣＰＵの開発が大成功をおさめ、ＣＰＵ分野でも巻き返しを図っています。

また２０２０年７月に、ソニーのＰＳ５およびマイクロソフトのXbox Series Ｘを含む次世代コンソール（家庭用ゲーム専用機）向けチップの初期生産と出荷を開始したことを発表しました。

半導体3社の基本データ

半導体3社の基本データを紹介します。ここで特に注目したいのは**PER**（Price Earnings Ratio）です。PERは株価から1株当たりの純利益（EPS／Earning per share）を割った数字です。一般的な企業の場合はPERが20以上だと「高い」と投資家に評価されます。

インテルは、株価上昇率はS&P500より上で、配当率も1・8％程度のS&P500インデックスETFより上です。インテルはどちらかというと安定性重視の傾向で成長率は低めですね。

それに対してエヌビディアは配当率0・15％、AMDは配当なしです。2社とも成長重視で、キャッシュを配当ではなく設備投資に回しているということになります。

また、PERはエヌビディアとAMDの2社とも35以上です。高いように見えるかもしれませんが、成長銘柄では25以上は一般的で、35以上でも決して高いとはいえません。PERはあくまで1つの指標として参考程度にとどめておかないと、成長企業への投資は難しくなり

■ 半導体3社の基本データ（2020年7月13日時点）

社名／項目	Ticker	株価（$）	PER	配当率
エヌビディア	NVDA	402	40.69	0.15%
アドバンスト・マイクロ・デバイセズ	AMD	53.5	35.21	0%
インテル	INTC	58.5	12.03	2.22%

ますね。

エヌビディアのGPUは、ゲーム・データセンター・自動運転など広範囲に活用されています。AMDも先ほどの紹介どおり、ゲーム関係においてエヌビディアを猛追しているのがわかります。

エヌビディアは同社の圧倒的な技術力によって、特にゲーム分野で他の追随を許さないほど需要を伸ばしてきて独占的な地位を確立しました。

CPUとGPUの違い

コンピュータのプロセッサーには、**CPU**（中央演算処理装置）と**GPU**（グラフィックスプロセッシングユニット）の2種類があります。

CPUは、コンピューター全体の計算処理を行うプロセッサーです。CPUを搭載しないコンピューターはありません。汎用処理が行えますが、処理速度はGPUに比べ劣ります。

GPUは、リアルタイム画像処理に特化したプロセッサーです。GPUには内蔵GPUと単体GPUがあり、内蔵GPUは性能が低いものの安価で、通常利用のパソコンに用いられます。単体GPUは高い処理性能を持ち、高性能3Dグラフィックスなどの計算処理を行います。目的に特化したプロセッサーなので、処理速度が極めて高いのが特徴です。

ゲーム用のパソコンなどには単体GPUが使われます。また、GPUの高速な処理性能の利用用途として、仮想通貨のマイニングや、ディープラーニング開発などもあります。

GPU市場動向

GPU市場ではこのエヌビディア、AMD、インテルの3社が競合しています。専門機関による直近のシェア率のレポートを確認してみましょう。

内蔵GPUではインテルが圧倒的なシェアを誇ります。インテルは2019年時点で単体GPUを出荷していませんが、内蔵・単体GPUの合計シェアでは66.9%と圧倒的なシェアを誇ります。

エヌビディアは合計シェアでは3社中最下位ですが、GPU単体ではデスクトップ・ノートパソコンいずれも他社を寄せ付けない圧倒的な強さを誇っているのがわかります。単体GPUは単価が高く収益性も優れているので、この強みは魅力的で

■半導体3社のGPUシェア(2019年2Q)

社名／項目	内蔵・単体合計GPUシェア	デスクトップ用GPUシェア	ノート用GPUシェア
エヌビディア	16.0% (前年同期+2.4%)	67.9%	74.0%
AMD	17.2% (前年同期-1%)	32.6%	26.0%
インテル	66.9% (前年同期-1.4%)	- (出荷なし)	- (出荷なし)

す。

eスポーツ市場規模

2020年のeスポーツ市場の売上規模は約1165億円で、2023年には約1758億円に達すると見込まれています。そして、eスポーツ市場の35%を中国が占めることが予想されています。なお、2020年夏は新型コロナ禍でeスポーツ大会も軒並み自粛を余儀なくされていますが、状況が落ち着けばさらに成長が加速する可能性があります。

AI市場規模

グランドビューリサーチの調査では、AI（人工知能）の世界市場規模は、2025年に3909億ドル（約40兆円）に達すると予想されています。2019～2025年でCAGR（年平均成長率）46・2%という驚異の市場成長スピードです。

アイ・ティ・アールの調査では、日本国内のAI市場の規模は2018年で200億円ほど、年平均成長率は2018～2023年度で26・5%、2023年度には640億円に達すると予想されています。

そして、世界のAI関連企業の売上高は、**2017年の147億ドル（約1・6兆円）から**

2025年までの8年間で3109億ドル（約33兆円）と約21倍に拡大すると予測されています。人口知能に関する論文数の統計から、今後のＡＩ市場を牽引するのはアメリカ、中国、インドになると考えられています。

ＡＩの潜在市場の大きさを物語るように、ＡＩ活用の本格化でＧＰＵの需要がますます増加することが予想されています。ＡＩ学習（ディープラーニング）には高速処理が可能なＧＰＵが必須だからです。エヌビディアにはそういった期待から多くの資金が集まってきています。

ＡＩの活用には機械学習、特にディープラーニングのための大量データ分析が不可欠です。そのディープラーニングによるデータ分析に、ＧＰＵの超高速処理能力が必要になります。近年のＡＩの発達にともない、データセンターも拡大しています。

２０２０年７月には、ＡＩ・ディープラーニング関連事業が堅調に拡大を続けた結果、時価総額でエヌビディアがインテルを追い越しました。２０２０年５月に出荷を始めた新設計のＡＩ半導体が人気を牽引しています。データセンターで利用した場合、最大20倍の処理性能を発揮し、グーグルも採用しています。

インテルも２０２０年に「Ｘｅ」というＧＰＵをリリースする予定でしたが２０２１年に延期され、性能も未知数です。

エヌビディアの財務分析

エヌビディアの財務を確認していきます（下グラフ参照）。エヌビディアに注目する理由は事業内容だけでなく、**財務が非常に素晴らしい**からです。

売上・営業利益・利益率とも2018年までは右肩上がりでした。しかし、2018年に仮想通貨ブームによりエヌビディアのビデオカード価格が高騰し、その後仮想通貨ブームが終焉したことで需要が急激に冷え込みました。それによって、エヌビディアは過剰な流通在庫を持つことになり、利益率が低下します。流通在庫の過剰は2019年まで尾を引きました。

滞留在庫引当金は2018年第3四半期に7000万ドル（75億円）へと膨張し、粗利率も1・8％下落しました。2019年はこの滞留在庫

■エヌビディアの売上・営業利益・営業利益率グラフ（5年間）

に苦しめられた形になりました。

営業キャッシュフローは、事業で稼ぎ出すキャッシュです。これが大きいほど資金的に余力ができます。そして**フリーキャッシュフロー**は、営業キャッシュフローから設備キャッシュフローを差し引いたキャッシュです。エヌビディアは設備投資が非常に少ない状況を継続していて、確実にキャッシュを増やしている企業といえます（下グラフ参照）。

ＥＰＳは２０１８年までは右肩上りでしたが、２０１９年は仮想通貨問題が尾を引いて下落しています（次ページグラフ参照）。配当はこの５年間増配を継続しています。２０２０年7月時点の配当率は０・１５％です。キャッシュに余力があることからわかるように、配当性向は20％以下に抑えているため、現状は全く減配を心配する必要がない素晴らしい財務です。

■エヌビディアの営業・フリーキャッシュフロー（5年間）

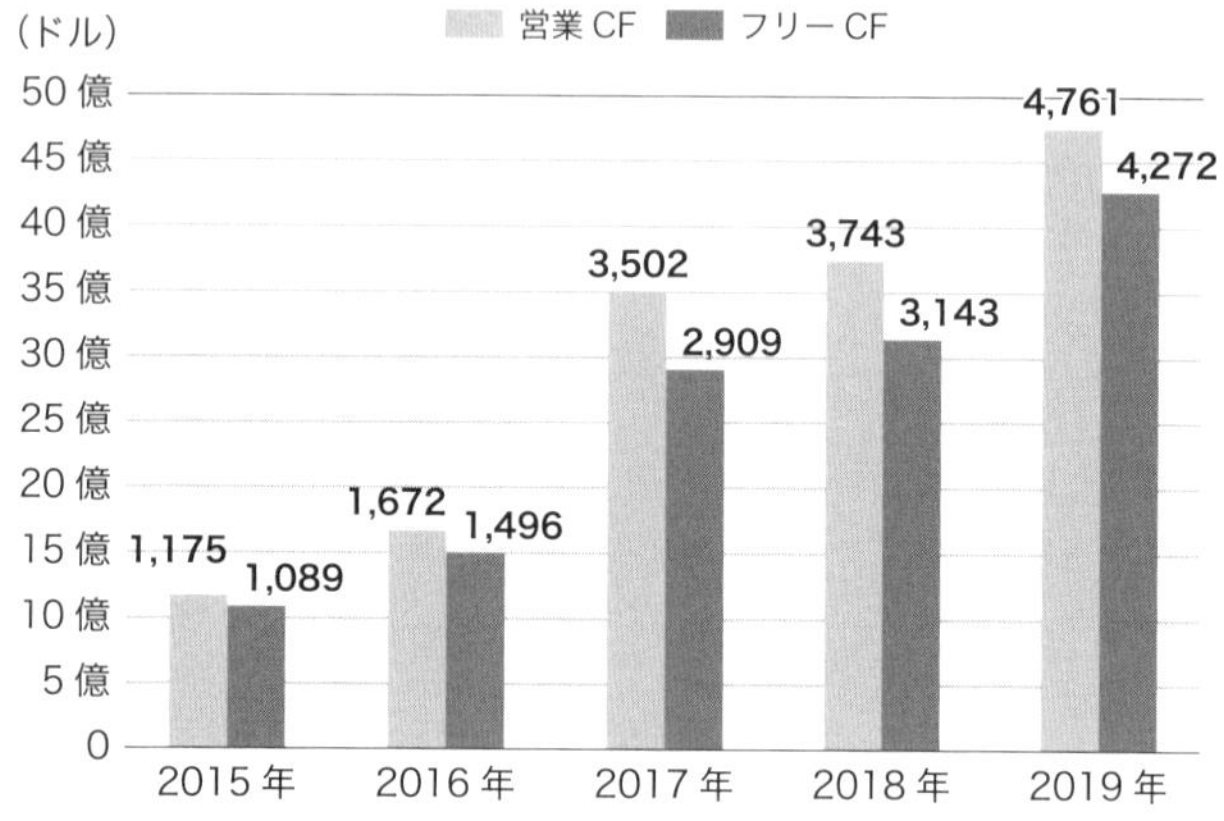

ＥＰＳは２０２０年２Ｑ時点で前年対比50％以上の増加を見込んでいるので、間違いなく２０２０年通年での上昇が予想されます。

エヌビディアの財務総括

財務の総括としては、２０１９年は２０１８年の仮想通貨ブームの悪影響を引きずっていましたが、直近のＡＩ需要・ｅスポーツ需要により、主力製品のＧＰＵ需要が格段に高まり、それにともなって収益も上昇していくことが見込まれています。

特に、エヌビディアの財務はキャッシュフローが素晴らしいので、買収も実施可能です。高利益率でキャッシュフローに余力があるため、正しい方向に潤沢なキャッシュを利用すればこれからも成長をブーストさせることは可能だと考えられます。

■エヌビディアのEPS・配当・配当性向（5年間）

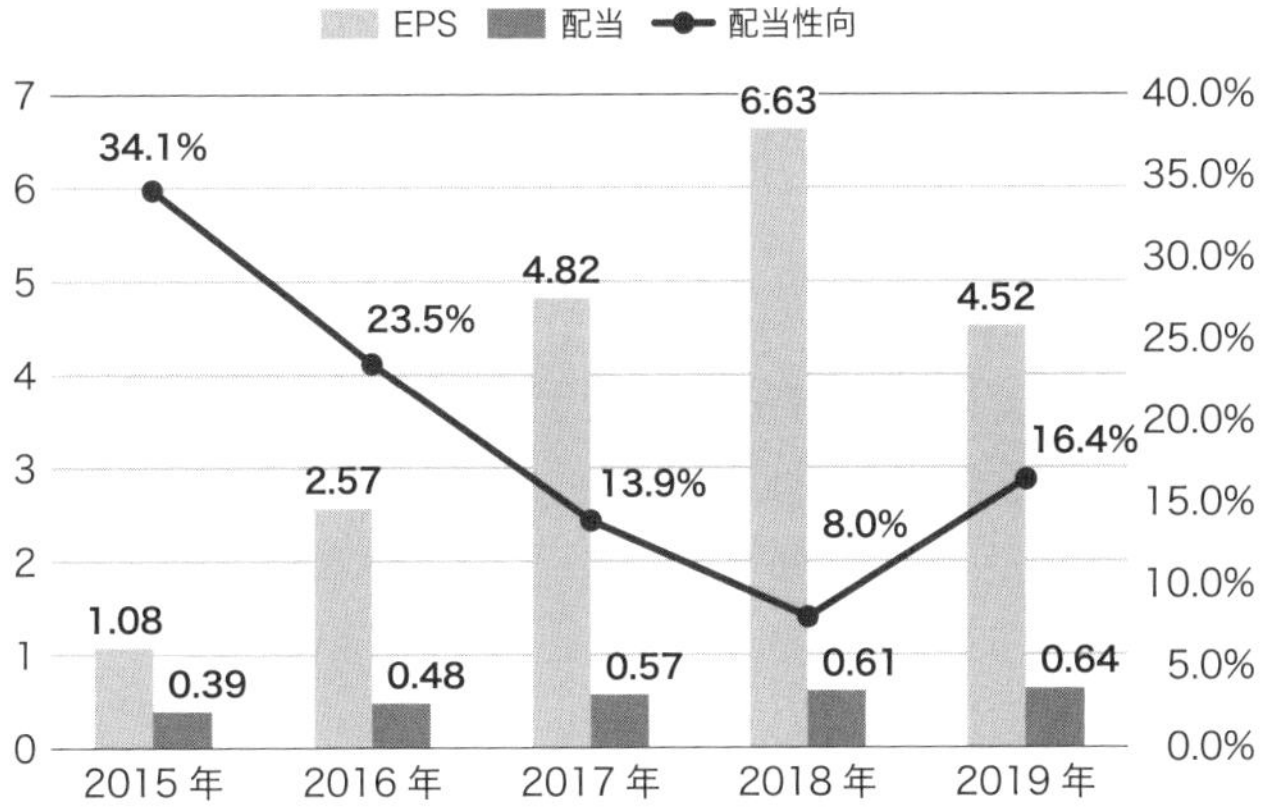

半導体3社の財務比較

最後に、半導体3社の財務比較を確認しておきますね。3社を比較してみると、エヌビディアを最も推奨する理由がよくわかると思います（下表参照）。

売上はインテルが1位ですが、それ以外の数字はエヌビディアが圧倒しています。特に**営業利益率**が競合2社と比較してダントツです。これはエヌビディアのGPUの市場価値が非常に高く、開発製造力が高いことを表しています。

そして**Quick Ratio**を見てください。これは短期間の支払い能力を示しています。通常は80％以上あれば十分といわれている中で、エヌビディアは驚異の700％です。例えば、新型コロナパンデミックで起きたような経済停滞が発生しても、企業的に十分体力があり余っていることになります。これこそ、長期的に投資できる銘柄である根拠といえます。

■ 3社財務比較表

項目／社名	売上	売上利益	利益率	営業CF	フリーCF	EPS	Quick Ratio
エヌビディア	10,918	2,846	26.1%	4,761	4,272	4.52	703%
AMD	6,731	631	9.4%	493	276	0.3	143%
インテル	36,819	319	0.90%	229	148	2.69	97%

※売上、売上利益、営業CF、フリーCFの単位は百万ドル

エヌビディアの強み

- AI市場は2019年から年平均46%で拡大する。そして2025年には40兆円と巨大になることが予測されており、市場自体の将来性が非常に明るい。市場規模の大きさに比例して半導体銘柄の成長期待も上がる。これは半導体全体の強み
- エヌビディアがワイドモートを築いているGPUが、AIの学習に必須とされている
- エヌビディアはAI以外にも、eスポーツ分野でも圧倒的なシェア率を誇る。さらにアジア圏のシェア率が非常に高く、eスポーツで35%のシェア率を誇る中国でも強みがある
- エヌビディアは財務面でも潤沢な資金を誇るために、競合2社に対しても開発力で引けを取ることはないと見込まれる

エヌビディアの弱み

- 競合2社が追い上げを図っている。特にAMDは性能的にエヌビディアに追随しているために、常に開発競争にさらされる
- GAFAMも、この分野でワイドモートを築き上げるために研究開発費を投入しているため、ライバルが既存の競合2社（インテル・AMD）だけではなくなる可能性がある。た

だしこれはCPUがメインといわれ、GPUはまだ先の可能性もある

- eスポーツ分野においての主戦場が中国であるため、米中関係の悪化で半導体分野が問題になる恐れがある。これは半導体全体の問題

半導体・AI・ゲーム関連ETF

半導体の個別銘柄を紹介してきました。魅力的な分野ですが、個別銘柄に投資するのは少し怖いと感じる人もいるでしょう。半導体分野は景気の影響を受けやすいので、ボラティリティ（株価の上下度合い）が他の分野より大きいという特徴もあります。そういう人にはETFをお勧めします。

半導体ETF「SMH」

■SMH組み入れトップ10

Ticker	会社名	組み入れ割合
TSM	台湾セミコンダクター	15.25%
NVDA	エヌビディア	8.61%
INTC	インテル	6.89%
AMD	アドバンスド・マイクロ・デバイセズ	5.52%
ASML	ASML ホールディング	5.19%
LRCX	ラムリサーチ	4.99%
QCOM	クアルコム	4.74%
TXN	テキサス・インスツルメンツ	4.64%
AVGO	ブロードコム	4.54%
AMAT	アプライド マテリアルズ	4.41%

SMHは世界中の有力半導体企業を詰め合わせたパックです。SMHとS&P500インデックスの株価推移を比較します（163ページ参照）。

SMHはS&P500の3倍以上アウトパフォームしています。新型コロナ暴落（2020年3月）ではS&P500より下落率が大きいものの、回復力も高いことがわかります。半導体分野自体が景気動向に敏感なことが下落幅の大きさに出ましたが、半導体がクラウド・AI・データセンターなどに欠かせない分野であることが成長力を押し上げていることをよく表しています。

SMHに組み込まれているトップ10銘柄はそうそうたる企業です。トップ10の銘柄だけで時価総額の62%を占めています。特に、先に紹介した3銘柄以外で注目なのは、15%も組み込まれている**台湾セミコンダクター**（**TSM**）です。世界最大の半導体ファウンドリー（半導体受託製造企業）です。

- **台湾セミコンダクター（Taiwan Semiconductor Manufacturing CO, Ltd）（TSM）**

■ 台湾セミコンダクターの基本データ（2020年7月末）

社名／項目	Ticker	創業	株価（$）	PER	配当率
台湾セミコンダクター	TSM	1987年	78.9	26.19	2.12%

社名／項目	売上（$）	営業利益率	10年平均営業利益率
台湾セミコンダクター	1兆699億8900万	35%	37.7%

台湾セミコンダクターは、多様な製造元からの設計・注文に基づく半導体を製造可能な企業です。この企業なしでは世界の半導体分野は成り立たないレベルといえます。

２０１９年時点では取引先（製造委託元）４９９社から製造受託して、２７２種の技術を用いて１０７６１個の製品を製造しています。次ページに台湾セミコンダクターとS&P５００の５年間の株価チャートを掲載しました。チャートを比較してみても、S&P５００の５年間上昇率が58％に対して、台湾セミコンダクターの上昇率は２７５％と圧倒的な成長力を誇っています。

エヌビディアやゲーム関連銘柄を組み込んだETF「HERO」

最後にHERO（Global X Video Games & Esports ETF）というETFを紹介します。これはエヌビディアやゲーム関連銘柄（任天堂、バンダイナムコ、スクエアエニックス）などを組み込んだETFです。２０１９年11月に誕生したETFでまだ歴史は浅いですが、直近の株価推移をS&P５００と比較してみると、まだ半年ちょっとの期間ですがS&P５００の５倍近いアウトパフォームです。

新型コロナ禍の巣篭もり環境でゲーム関連銘柄が人気を集めたということもありますが、eスポーツが本格的に再開された場合はさらなる上昇も期待できそうです。

■TSMとS&P500の5年間のチャート比較

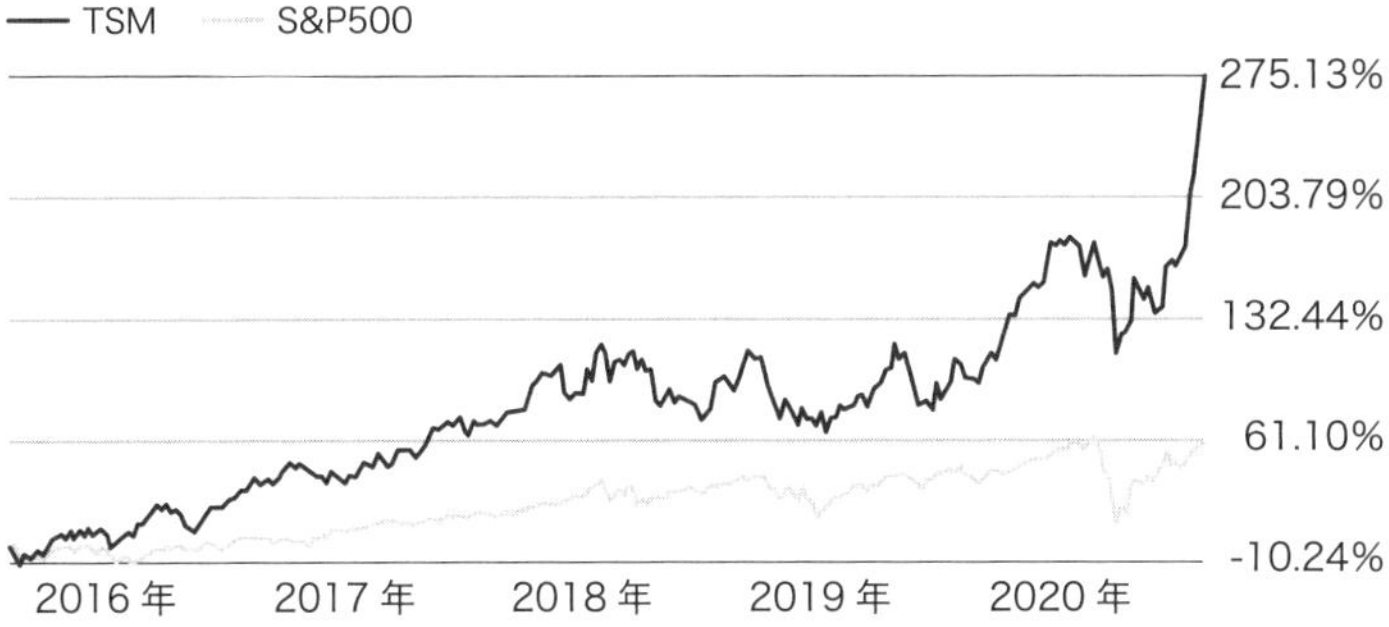

■SMHとS&P500の5年間株価推移

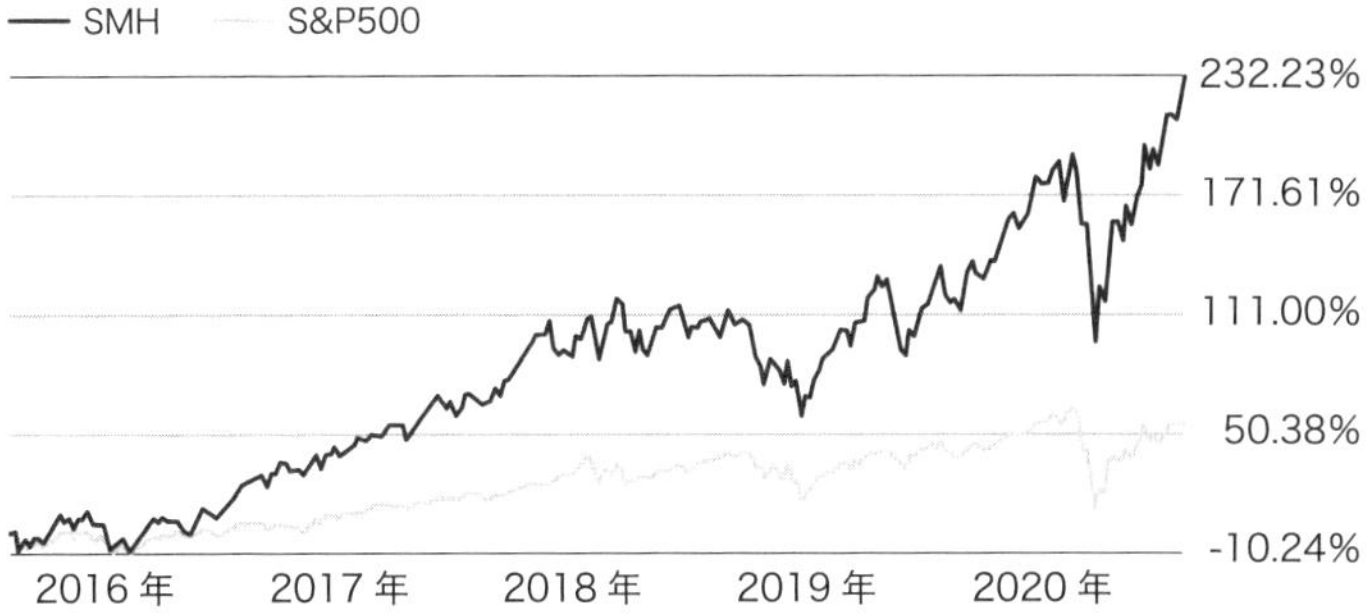

■HEROとS&P500の株価推移比較

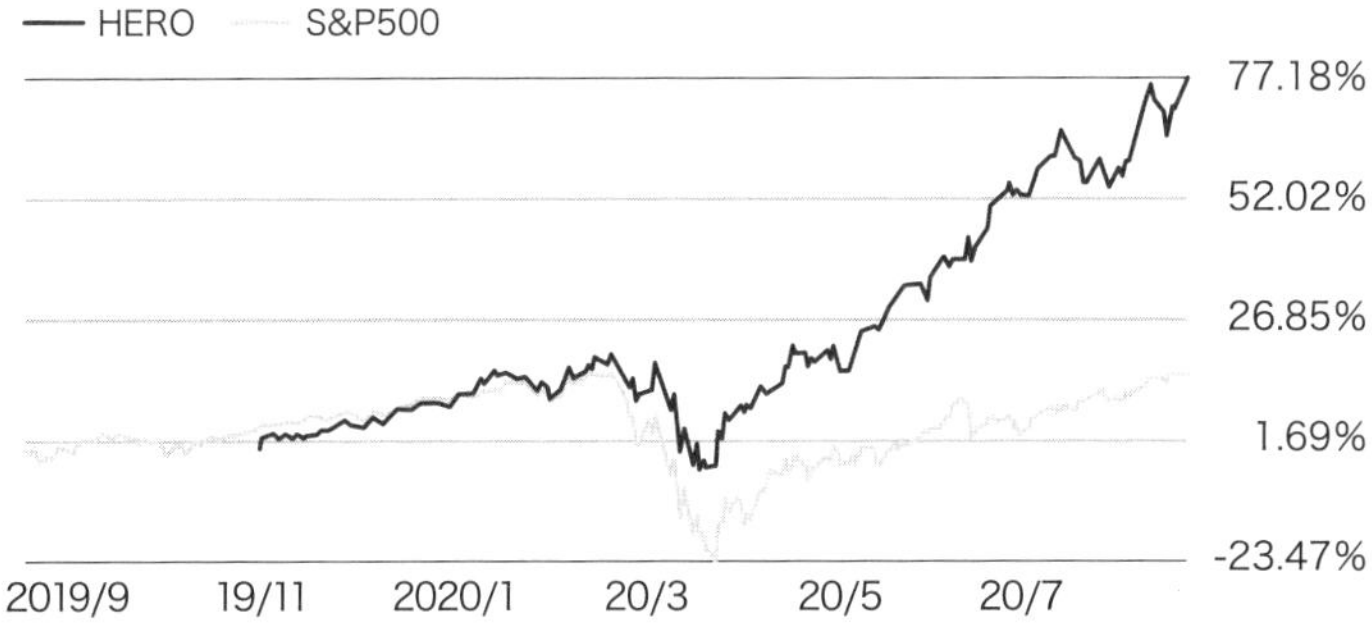

ブルームバーグ（https://www.bloomberg.co.jp/markets/stocks）の公開データを元に作成

7-3 決済サービス・EC（フィンテック）

決済サービス・ＥＣ（Ｅコマース）の米国株を紹介します。

この分野を**フィンテック（fintech）**とも呼びます。fintechとは、FinanceとTechnologyを組み合わせた造語です。「ＩＣＴを駆使した革新的、あるいは破壊的な金融商品・サービスの潮流」と解釈されています。

この分野で特に注目したい銘柄は５社あります。**ビザ（V）**、**マスターカード（MA）**、**ペイパル（PYPL）**、**スクエア（SQ）**、**メルカドリブレ（MELI）**です。

まずは、この５社とＳ＆Ｐ５００との５年間の株価推移を比較してみます（次ページ参照）。５社ともＳ＆Ｐ５００を大きく上回っているのがわかります。ビザとマスターカードが３～４倍、ペイパルが８倍、スクエアが18倍、メルカドリブレが16倍です。５社いずれもこれだけの成長率を実現しているのは、業界の成長率が関係しています。

■フィンテック5社とS&P500の5年間株価推移比較

ブルームバーグ（https://www.bloomberg.co.jp/markets/stocks）の公開データを元に作成

■世界の決済サービス収益推移

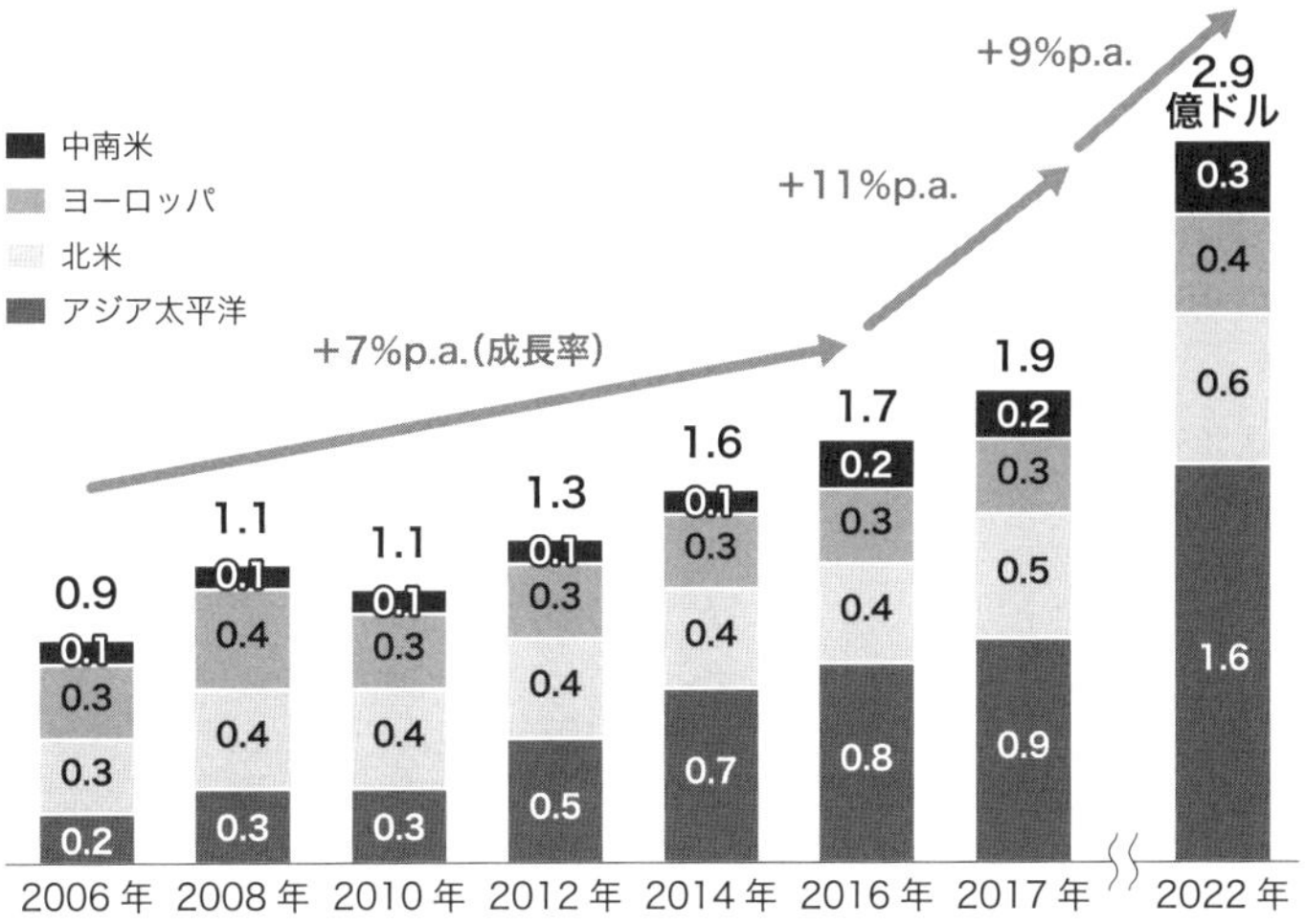

この業界に注目する理由は、その市場規模の成長力にあります。マッキンゼー社のレポートをベースに、世界の決済サービスの収益の上昇を確認します（前ページ図参照）。

世界の決済サービス市場は、２０１７年時点では市場規模１・９兆ドル（約１９０兆円）でした。５年後の２０２２年には２・９兆ドル（約２９０兆円）規模まで成長することが見込まれています。５年間で市場規模が１・５倍になる見込みです。

決済サービス業界が伸びている理由は様々ありますが、大きな要因として**決済手段の電子化**（現金からの脱却）があることは間違いありません。

過去5年間で、世界の取引のうち現金取引の割合は89％から77％に減少しました。一方でデビットカードとクレジットカードの併用率は5％から9％へとほぼ倍増しています。決済手段の選択肢の増加、リアルタイム決済の推進、ＥＣの成長などにより、今後5年間で世界的に現金の使用量の減少がさらに顕著になると予想されています。

世界各国のキャッシュレス決済比率を確認してみます。次ページのグラフは２０１６年のデータです。

日本キャッシュレス決済比率は、２０１６年時点ではまだ20％以下です。一方、主要国のキャッシュレス率は40～60％に達しています。経済産業省のキャッシュレス推進部の資料では、２０２５年までに4割程度、将来的には世界最高水準の80％を目指すとしています。

世界ではすでにキャッシュレス決済がメインストリームになっています。代替決済ソリューション（クレジットカード決済以外の電子決済。代替オンラインペイメント）やEC全般の人気の高まりが、電子決済の普及に貢献しています。世界のデジタルコマース（EC）の取引量は2017年に2兆ドルを超え、2022年までには2倍以上になると予想されています。

米国のキャッシュレス決済比率は46％とそれほど高くないのですが、世代によって格差が広がっています。いわゆる「**ミレニアル世代**」（1981年から1996年の間に生まれた世代）以降と、それより前の世代で現金に対する考え方が違うといわれています。そのため、高齢者が多い地域ではキャッシュレス決済が普及していないところも存在します。逆に、ミレニアル世代以降は現金を全く持たないのが一般的です。

筆者の実体験として、米国で友人と食事に行くと、現

■世界各国のキャッシュレス比率比較（2016年）

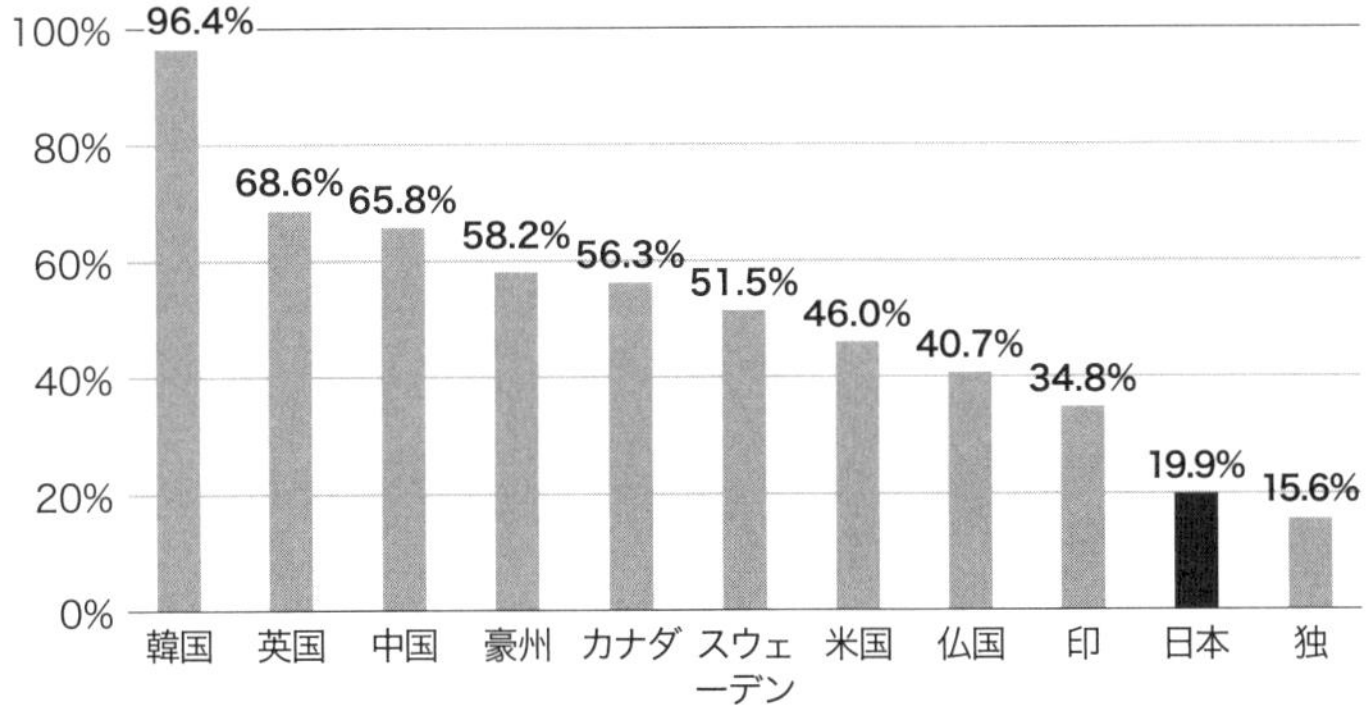

金で割り勘をすることなどほとんどなく、状況によっては10ドル程度の現金すら所持していない米国人がたくさんいます。若い世代の台頭により、今後米国のキャッシュレス化の傾向もさらに強まっていくと考えられます。

次に、2014年からの世界のECの売上の変化と2023年までの予測の数字を確認してみます（下グラフ参照）。2014年に1・3兆ドル（140兆円）だった売上が、2023年までに6・5兆ドル（680兆円）の規模になると予想されています。また、CAGR（年平均成長率）としては約13・9％です。

フィンテック市場の概要まとめ

- **決済（取引）売上成長は、2022年まではCAGR（年平均成長率）9％。市場規模は2017年の1・9兆ドルから2022年は2・9兆ドルまで拡大すると見込ま**

■ 世界Eコマース売上予測（2014～2023年）

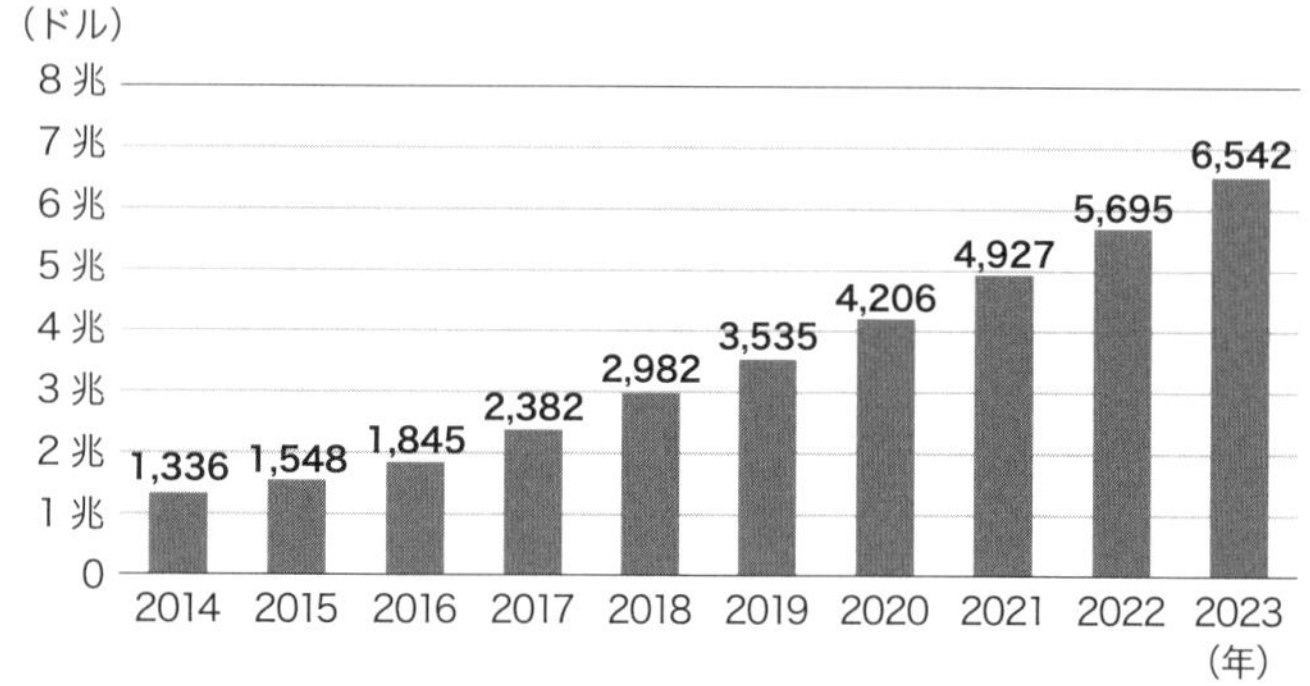

れる

- **決済市場を成長させている電子決済・ECは世界規模で拡大**
- **ECはCAGR（年平均成長率）13〜14%で2023年まで成長すると見込まれる**

決済分野の成長性、ECの成長性、両方の分野に関わる企業は、将来的に大きな成長が期待できます。

5社の特徴を簡単にまとめます。

ビザ（Visa）（V）

ビザは決済サービスを提供する企業です。創業は1958年で、60年以上の歴史があります。クレジットカードを発行するAmexやJCBとは異なり、決済技術のみを提供しています。そのため、カード発行による貸倒れリスクがないという最大の強みがあります。

2018年に、世界で国際ブランドを通じて決済された約3690億件のうち、約1653億件がビザによるもので、シェア率は44・8%で1位です。

ちなみに2位は中国のUnionPayで26・7%です。実質的に中国への進出は困難であるため、中国以外の地域におけるシェア率争いをマスターカードと繰り広げている企業です。

マスターカード（Mastercard）（MA）

マスターカードはビザと同じく決済サービス企業です。こちらもカード発行は行わず、決済技術の提供のみです。創業は１９６６年で50年以上の歴史があります。

２０１８年に、世界で国際ブランドを通じて決済された約３６９０億件のうち、約９０５億件がマスターカードによるもので、シェア率は２４・５％で3位です。

クレジットカードを作る際に、決済ブランドをビザとマスターカードのどちらかを選ぶ機会が多いので、ご存知の人も多いでしょう。

ペイパル（PayPal）（PYPL）

ペイパルも決済サービス企業ですが、ビザやマスターカードとは異なり、電子決済に特化した企業です。１９９８年創業で、２００２年にオークション企業のイーベイ（eBay）に買収されましたが、２０１５年に独立しています。

アクティブユーザーは、米国を中心に全世界で3億人以上います。ペイパルの創業者には、テスラのCEOで知られるイーロン・マスク氏や、YouTubeの創業者などがいます。

米国で生活していると、個人間でのお金のやり取りは、ペイパルが買収した「Venmo」が非常によく利用されます。モバイルで金額を入力して送金するだけなので、本当に便利なシステムです。

スクエア（Square）（SQ）

スクエアは、米国のモバイル決済サービス企業で、特に小売店やカフェ、美容院などの中小企業を対象に、モバイル端末によってPOSレジシステムを無料で導入できる強みを持って急激に成長した企業です。Twitterの共同創業者でCEOのジャック・ドーシー氏が2009年に創業しました。

スクエアはSquare POSレジアプリを提供しています。ネットワークにつながったPOS（Point Of Sales：販売時点情報管理）レジから販売情報を集約して蓄積・分析することで、店舗や企業の売上改善を図ることが可能です。

メルカドリブレ（Mercadolibre）（MELI）

メルカドリブレは、南アメリカ大陸18ヶ国でNo・1シェアのECサイトを運営するアルゼンチン企業です。創業は1999年です。

メルカドリブレの特筆するべき特徴は、EC用のプラットフォームや配送などの物流と決済サービスに関わるバリューチェーンを単独で提供している点です。いわば、アマゾンに決済サービスを加えた機能を持っています。アマゾン同様に販売業者に対する運転資金貸付も行っています。

5社基本データ

次に5社の基本データを確認してみます（下表参照）。

ビザとマスター以外は配当を出していません。配当は成長分野への投資が少なく、安定性が高くなるほど上昇します。ビザとマスターもほとんど配当を出していないので、5社はまだまだ成長分野への投資を継続していることになります。

PERは5社とも30を超えています。さらにスクエアは100を超え、メルカドリブレに至っては1000を超えています。この数字だけを見ると、スクエアとメルカドリブレへの投資を躊躇してしまいそうです。ただし後述しますが、この2社の売上成長率は目を見張るものがあります。EPSはメルカドリブレ以外はプラスで推移し、EPS的にはマスターカードが最も稼ぎ出して

■ フィンテック5社の基本データ比較（2020年7月末）

社名	Ticker	株価（$）	PER	EPS	配当
ビザ	V	190	32.65	5.32	0.63%
マスターカード	MA	308	35.31	7.94	0.52%
ペイパル	PYPL	196	43.96	2.07	なし
スクエア	SQ	130	133.45	0.81	なし
メルカドリブレ	MELI	1124	1061	-3.71	なし

います。

次に、2019年の5社の収益をグラフで確認してみます（下図参照）。

5社を比較すると明確なのが、**売上が大きい銘柄の方が利益率が高い**ことです。逆にいうと、売上が小さい銘柄は利益を上げることよりも、売上を向上させることに注力しているのがわかります。

ビザ営業利益率は67％、マスターカードは57％です。決済サービスの特徴として、一度仕組みを作ってしまえば、決済サービスの利用者が増えれば増えるほど利益率が上昇する傾向にあります。この営業利益率は、本書で紹介する銘柄の中でもトップランクです。

■ フィンテック5社の収益（2019年）

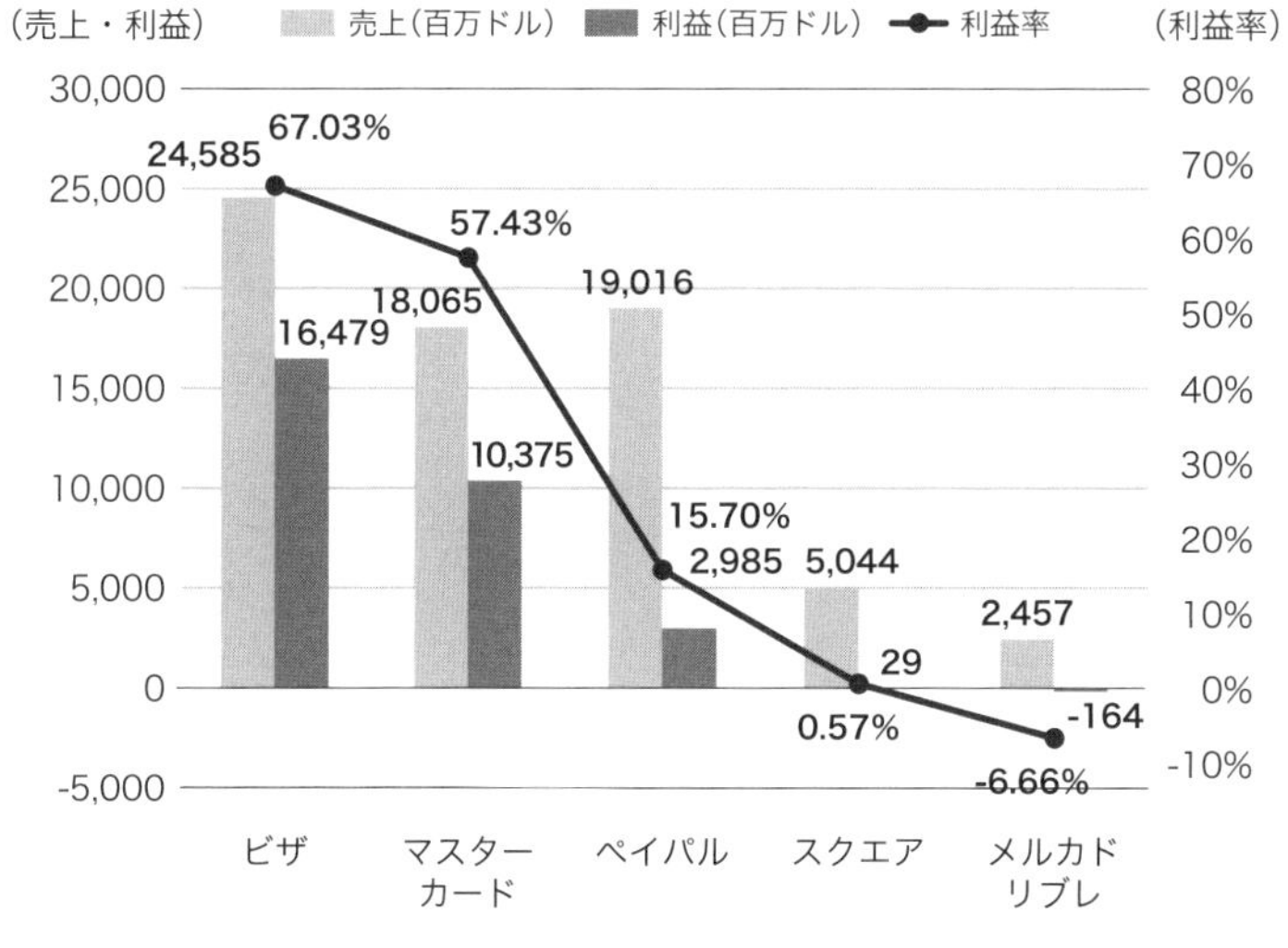

決済サービス5社の財務比較

5社の財務をチェックしていきます（次ページの表参照）。5社の特徴がよく表れている数字です。どこに投資するべきかの参考になるでしょう。

5年間の売上成長率は、圧倒的にスクエアとメルカドリブレです。この2社は売上規模が小さいこともありますが、5年間で売上が2・5倍以上になっています。

1年間の売上成長率ではメルカドリブレがNo・1です。南米において支配的な地位を築いて売上を伸ばしているので、まだ拡大の余地がありそうです。

一方、5年利益成長率に目を移すと逆の景色が見えてきます。メルカドリブレはアマゾンと同じ手法で、売上を上昇させてキャッシュを作りながら、それを事業拡大のために投資しているので、5年間の利益は減少しています。

利益率の観点から見るとスクエアが最も成長性が高いということになります。ペイパルは5社の中でニュートラルなポジションにいます。EC決済に特化してるために競争相手の規模が小さいですが、この分野はスクエアなど新興IT企業が次々に進出してきている分野でもあります。

ビザとマスターカードは、すでに成熟企業になって、安定した利益率をキープしています。長期投資の観点では大きな成長は望めないかもしれませんが、安心して投資できる企業といえそうです。

ただし、ビザとマスターカードいずれも景気の影響を大きく受ける懸念があります。詳しくは後述しますが、Transaction feeでのマージンが大きいためです。景気が悪化すると、移動による飛行機利用やホテル利用といった高額のTransactionが減少するため、業績が悪化して株価は軟調になります。2020年8月時点、新型コロナ禍の影響で2社の決算はその影響が

■フィンテック5社の財務データ(2019年)

項目	売上(億円)	営業利益(億円)	営業利益率	5年売上成長率	平均売上成長率
ビザ	24,585	16,479	67%	66%	13%
マスターカード	18,065	10,375	57%	75%	15%
ペイパル	19,016	2,985	16%	92%	18%
スクエア	5,044	29	1%	272%	54%
メルカドリブレ	2,457	-164	-7%	252%	50%

項目	1年売上成長率	5年利益成長率	1年利益成長率	5年利益率変動
ビザ	11%	70%	14%	2%
マスターカード	13%	92%	16%	5%
ペイパル	15%	85%	11%	-1%
スクエア	43%	116%	173%	14%
メルカドリブレ	59%	-199%	-122%	-31%

大きかったので注意が必要です。

次に各社のビジネス内容を確認していきます。ビザとマスターカードは事業的に非常に似ているため、比較しながら説明します。

ビザ・マスターカードのビジネス内容

ビザとマスターカードの事業内容です。決済種類には**クレジット決済・デビット決済・プリペイド決済**の3種類があります。

この事業では、マスターカードはアップルカードとアップルペイに唯一対応しています。アップルにおける成長分野ですね。マスターカードはこの点でビザより優位性を持っています。

両者は決済サービスを提供しますが、前述したようにクレジットカードの発行は行っていません。そのため、クレジットカードの料金滞納取り立てや、カード加入の勧誘営業は、カード発行会社など外部の企業の事業になります。クレジットカード料金の貸倒れリスクは発行会社が負うので、2社は決済処理という利益率の高いビジネスに集中できます。

貸倒れリスクがないことは極めて大きなメリットです。貸倒れリスクは、倒産等で貸し付け対象から資金を回収できない事態です。金融関係は貸倒れリスクに対応するため、貸倒れ引当金を必ず財務計画に加えています。

もう1つ重要な点は、米国におけるキャッシュレス決済普及率です。キャッシュレス普及率は、クレジットカード保有率とも関係します。米国では、クレジットカードヒストリー（利用履歴）によって、クレジットカード所有枚数が決定してきます。

- **中間層より下の層（所得450万円以下）では、クレジットカードは1枚または所有できない**
- **中間層以上（所得450万円以上）になると5枚程度**
- **富裕層以上（所得1600万円以上）になると10枚程度**

米国ではクレジットカードはリボ払いが主流です。クレジットカードのリボ払いの債務は、現在1兆円程度だそうです。この1兆円の債務が、アメリカのクレジットカードの高い還元率（5〜10％）を実現しています。これが決済サービスの高収益構造ともいえます。

クレジットカード普及率とリボ払いの債務増加は、クレジットカード延滞率と相関関係にあります（次ページ図参照）。景気悪化の際に、米国のクレジットカード延滞率が問題にあがります。ただし、クレジットカード延滞率の上昇は景気低下とはいえず、クレジットカード普及率の増加も関係していると考えた方がよさそうです。

ビザ・マスターカードのセクター解説

ビザとマスターカードの２社の事業におけるセクター分けを見ていきます。それぞれ４分野あるので、同じ属性のセクターをそれぞれ比較します（次ページ表参照）。

ビザのセクター解説

1 Service revenues（顧客サービス）33％

顧客サービスは、主に顧客を支援することで得られる収益です。ビザカードを使えば自動的に収益として計上されます。

2 Data processing revenues（マージン）35％

■ 米国長期金利と景気変動とクレジットカード延滞率

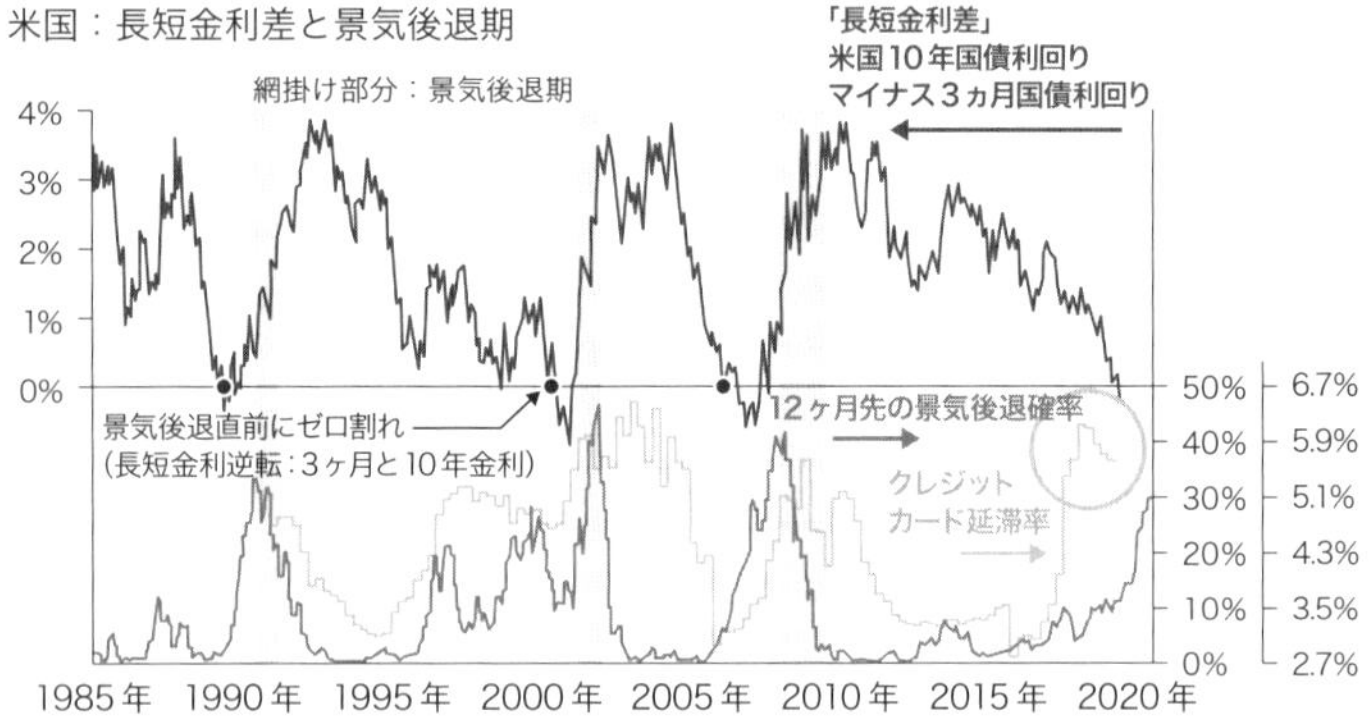

※長短金利逆転から景気後退入りまで平均404日（過去7回；３ヶ月物金利＞10年物金利）

データ処理収益は、オーソリゼーション、クリアリング、決済、付加価値のある取引に関連して発生します。データ処理が発生したときのマージンといえます。

3 International transaction revenues（国際課金）27%

クロスボーダー取引での売上です。例えば、日本で発行されたビザカードをアメリカで使用する際に発生する収益です。

4 Other revenues（ライセンス）5%

その他の収益は、主に付加価値サービス、Visaブランドの使用ライセンス料などです。

マスターカードのセクター解説

1 Domestic assessments（国内課金）28%

国内課金は、マスターカードブランドを搭載したク

■ ビザ・マスターカード2社のセクター比率

ビザ		マスターカード	
顧客サービス	33%	国内課金	28%
マージン	35%	マージン	34%
国際課金	27%	国際課金	23%
ライセンス	5%	コンサルティング	15%

■ ビザ・マスターカード2社の地域比率

ビザ		マスター	
USA	45%	北米	36%
全世界	55%	全世界	64%

レジットカードの国内での利用金額に応じて、発行者および取得者に請求される手数料です。

2 Cross-border volume fees（マージン）34％

国境を越えたボリュームフィーは、異なる国でのマスターカードを搭載したクレジットカード発行会社間での取引金額に応じて課せられる手数料です。

3 Transaction processing（国際課金）23％

取引処理収益は、関連する取引が発生した期間に、国内取引およびクロスボーダー取引の両方について発生します。取扱手数料・マージンといえます。

4 Other revenues（コンサルティング）15％

企業に対するコンサルティングなどの料金です。この収益が、ビザと最も違うポイントです。

2社の事業内容と割合を比較すると、一番の違いはマスターカードのコンサルティング業務の売上が15％も占めているという点です。データソースを活かした、加盟店などの収益拡大コンサルティングですね。これは、好景気には成長力をブーストさせますが、景気後退期は事業環境的に厳しくなる恐れがあります。

ビザ・マスターカード2社の地域売上比率

ビザは米国の売上が半分近くです（179ページ表参照）。マスターカードは米国も多いですが、ヨーロッパの比率が大きいのがわかります。

ビザ・マスターカード2社の財務比較

最後に、ビザとマスターカードの財務を徹底比較してみたいと思います（次ページ表参照）。

- 売上の成長性はマスターカードが上
- 営業利益率はビザが大きく上回っている。営業利益率67％は驚異的な数字
- キャッシュフローは、営業CF・フリーCFいずれもマスターカードに軍配が上がる
- EPSの成長性も配当性向もマスターカードに軍配が上がる
- ROAは互角、ROEとROICもマスターカードに軍配が上がる。特にマスターカードの投資効率性が非常に高い
- 長期債務率と総負債はビザの方が安定している。マスターカードの方が積極的に収益拡大のために投資をしているので、財務の安定性はビザの方が上

■ビザ・マスターカード2社の財務比較

ビザ				
財務指標	2018年	2019年	変動率	評価
売上（百万$）	20,609	22,977	11%	○
営業利益率	65.8%	67%	2%	◎
営業CF	12,713	12,784	1%	○
フリーCF（百万$）	11,995	12,028	0%	△
フリーCF成長率	41.10%	0.28%	-99%	×
EPS	4.42	5.32	20%	◎
配当性向	19.10%	18.50%	-3%	○
ROA	14.49%	17.04%	18%	○
ROE	35.65%	41.83%	17%	○
ROIC	23.44%	26.52%	13%	○
長期債務率	34.54%	33.72%	-2%	○
総負債率	50.88%	52.21%	3%	○

マスターカード				
財務指標	2018年	2019年	変動率	評価
売上（百万$）	14,950	16,883	13%	○
営業利益率	56%	57%	2%	◎
営業CF	6,223	8,183	31%	○
フリーCF（百万$）	5,719	7,455	30%	○
フリーCF成長率	11.44%	30.36%	165%	◎
EPS	5.6	7.94	42%	◎
配当性向	20.20%	14.60%	-28%	◎
ROA	25.37%	30.01%	18%	○
ROE	107.87%	143.83%	33%	◎
ROIC	51.99%	64.76%	25%	◎
長期債務率	31.60%	39.08%	24%	△
総負債率	78.20%	79.83%	2%	△

財務を見た限り、キャッシュフローに関しては**ビザは新興フィンテック企業を積極的に買収していた**ので、それが大きく下げている理由です。成長性に衰えが見え始めていたので、買収によって成長性を促進させようとしました。また自社株買いも多いのがビザの特徴です。

逆にマスターカードは長期負債を増やしながら、手元キャッシュを残しつつビジネスの収益性を向上させていたのがわかります。

ペイパルのビジネス内容

ペイパルの売上拡大の1番の理由は、アカウントを登録するだけでクレジットカード決済や入出金を簡素化できる点です。

ペイパルのアカウントに自分のクレジットカード情報や銀行情報を登録すれば、ペイパルアカウントを使ってＥＣショップで取引できます。決済の際に自分の個人情報をＥＣショップに明かす必要はなく、個人情報保護の観点からもユーザーから好まれています。ＥＣショップ側からみても、決済方法を簡素化して最終的にコスト減につなげられるメリットもありますね。

ペイパルのアカウントは、特に米国を中心に増加してきました。アカウント数は２０１９年12月時点で３・1億件（前年比＋14％）、取扱支払い数は１２４億件（前年比＋25％）と急激に上昇しています。ペイパルの売上を構成するのは主に2つの要素です。

1 支払いにおいて加盟店からのマージン収入が90%

2 ユーザーへの貸付利息が10%

このように非常にシンプルなビジネスモデルです。ただし、過去にｅＢａｙ傘下にあったことで、ｅＢａｙと競合するアマゾンでは利用できないデメリットがあります。

スクエアのビジネス内容

スクエアは、Square POSレジアプリでＰＯＳレジシステムを提供するだけでなく、各種モバイル決済サービス用のツールも販売しています。ＰＯＳレジシステムは日本でもあらゆるところで見かけます。

スクエアが提供する主な3つの商品を紹介します。

Square Register

７９９ドル（約8万５０００円。ただし日本では未発売）で提供するレジ（決済用端末）。スマホもタブレットも必要なく、この1台でＰＯＳレジシステムを利用できます。

Square Reader

カードリーダーとタッチ決済機能を持つ決済用端末です。７９８０円。この機械とスマホやタブレットを準備するだけでＰＯＳレジシステムを利用できます。

Square Stand

Square Readerと専用ドックがセットになった決済用端末です。３万２９８０円。タブレットを準備するだけでＰＯＳレジシステムを利用できます。

スクエアの一番の強みは、このＰＯＳレジシステムが、特に中小企業にコストや利便性が高く人気があるこ

■中小企業向けEC決済シェア率

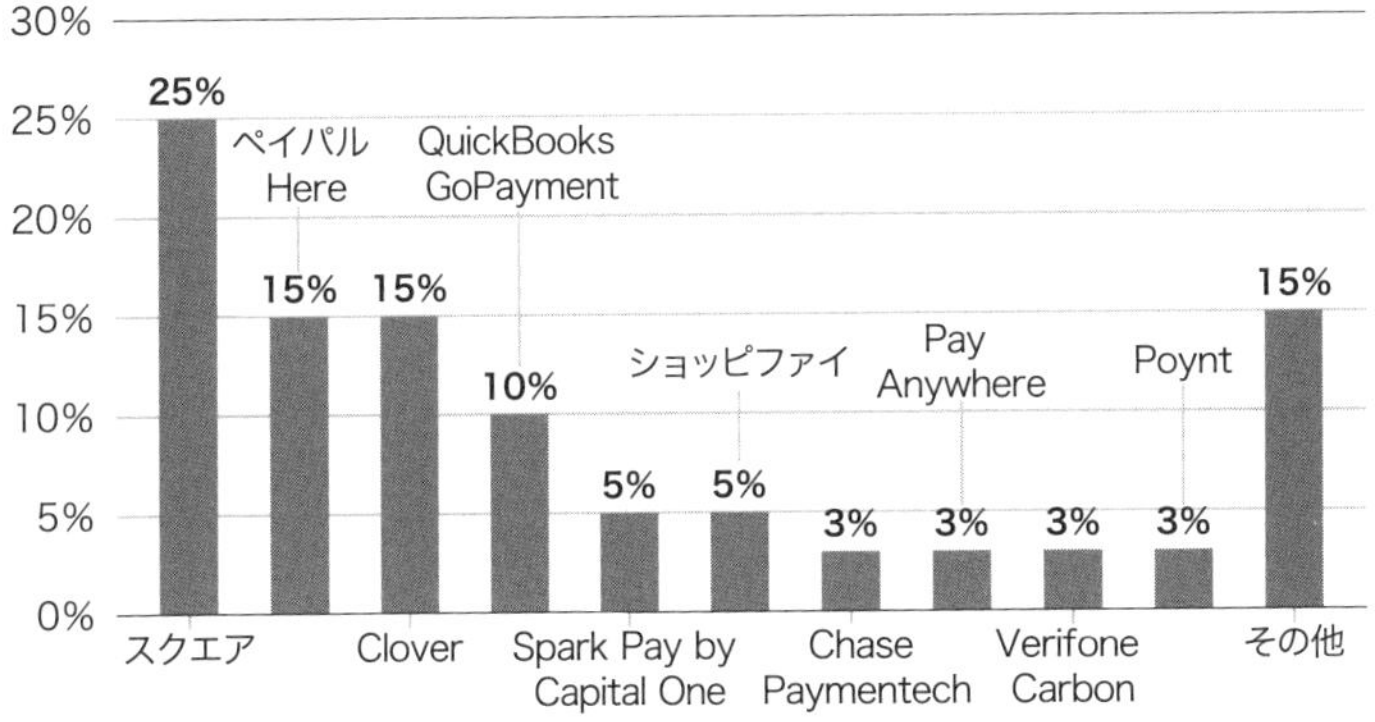

とです。それが中小企業向けＥＣ決済シェア率に現れています（前ページグラフ参照）。

中小企業（マイクロマーチャント）向けＥＣ決済のシェア率ではスクエアが25％と業界トップです。次にペイパルＨｅｒｅが15％です。中小企業やスモールビジネス分野の決済では、スクエアとペイパルは競合しています。

中小企業向け決済で、もう1社競合として有力なのがショッピファイ（Shopify）です。ショッピファイはカナダ発のＥＣサイト構築サービスで、２０１９年6月時点で１０００億ドルを超える売上があります。２０２０年5月、ショッピファイはフェイスブックと連携し、フェイスブックショップを企業やブランドが立ち上げる上での支援サービスを提供することを公表しています。

ショッピファイも急成長している企業なのでチェックしてみてもいいと思います。

- **ＥＣショップの決済ではスクエアとペイパルが競合**
- **スクエアはＥＣサイト構築から販売までをフォローする面でショッピファイと競合**

メルカドリブレのビジネス内容

メルカドリブレはＥＣを軸として、ＥＣショップの運営やＥＣサイトの構築、商流や物流、さらに決済サービスまで提供する、南米地域を中心に急成長している企業です。

メルカドリブレにとって、新型コロナパンデミック状況は意外にもチャンスです。最大の競合企業であるアマゾンが、市場拡大よりもコロナ対応に集中しているため、一気にシェアを伸ばしてワイドモート（マーケットにおける寡占）を築くチャンスになり得ます。

メルカドリブレの事業は、５つのビジネスを柱にしています。５つの事業でエコシステム（ecosystem：ビジネス生態系）を形成しています。エコシステムの事業内容を分解していきます。

■メルカドリブレのエコシステム

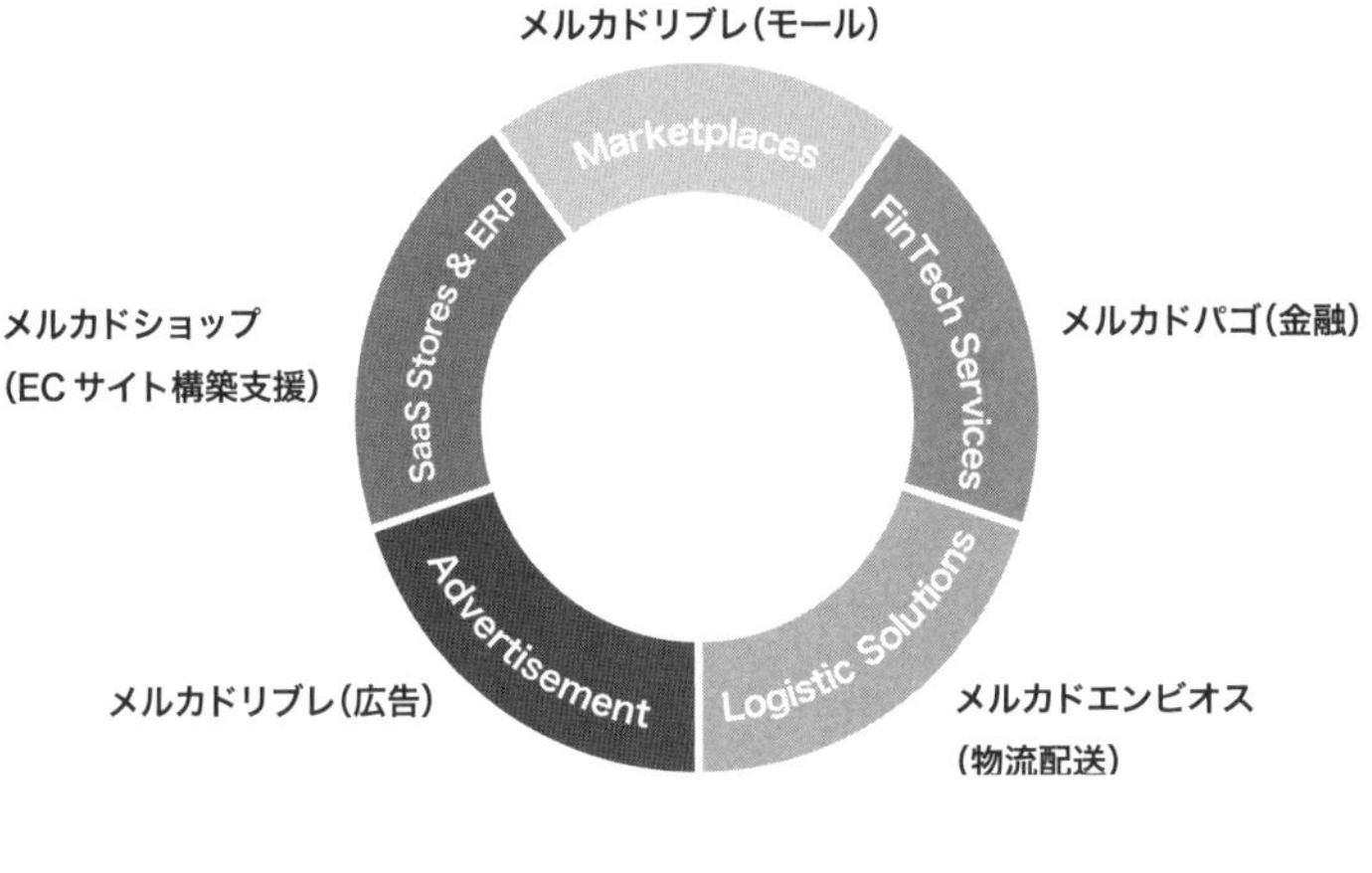

Mercado Libre：Marketplaces（ECモール）

- メルカドリブレが提供する、ラテンアメリカで展開する電子商取引プラットフォーム（ECモール）
- バイヤーとセラーが Mercado libre：Marketplaces で取引を行うことが可能
- 3億7900万点の商品取引
- 5320万人の新規ユーザー
- 1秒間に12個の商品販売

メルカドリブレのメイン事業であるECモールの登録アカウント数と新規ユーザー数の推移を確認してみます（次ページグラフ参照）。

登録アカウント数は右肩上がりで上昇しています。2014年から2019年の5年間で2.5倍以上に拡大しています。新規ユーザー数も増加を続けていましたが、2019年は増加数が減少しました。今後は新規ユーザーのさらなる獲得が課題になりそうです。ただし新規ユーザーが減少しても登録ユーザーが増えているのは、新規ユーザーがそのまま利用を続けていることを意味しています。同社のプラットフォームの利便性が高いことの裏付けです。

Mercado Libre：Advertisement(広告)

- メルカドリブレのウェブサイトや関連サイトで、ユーザーが自分の製品を宣伝できる広告プラットフォーム
- メルカドリブレが存在するすべての地域でのプロモーションが可能
- 現在10万人以上の広告主がいる

登録アカウント数が3億を超えるメルカドリブレのサイトや関連サイトで展開する、広告システムを提供しています。広告主は、単に販売だけでなくその後のビジネス拡大まで

■メルカドリブレ登録アカウント数の推移

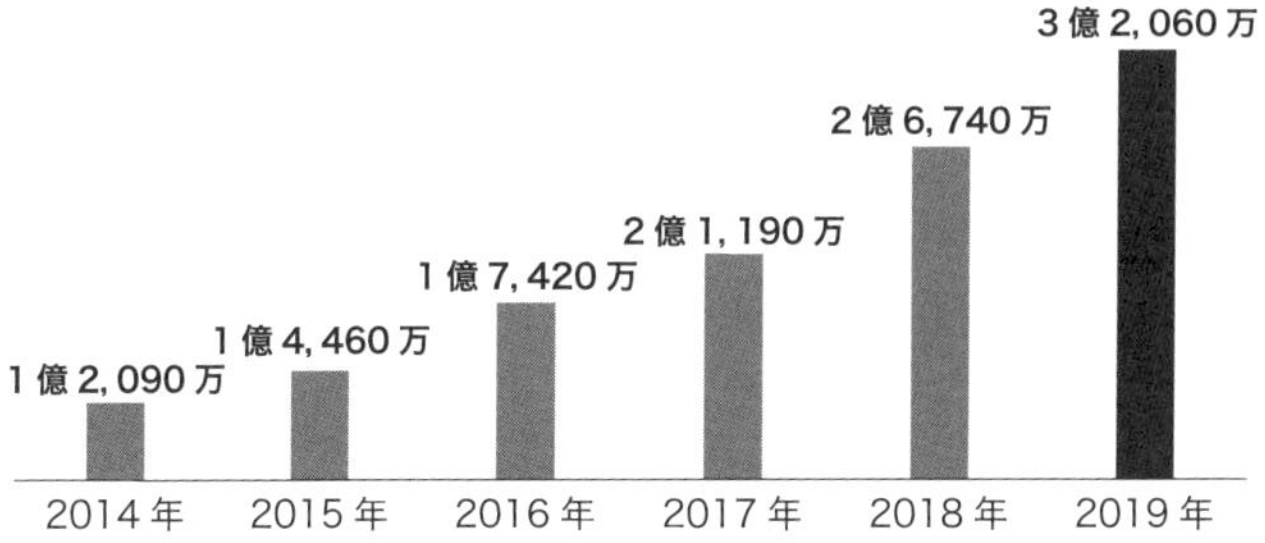

■メルカドリブレ新規ユーザー数の推移

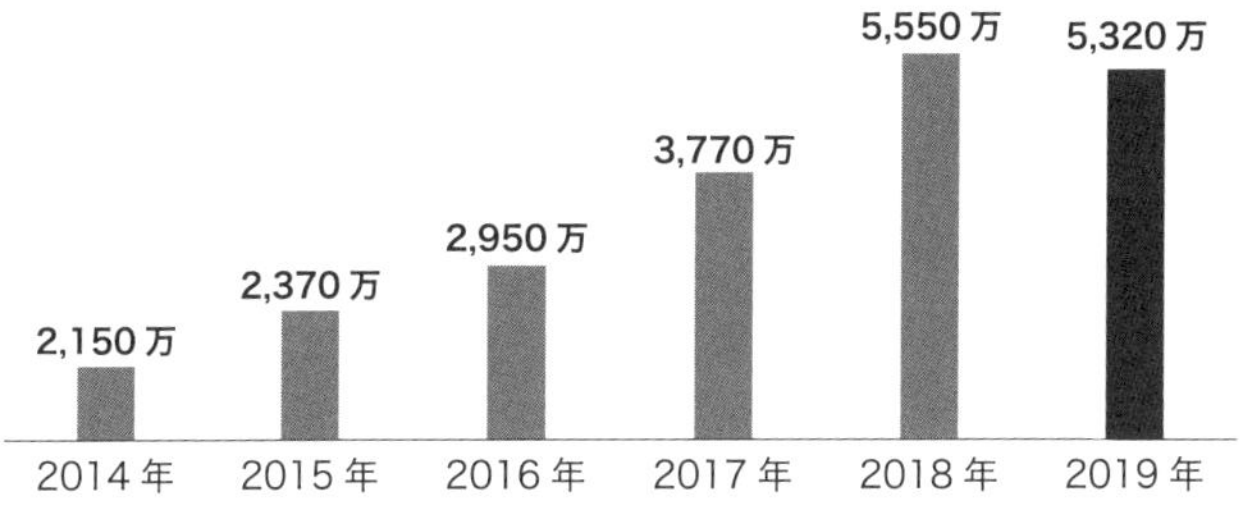

同社のシステムで展開できます。

Mercado Shops：SaaS Stores & ERP（ECサイト構築支援）

- メルカドリブレアカウントで利用できる、オンラインショップ構築サービスを提供
- 同社のエコシステムのすべてのソリューションと統合されている
- アルゼンチン、ブラジル、チリ、コロンビア、メキシコ、ベネズエラで利用可能
- 234000件のアクティブなメルカドショップがある

ECサイト構築は手間がかかるほか、最も重要なのが集客です。メルカドリブレのECサイト構築支援サービスを利用すれば、オンラインショップ構築が容易なうえ、モール利用客の流入も期待できます。

Mercado Pago：FinTech Services（金融とハイテクの融合サービス）

- 「メルカドパゴ」の機能によって、ユーザーは電子決済（モバイルウォレットも含む）が利用できる
- アルゼンチン、ブラジル、チリ、コロンビア、メキシコ、ペルー、ベネズエラ、ウルグアア

イで利用できる

- **ブラジルでは、ユーザーがポイントを貯められる**
- **販売業者への信用貸付など金融機能も完備**
- **8億3800万回の電子取引**
- **283億9000万ドル（約3兆円）の取引金額**

電子取引は急激に成長しています。メルカドリブレが最も収益性を高めているのはこの分野です。ECショップによって利用者を増加させ、決済サービスの利用マージンで高収益を達成するのが狙いです。

■メルカドパゴの電子取引数推移

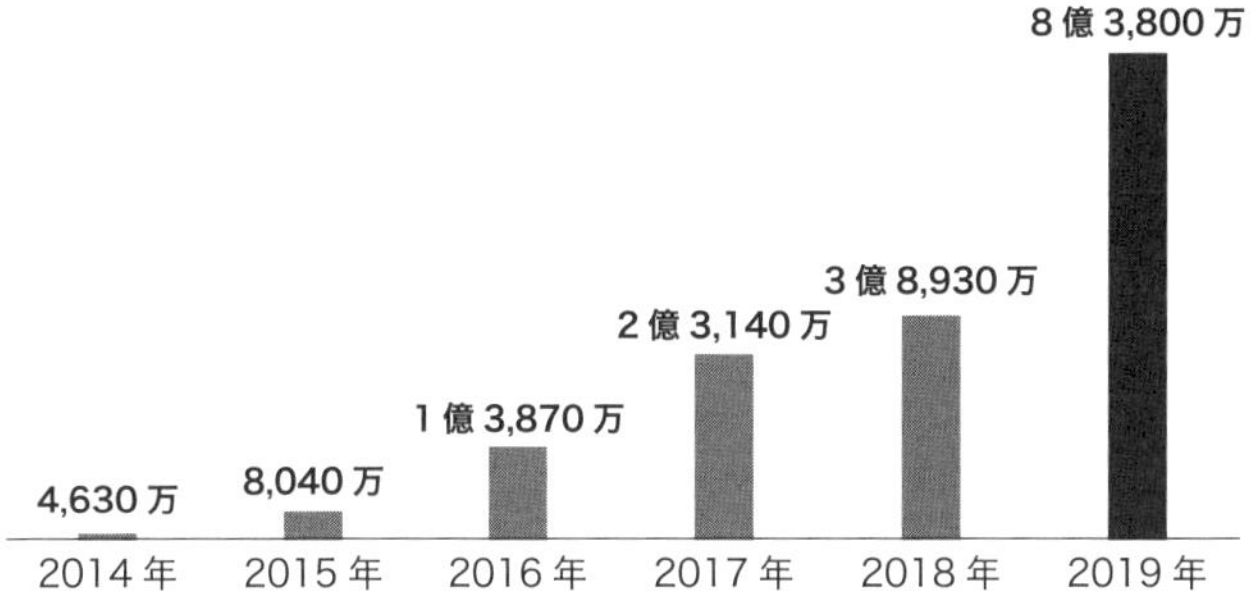

Mercado Envlos：Logistics Solutions（物流配送サービス）

- メルカドリブレが提供する物流配送サービス。常に新しいプロセスと技術的なツールを開発し、コスト競争力のある発送と倉庫保管を提供している
- アルゼンチン、ブラジル、チリ、コロンビア、メキシコ、ウルグアイで利用できる
- ブラジルとメキシコでは48時間以内のデリバリーが可能
- 3億7００万件の配送実績（２０１８年対比で＋３８・４％）

配送実績の推移を確認してみます（下グラフ参照）。

メルカドリブレでは、２０１７年にブラジル・メキシコで送料無料、２０１８年にアルゼンチンで送料無料を実施しています。それもあり、２０１７年以降は配送実績が加速度的に増加しています。新規ユーザーの増加に合わせて物流網の構築による配送力も強化されている印象です。また、南米という決して

■メルカドの物流配送実績推移

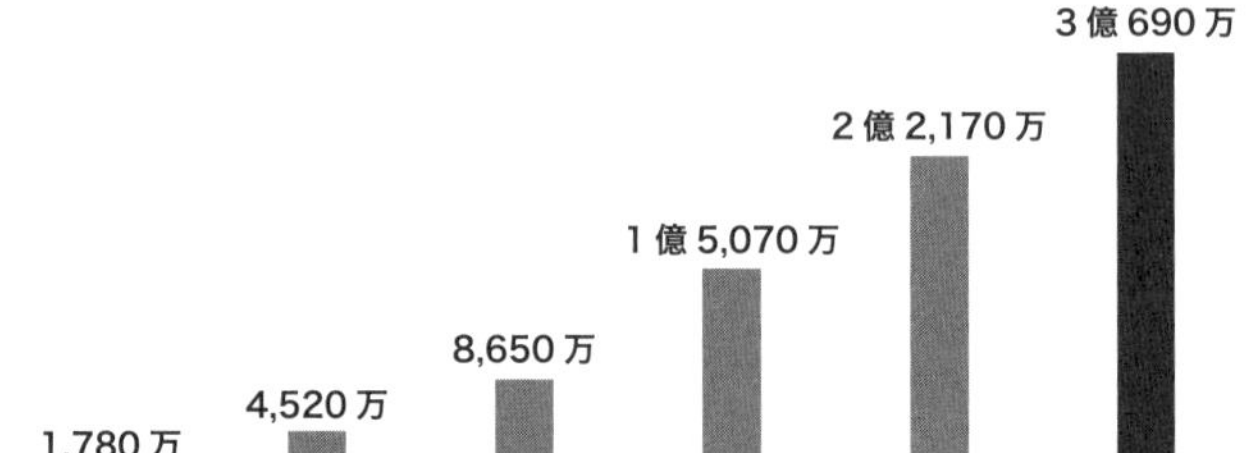

治安がよくない地域で、これだけの実績を達成しているのは注目に値します。

現在、アマゾンはインドでの事業拡大に集中しているので、競合となるメルカドリブレとしては、アマゾンがインド戦略から南米戦略に切り替えるまでが勝負ともいえます。そういった背景もあり、送料無料でマージンを削りながらもシェア獲得を優先している戦略です。送料無料コストが同社の利益を圧迫していましたが、徐々にそれも削減効果が出て利益が出るようになっています。

一方、同社の業績に大きな影響を与えるのが**為替問題**です。南米の情勢が不安定なために、通貨のボラティリティ(価格変動)が激しく、直近では2020年5月にアルゼンチンでデフォルト(債務不履行)が発生しています。こういった金融不安が発生すると、対ドルで考えた場合、為替的に不利になることが多いです。

フィンテック5社の関係性と競合

5社の関係性と競合事業環境を整理します。事業分析をする際は、競合のイメージをできるだけ明確にしておくと、今後の成長性やその企業の強みを深く理解できます。

- クレジットカード分野ではビザとマスターカードが競合
- 電子決済分野ではペイパルとスクエアが競合
- メルカドリブレの競合はアマゾン

実は、この産業全体における最大の競合は、既存金融セクターの大手銀行です。大手銀行が、金融とハイテクを融合したフィンテックを強化する可能性があるからです。事実、2019年9月に、JPモルガン傘下の決済サービス会社「ウィーペイ（WePay）」が、JPモルガンに口座を持つ顧客を対象に、クレジットカードによって支払われた代金を即日入金できるサービスを追加費用なしで提供することを発表しました。その際、ビザとマスターカードいずれも5％程度株価が下落しています。

このように、他業界の革新的なサービスの登場も今後競合になり得ると考えられます。

- アマゾン・ゴー（キャッシュレスコンビニ）
- アップル・カード（iPhone端末で管理されるデジタルカード）
- ブロック・カード（BlockCard）（仮想通貨のデビットカード）

決済サービス・EC総括

- 決済サービス・ECは今後成長分野として期待できる。事実、ビザとマスターカード以外は2020年3月の新型コロナ暴落後に経済が落ち込んで以降も、成長性に陰りは見えない
- 5社を比較した場合は、安定性は1位ビザ、2位マスターカード、3位ペイパル、4位が同率でスクエアとメルカドリブレの順になると考えられる。安定性が高い方が長期投資向

けだが、長期的に株価の成長も伸び悩む可能性がある

● 株価成長性を比較した場合は、1位スクエア、2位は同率でメルカドリブレとペイパル、4位マスターカード、5位がビザとなる。ただし、株価成長性が高いのは業績の上下が激しいことにもつながるので、リスクもあると認識するべき

筆者の見解として、米国株の個別銘柄投資をするなら、この5銘柄の1つはポートフォリオに組み込んでおきたいところです。特にECは今後の世界経済にとって不可欠なので、その産業成長性の恩恵を是非とも受けたいと考えるからです。

column

財務諸表の各項目の解説

企業の価値をはかるのに重要な情報ですので、各項目の意味について理解しておきましょう。

●売上

売上金額です。売上の上昇は特に成長株で重要です。

●営業利益率

「本業でどのくらい儲けたか」が最も単純でわかりやすい指標です。

●営業CF（キャッシュフロー）

営業活動で稼ぐお金です。

●フリーCF（キャッシュフロー）

営業CFから設備CFを差し引いた、自由に使えるお金です。

●CF成長率（CF growth%）

キャッシュフローがどれくらい成長したかを表します。この数値が高いと、財務的にお金の余力が増すことになります（基本的にはフリーCFですが、営業CFの場合もあります）。

● **EPS**

1株当たりの利益です。数字が大きい方がよい数値になります。

● **配当性向**

純収益に対する配当金の割合を示す指標です。低い方がよい数値になります。高配当銘柄など、配当戦略を採用している投資家にとって最も大事な要素です。

● **ROA（Return on Asset）**

総資産利益率。総資産に対する利益の大きさです。

● **ROE（Return on Equity）**

自己資本利益率。自己資本に対する利益の大きさです。

● **ROIC（Return on Invested Capital）**

投下資本利益率。事業活動のために投じた資金（投下資本）を使って、企業がどれだけ効率的に利益に結びつけているかを表しています。ROEやROAより、こちらの数字の方が正確です。

● **長期債務率**

長期的な債務の比率です。この数字が高いと長期の借金が多いことになります。

● **総負債率**

長期債や短期債を合わせた総負債率です。100%を超えると債務超過になります。

7-4

巨大産業ヘルスケア

ヘルスケア米国現地事情

米国の医療費は世界一で、年間330兆円といわれています。そして年々増加しています。この巨大市場でワイドモート（寡占性を高める）を築き上げ、ビジネスを軌道に乗せることができれば、大きな成長を継続できるのは容易に想像がつきます。

- **医療費が世界一の330兆円の米国だが、米国は日本とは違って国民皆保険制度ではない。一部高齢者を除いて、保険は基本的に民間保険に頼るしかないのが現状**

米国の自己破産件数は年間53万件におよび、日本の7倍近くもあります。人口が約3倍強なので、米国の方が割合としては倍以上です。その自己破産理由で最も多いのが高額医療費請求で、自己破産の60％を占めています。

医療保険に加入しておかないと、米国では常に破産リスクを背負うことになります。簡易な手術でも100万円以上が一般的で、高度な手術では1000万円近くする場合もあります。

- **米国の生活習慣病の多さは深刻な状況。肥満や過体重は、糖尿病や心臓、血管の病気を併発する。糖尿病データとしては、米疾病管理予防センター（CDC）が公表した「全米糖尿病ファクトシート2011（National Diabetes Fact Sheet for 2011）」によると、米国人の2600万人近くが糖尿病で、7900万人が糖尿病予備群（pre-diabete）。人口3億人超の米国のおよそ三分の一以上が糖尿病リスクを負っている**

米国のヘルスケアが巨大産業である理由は、米国の医療事情やヘルスケア事情、保険事情、さらに政策まで大きく関わってきていることが理解できたと思います。その巨大産業の恩恵を受ける意味で、今回紹介する3銘柄は投資検討する価値が十分あると考えられます。

その巨大産業における成長ヘルスケア3銘柄は、**ダナハー・コーポレーション**（**DHR**）、**ユナイテッドヘルス・グループ**（**UNH**）、**テラドックヘルス**（**TDOC**）です。

まずはこの3銘柄とS＆P500の株価推移を比較して確認してみます。**3社ともS＆P**

500を大きくアウトパフォームしています。ダナハーは約3倍、ユナイテッドヘルスは約2・5倍、テラドックヘルスに至っては9倍近くです。

3社がこれだけの成果を出せたのは、米国のヘルスケア産業が巨大成長市場であることも理由の1つですが、各社の特徴を活かした戦略の成果でもあるので、その点を明確に解説していきます。

PERで見ると、ユナイテッドヘルスがお買い得の水準のように見えますね。テラドックヘルスは、EPSが黒字化してないのでPERはありません。利益よりも成長性に投資している状況であることがわかります。また、

■ヘルスケア3社とS&P500の5年間株価推移

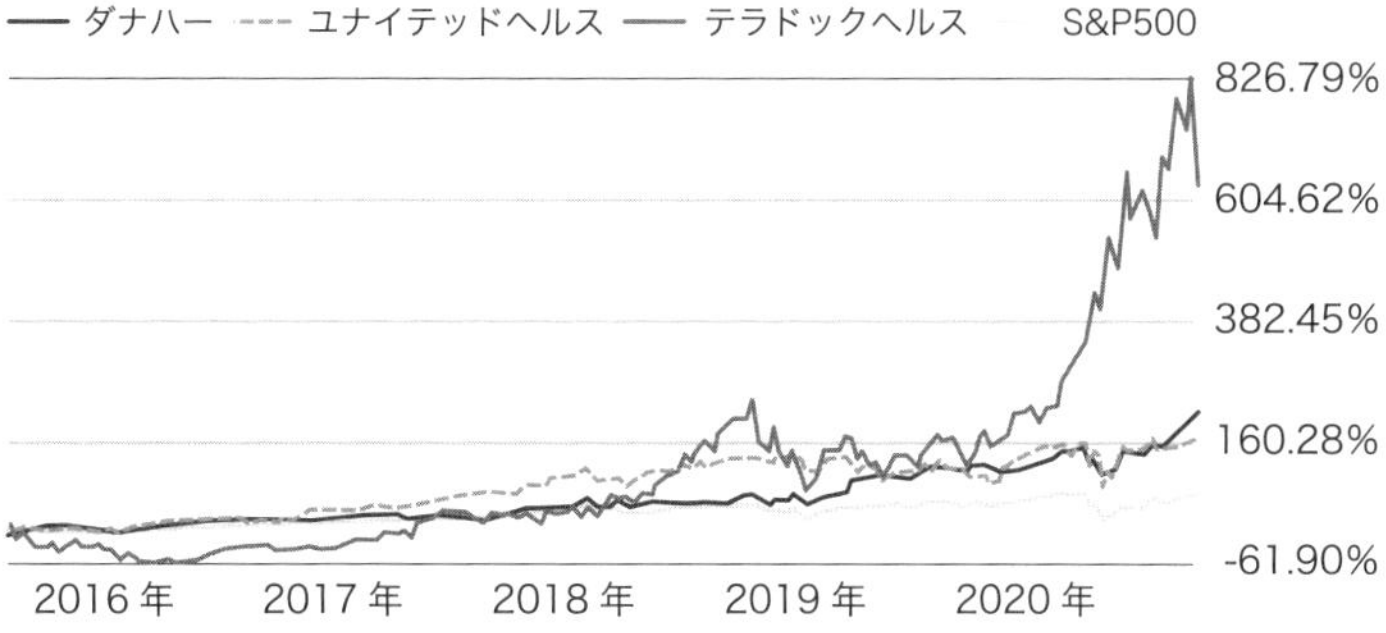

ブルームバーグ（https://www.bloomberg.co.jp/markets/stocks）の公開データを元に作成

■ヘルスケア3社の基本データ

社名	Ticker	株価（$）	PER	EPS	配当
ダナハー	DHR	206	43.98	4.68	0.36%
ユナイテッドヘルス	UNH	322	18.12	17.79	1.58%
テラドックヘルス	TDOC	185	なし	-1.29	なし

ユナイテッドヘルスのEPSが非常に高いことがわかります。ただしその分、成長性的にはダナハーやテラドックよりも劣後していると考えていいと思います。

では、ここからこの3社を1社ずつ解説していきます。各社の特徴や今後の展望などをまとめます。

①ダナハー・コーポレーション（Danaher Corporation）（DHR）

ダナハーは創業1969年の医療・産業機器メーカーです。30年で400件を超えるM＆Aと買収で成長してきました。同社の特徴に、企業価値が高いにも関わらず低収益の企業を、買収またはM＆Aによって高収益体質に変化させる手法があります。

トヨタ生産方式である**リーンコンセプト**（無駄なコストを排除して、顧客にとって最も価値がある商品・サービスを提供する方法）を参考に、同社独自の「Danaher Business System（DBS）」という改善手法で開発しています。

ダナハーの決算資料を確認します（次ページグラフ参照）。収益率とキャッシュフローが非常に素晴らしい結果を残しています。

売上は2017年の155億ドルから2019年は179億ドルと順調に増加しています。

それ以上に特筆すべきは、EPS（1株当たりの収益率）が年平均2桁（10％）以上の成長を継続していることです。

次にキャッシュフローです。

キャッシュフローで注目するべき点は、２０１７年から２０１９年の間、**常に純利益以上にフリーキャッシュフローを確保している**ことです。これは、純利益で残った資金以上に余剰資金があるということです。

フリーキャッシュフローが潤沢にあるということは、何らかのトラブルがが発生した場合にも対応できることを意味します。例えば、新型コロナパンデミックで経済活動が停滞して売上が極端に落ちた状況でも財務健全性を確保で

■ダナハーの2017〜2019年売上・EPS推移

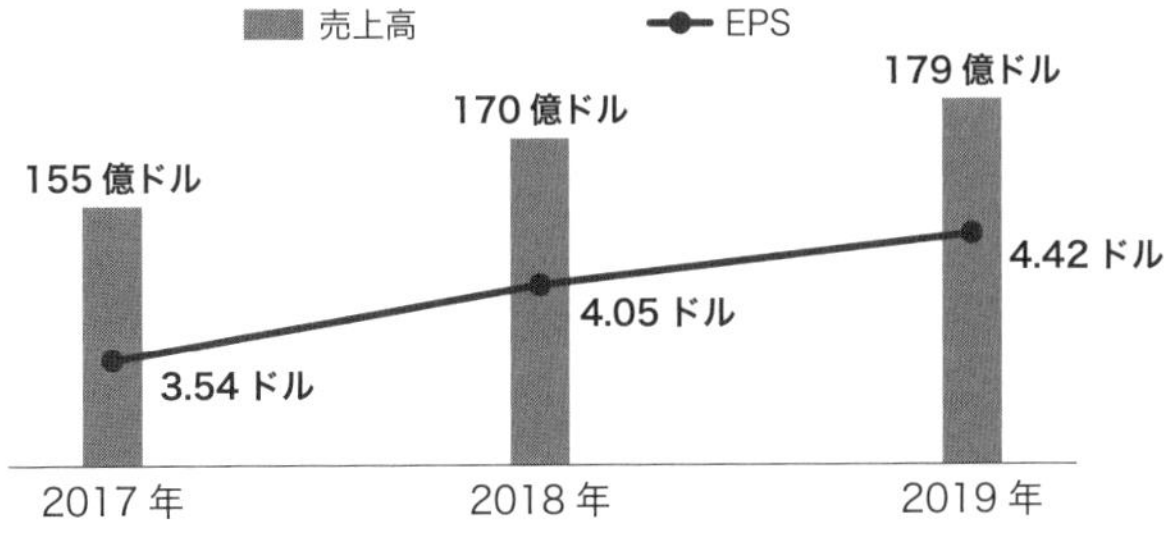

■ダナハーのフリーキャッシュフロー推移

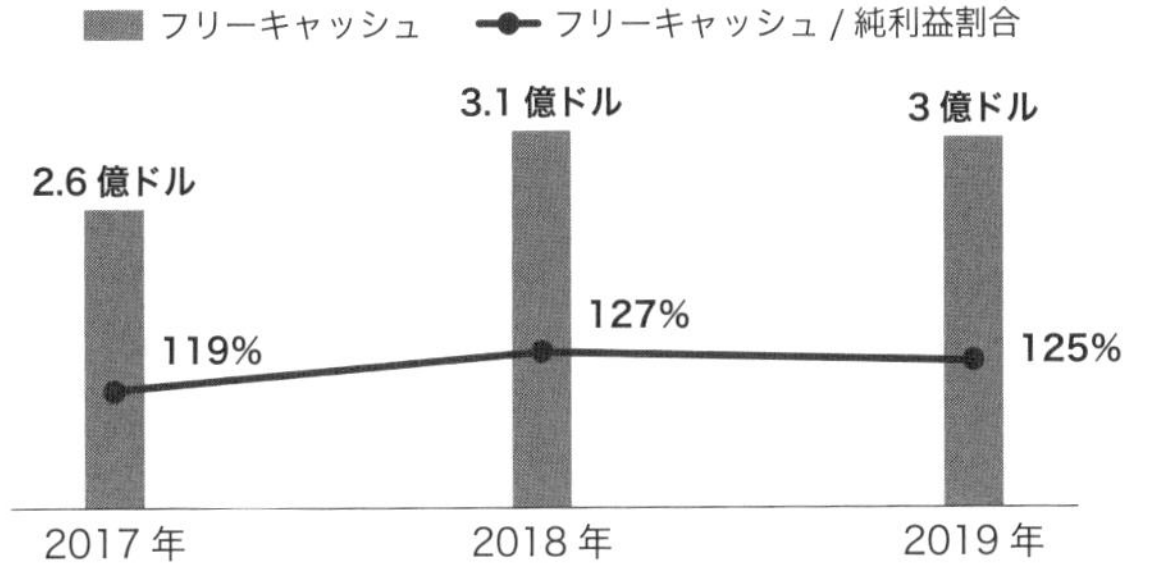

きるため、株価の下落を最低限に抑えて株主への貢献につながります。

もう1点素晴らしいのは、**28年継続して純利益をフリーキャッシュフローが上回り続けている**ことです。買収やM&Aで多額な資金が必要であるにも関わらず、常に余裕を持った計画性のある財務・経営戦略を取っていることがわかります。

ダナハーは、ヘルスケア業界で確実に成長が見込める、手堅い成長株銘柄と位置付けられます。

②ユナイテッドヘルス・グループ（UnitedHealth Group）（UNH）

創業1977年の**ユナイテッドヘルス**は、全米で最大の保険会社です。2018年にはフォーチュン500ランキングの「総売上が大きな米国企業」の第5位に入る超大企業です。

ユナイテッドヘルスは、米国の医療保険制度改革（いわゆる「**オバマケア**」）によって急成長した企業です。オバマケアとは、低所得者に補助を行うことで、国民の健康保険加入率を抜本的に向上させる政策です。オバマ大統領就任前は、米国では国民の6人に1人が医療保険に入れない状態で、国民生活において破産の原因が医療費支払いに起因することも珍しくありませんでした。

2010年3月、オバマ大統領は選挙公約を実現する形でオバマケア関連法案を成立させました。この政策には今も賛否両論ありますが、そのおかげもあってユナイテッドヘルスは売上2400億ドル（約26兆円）、利益率23%の巨大企業に成長しました。

米国の保険制度や業界は極めて複雑で、何千社も保険ブローカーが存在します。基本的に、企業は直接保険会社に保険を依頼することはできず、ブローカーを通すという仕組みが一般的であるため、保険ブローカーは規模が大きい企業に囲われている構造になっています。そのため、保険業界において独占力は非常に大きな意味を持ちます。

ユナイテッドヘルスには、主に保険と薬剤給付管理の2部門があります。

●ユナイテッドヘルス（保険）

医療保険産業は、2020年上半期時点で、全産業の中で9位の高収益産業です。純利益1050億ドルで、資本利益率は7・75%です。ユナイテッドヘルスは業界シェア率第一位で14%、業界第2位の企業は9%、3位は7%なので、ユナイテッドヘルスの保険業界シェア率は非常に高いです。

●オプタム（薬剤給付管理）

オプタムは、米国3大PBMの1つです。Optum health（ヘルスケア）、Optum Insight（医療システム・サービス）、Optum RX（薬剤給付管理）で構成されています。

PBM（ファーマシー・ベネフィット・マネージャ）は、保険会社と契約して、規模の強みを活かして製薬メーカーと価格交渉して調剤保険適用の管理を行う企業です。簡単にいえば「安く医療品を仕入れて広くさばく仲介ビジネス」です。保険コスト削減につながるので、保険分野とPBM分野のシナジー効果は非常に大きいです。

売上は医療保険部門が約80％を占めていますが、利益ベースは2部門はほぼ同額です。特に医療関係者向けに各種システムやサービスを提供する「オプタムインサイト」部門の利益率が高く、同社の他部門の利益率が5～10％なのに対して、オプタムインサイト部門は利益率25％です。同部門の売上も成長しているため、同社にとって非常に追い風になっています。

大統領選挙の影響

米国の医療費は、米国財政の負担が非常に大きく、さらに国民にとって関心も高いため、医療政策は常に注目される分野です。そのため、医療業界の業界動向には、大統領選挙の影響をある程度見込んでおく必要があります。２０２０年11月に行われる大統領選挙で、共和党で現職のトランプ大統領が再選したケースと、民主党のバイデン候補が大統領に就任したケースで、どのように影響を与えるか予想してみます。

トランプ大統領再選の場合

このケースでは、オバマケアの拡大はないと考えられます。ただし、ユナイテッドヘルスはオバマケアを否定するトランプ政権下でも成長を続けてきました。これは、同社のオプタムを通じたデイリーヘルスケアの売上拡大、それによる保険加入者の医療費削減によって、保険コストを減少してきたためです。同社は利益率の高いこの分野にさらに注力する方針なので、成長は継続できると考えられます。

また、トランプ大統領は薬価引き下げを政策として掲げています。薬価引き下げは保険コスト削減につながります。よって、同社は保険部門の収益性向上が見込めます。こちらも追い風になると考えられます。

バイデン大統領誕生の場合

バイデン氏はオバマ政権の副大統領時代にオバマケアの擁護者でした。そのため、大統領就任した場合は再度オバマケアを加速させる可能性が高いです。

オバマケアでは財政的に医療費負担が大きくなるために、バイデン政権では政策として処方薬の価格を下げ、ジェネリック医薬品の開発促進を実施することが予想されます。

バイデン大統領になった場合は、保険の加入率増加と、薬価などの医療費負担減少でコスト削減につながるユナイテッドヘルスは、トランプ政権よりも成長を加速させる可能性が高いといえるでしょう。

デイリーヘルスケアへの参入

２０２０年上半期、ヘルスケアサポート業界の純利益は３８５億ドル、資本利益率は９・３３％で、すべての分野のうち利益が出る産業の８位でした。

２０１９年以降、ユナイテッドヘルスは３社のデジタルヘルスのスタートアップを買収しています。さらに、１１７ページでも触れましたが、新型コロナ禍でマイクロソフトと連携して、職場ヘルスケアアプリ「**ProtectWell**」を立ち上げています。

ProtectWellは、企業の新型コロナリスクを低減するため、労働者の健康状態のチェックや検査指示、感染した場合の休養指示や職場復帰して企業活動を再開する際のサポートなどを行うアプリ・サービスです。

ProtectWellアプリの概要

1　無料で様々な企業に提供中（２０２０年6月時点）
2　雇用主が労働者の新型コロナ検査をスクリーニング
3　ジョブリスクに基づいた検査ガイドラインを開発支援
4　特に健康新興企業・病院・診療会社などで必要とされている職場復帰プロトコルを提供

1は、無料で提供してサンプルを増やし、改良によって実用性を高める意図があります。

2は、従業員の出勤を許可したり、感染の危険性がある場合に検査を受けるように指示したりするために、毎日の従業員アンケートによる症状の状況を雇用者に提供します。

3は、職場人数や職種によって異なる、新型コロナ検査スケジュールやガイドライン作成を、企業ごとに行います。

4は、新型コロナ禍で社会における重要性が増している病院や診療会社などで新型コロナ感染者が出た場合に、適切な職場復帰プロトコルをこのアプリで提供することが求められているということです。


このアプリが職場復帰支援の定番となれば、マイクロソフトとユナイテッドヘルスのブランド力は相当に強化されます。

デイリーヘルスケアの重要性は、新型コロナパンデミックでさらに増しました。しかし、元々米国はデイリーヘルスケアのニーズが非常に高いという事情があります。デイリーヘルスケアの普及によって保険費用のコスト削減につながるため、ユナイテッドヘルスの戦略は非常に合理的です。ＩＣＴを活用したデジタルヘルスにも進出しているので、今後も成長が期待できそうです。

③テラドックヘルス（Teladoc Health, Inc）（TDOC）

テラドックヘルスは、米国で最大手の**オンライン診療**（遠隔医療）サービスを提供する企業です。米国だけでアクセス数7000万人ほど、さらに175ヶ国で事業展開しています。電話と同社プラットホームで遠隔診療を行って、デイリーヘルスケアを行うのが主な事業内容です。テラドックに登録している医師や有資格医療従事者は3000名以上です。

また同社は、CVSヘルスと業務提携をしています。CVSヘルスはユナイテッドヘルスと同様、米国3大PBMの1社です。医療保険部門でもユナイテッドヘルスと競合です。CVSヘルスは同社のドラッグストア（CVSファーマシー）店内に、1000を超える米国最大の店舗内簡易クリニックを展開しています。保険・PBM・ドラッグストア・クリニックと医療関係の複合サービスを提供しているために、テラドックにとって大きな追い風になっています。

コロナ状況化での事業拡大

フォーチュン500企業の約40%、数千の中小企業、そして政府の主要ヘルスケア・プログラムが、テラドックヘルスのサービスを利用しています。そして2020年3月の新型コロナ禍において、オンライン診療の需要や必要性がさらに認識され、成長を加速させました。

特に、2020年4〜6月期は利用件数が275万件と約3倍超に膨らみ、売上高は前年同期比85%増です。テラドックヘルスの4〜6月期における取り組み内容を解説します。

3月の新型コロナパンデミック前後の緊迫した状況で、診療キャパシティを倍増させました。新型コロナウィルス感染を懸念した患者はどこからでもアクセス可能です。アクセスがあったら15分以内にレスポンスして、実際に10人中1人は感染を確認、その後の対応までケアしています。遠隔診療・医療が新型コロナで急激に拡大したことを非常によく表しています。

2020年8月には、トランプ大統領が、新型コロナパンデミックの間、特に地方のコミュニティにおいて、遠隔医療サービスへのアクセスを拡大するための新しい行政命令に署名しています。これも遠隔治療の重要性をさらに強調することになっています。

テラドックヘルスは事業環境的にも追い風を強く受けています。新型コロナ禍で増加した需要を、アフターコロナでも固定客として囲い込んでいけるかが成長のカギになるでしょう。

リボンゴヘルス買収

テラドックヘルスは、急激に成長を加速させている中、2020年8月にリボンゴヘルス(LVGO)の買収を発表しました。買収額は185億ドル(2兆円弱)です。

リボンゴヘルスは、2020年は2倍のペースで売上が伸びている、テラドックを上回る速度で成長している企業です。糖尿病やうつ病などの慢性疾患に苦しむ患者に対し、クラウド接続できるデバイスを通じたケアを提供しています。リボンゴ・ヘルスが提供するヘルスプランのメンバーは、スマホと連携できる専用機器を使って健康を管理し、24時間年中無休のサポートを受けることができます。

リボンゴ・ヘルスはAnthem（ANTM）などの市場参入販売パートナーや、CVSファーマシーを含む大規模な製薬関係・医療関係の企業と提携して、強固な寡占性を築いています。

合併については、テラドック・ヘルスとリボンゴ・ヘルス両社の取締役会で承認済みで、株主承認待ちの状態です。2020年内に合併完了予定です。

合併による変化を合併前と合併後で比較してみます。

EBITDAは、税引前利益に支払利息や減価償却費を

■ 合併前の2社のデータ

社名	売上（$）	売上成長率	粗利率	アクセス数
テラドックヘルス	7億1,600万	約85%	67%	7,000万人

社名	売上（$）	売上成長率	粗利率	メンバー	顧客社数
リボンゴヘルス	2億5,800万	約120%	72%	41万人	1,328社

■ 合併後（見込み）

売上（$）	粗利率	修正BITDA（$）	修正EBITDAマージン	現金（$）	負債（$）
9.7～13億	67%	7,300万	8%	6.61億	18.8億

加えて算出される利益です。

合併後、テラドックヘルス株主は新会社の58％の株式を、リボンゴヘルス株主は42％の株式を所有する予定です。

テラドックヘルス単独の来年度成長率は最低30～40％、リボンゴヘルス単独の来年度成長率は55％を予測しています。合併後3年の相乗効果表出前は、年平均収益成長30～40％を見込んでいます。これが、シナジー効果でどれくらい伸びるかが注目ですね。合併メリットを簡単にまとめてみます。

合併メリット

- **真のエンド・ツー・エンド　バーチャルケアプラットフォームの確立**
- **コストカットと一層自由なデータシェアで、直感的で消費者目線のケアを提供できる**

両社は競合の立場で、患者側にとって選択を複雑にする恐れもありました。合併によりサービスの重複部分を排除して統合できれば、患者側に負担なく最良のサービスを提供できるようになります。

- **リボンゴヘルスの慢性疾患ケアという強みを、テラドックヘルスのプラットフォームで迅速に拡大できる可能性がある。海外展開も視野に**

テラドック・ヘルスのアクセス数は、米国のみで7000万人で、現在175ヶ国に展開中です。一方でリボンゴ・ヘルスの糖尿病患者は米国のみ展開で41万人です。合併により急拡大できる可能性があります。

- **両社とも米国最大手の薬局チェーンであるCVSファーマシーと連携しているため、迅速にクリニック・保険・ドラッグストアなどにおけるチャネル戦略を展開し、シナジー効果を得られると想定できる**

2020年8月時点ではまだ合併完了していませんが、合併によってさらに成長が期待できそうです。ただし、競合としてユナイテッドヘルスの存在や、GAFAMがデジタルプラットフォームに力を入れており、油断できない状況であることも忘れないようにしたいですね。

ヘルスケア3社の財務比較

ヘルスケア3社の財務を比較すると、売上成長率としてはテラドックヘルスが最も高いことがわかります。ただし、急激な成長の一方で利益が出ているわけではないので、営業利益がいつプラスに転じるかによって、同社の今後の展望が見えてくるように思えます。また、リボンゴヘルスとの合併以降は財務が大きく変化することも注意が必要です。

ダナハーは売上成長率が少し落ち込んでいますが、堅実なキャッシュフローと利益率で成長株でいながら安定性は高そうです。個別銘柄投資ですが、安心して投資できるのはポイントが高いでしょう。

ユナイテッドヘルスは、3社の中で最も安定しているようにみえます。特に利益の成長が素晴らしいです。ただし、保険分野は政権の政策に大きく左右されるのも事実です。その部分を注視しながら投資判断を行う必要があります。

■ヘルスケア3社の財務比較（2019年時点）

項目	売上（億円）	営業利益（億円）	営業利益率	5年売上成長率	平均売上成長率
ダナハー	19,165	3,498	18%	-13%	-3%
ユナイテッドヘルス	257,088	19,045	7%	54%	11%
テラドックヘルス	592	-79	-13%	618%	124%

項目	1年売上成長率	5年利益成長率	1年利益成長率	5年利益率変動
ダナハー	-10%	-6%	-4%	1%
ユナイテッドヘルス	7%	73%	11%	1%
テラドックヘルス	32%	-32%	-12%	59%

7-5

未来企業テスラ

テスラ（ＴＳＬＡ）という企業を表現するとしたら、筆者は**未来企業**と形容します。テスラは**ＥＶ（電気自動車）**を開発製造・販売する企業です。

２０２０年７月２日、**テスラの時価総額はトヨタ自動車を抜いて、自動車メーカートップになりました**。２０２０年７月時点のテスラの時価総額は２１００億ドル（約22兆円）です。新車販売台数は、トヨタ自動車が年間約１０７０万台に対して、テスラは年間36万７５００台程度です。それにも関わらず、なぜ時価総額でトヨタ自動車を超えてしまったのでしょうか。

これが今回、テスラを未来企業として紹介する理由です。テスラの株価は、自動車企業としてではなく、**未来への期待感でプレミアが乗っている株価**（売上や利益以外の成長期待値によって、株価が上乗せされること）だと考えているからです。テスラは典型的な超成長株で、まさにハイリターン・ハイリスクだといえます。

投資家の夢や期待を大きく受けるテスラの魅力を紹介するために、まずはテスラの株価推移をトヨタ自動車およびS&P500インデックスと比較してみます。

5年間の株価推移を見ると、テスラは615%、トヨタ自動車が12・74%、S&P500は71%の上昇率です。テスラの凄まじい株価成長率がわかります。テスラとS&P500とを比較しても、2019年まではS&P500の方がアウトパフォームしていたのですが、この1年で一気に株価が急上昇しています。

テスラの事業の特徴（競争優位性の源泉）

- イーロン・マスクCEO
- EV革命
- サブスクリプションモデル
- エネルギー（電力）インフラ戦略

■テスラ・トヨタ・S&P500の5年間株価推移

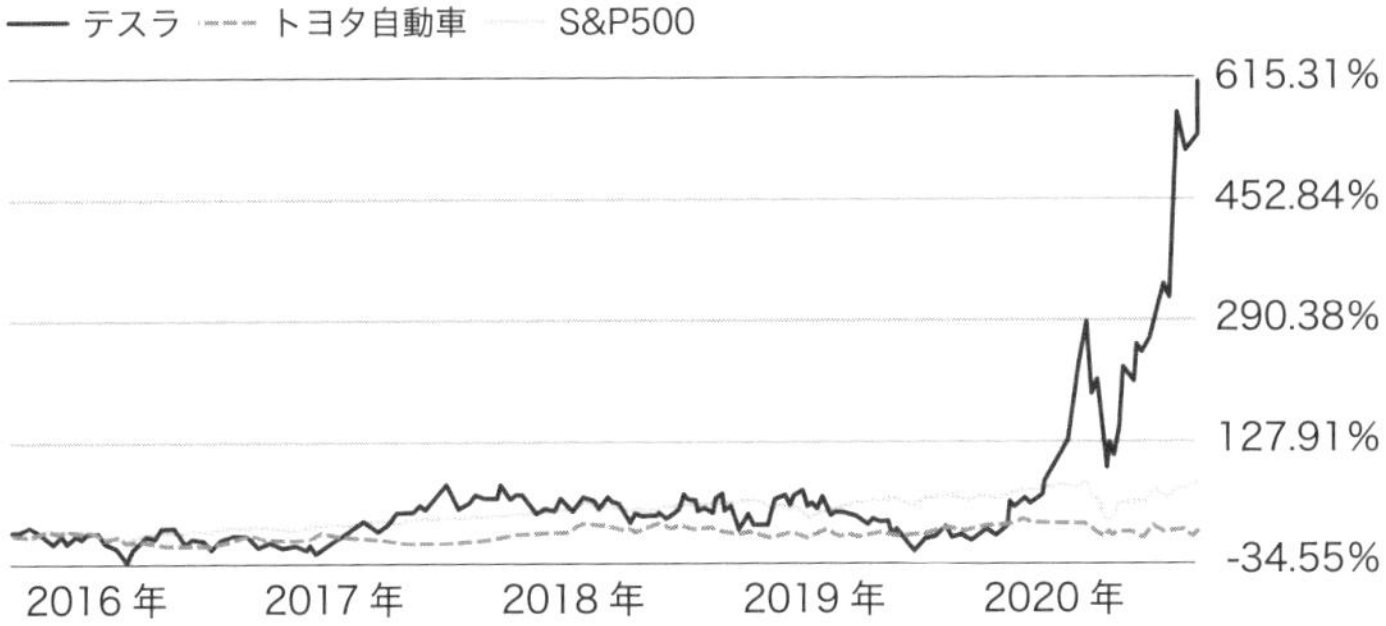

ブルームバーグ（https://www.bloomberg.co.jp/markets/stocks）の公開データを元に作成

これらについて1つずつ解説していきます。

イーロン・マスクCEO

テスラのCEOはイーロン・マスク氏ですが、氏の魅力に惹かれて投資する投資家は多いと思います。イーロン・マスク氏はECのペイパルの創業者の1人でもあります。

イーロン・マスク氏は、次々に驚くような新しいビジネス展開を続けています。ペイパルを売却した資金で**スペースX**という宇宙開発企業を立ち上げる一方で、テスラのCEOとして電気自動車の普及に邁進中です。また、AI開発でもマイクロソフトと業務提携を結んでいます。

イーロン・マスク氏のモチベーションは、こういった「電気自動車」「宇宙開発」が人類の発展に貢献するという信念からきているとのことです。

EV革命

現在、テスラは全部で6種類のEV車を販売・発表しています。Road star(ロードスター)、Model S(モデル・エス)、Model X(モデル・エックス)、Model 3（モデル・スリー)、Model Y(モデル・ワイ)、Cybertruck(サイバートラック）です。

テスラモデルSは、米国環境保護庁（EPA）による試験で、初めて航続距離400マイルを超えた電気自動車と認定されています。

テスラEVの米国での人気は絶大です。2020年1月から6月までの半年で、テスラモデル3・Y・X・Sを合計すると約7・1万台出荷しています。これは、日産が販売するEV「リーフ」の約24倍、シボレーのEVモデル「Chevrolet Bolt EV（シボレーボルトEV）」の9倍です。モデル3だけでもシボレーボルトEVの3・5倍の販売車数です。

テスラは販売車数の好調を継続するべく、生産工場も随時拡大しています。次に、今後の生産拠点の展開をまとめてみました。特にテキサス州オースティンの新工場は過去最大規模になるので注目です。

●ベルリンと上海のギガファクトリーでモデルYを生産し2021年に車を出荷する予定

■米国の2020年上半期EV販売台数（推定）

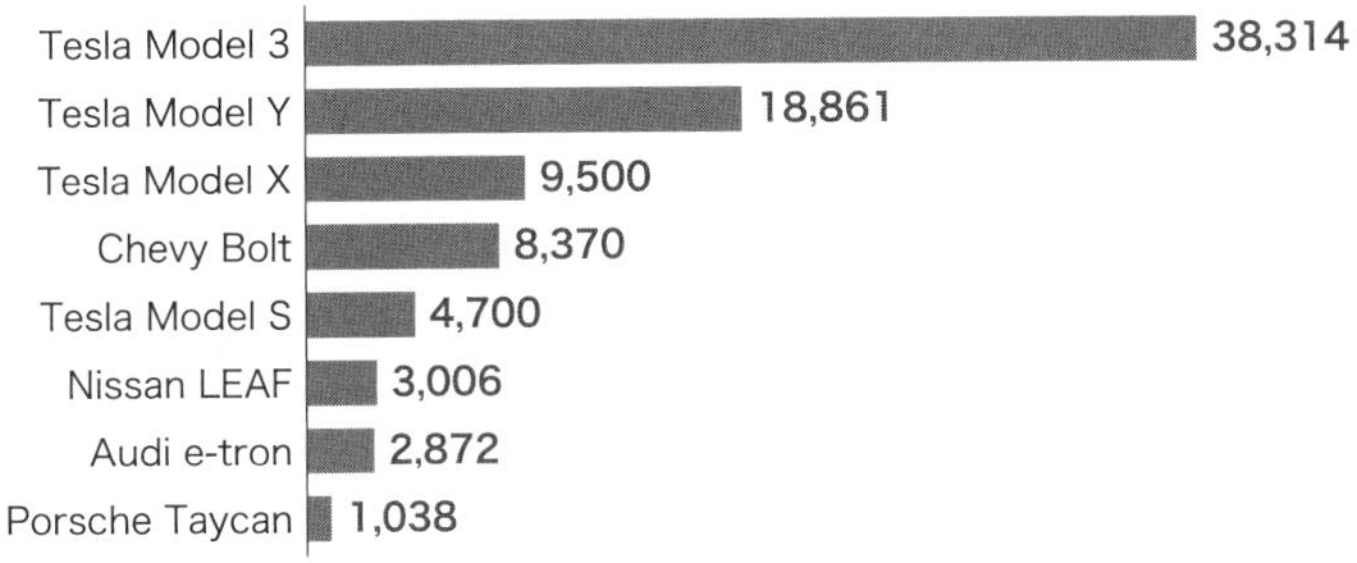

- カリフォルニア州フリーモントの工場は米国西海岸向けのモデル3とY、世界向けのモデルSとXを生産
- 新工場として建設予定のテキサス州のオースティン工場では、テスラ・セミとサイバートラックのプロジェクトを進め、米国の東海岸向けのモデル3とモデルYを生産する予定。新工場はテキサス州最低賃金2倍以上の15ドルを保証。2020年末までに操業開始予定

「テスラ・セミ」は商業用EVトラックです。

将来的には、テスラの車は商業トラックを含めて完全自動運転化する構想があります。まさにEV革命ですね。これは次のサブスクリプションモデルへの取り組みにも現れています。

サブスクリプションモデル

テスラのEVは、2020年後半から**完全自動運転機能**（Full Self-Driving System：**FSD System**）をサブスクリプションで利用できるオプションを用意する予定です。月額課金によって、自動運転機能を最新の状況にアップデートできます。もちろん、完全自動運転の実用化は実現できていませんが、今後完全な形を目指していく方向です。

最大の注目点は、サブスクリプションモデルである点です。自動車は一度販売してしまう

と、メーカーは基本的に販売自動車では収益を上げることはできないのですが、サブスクリプションモデルの月額制であれば、販売台数が増えれば増えるほど固定収入が増えていくため、キャッシュフロー的に大きなメリットが出るということです。

エネルギー（電力）インフラ戦略

「**テスラ・エナジー**」が成長しています。テスラ・エナジー部門が２０１９年に発表した**テスラメガパック**が、２０２０年第２四半期で初めて黒字化しています。テスラメガパックは、太陽光エネルギーなどの再生エネルギーの蓄電システムです。

テスラは、再生可能エネルギーソリューション企業となるべく、テスラ・エナジーをテスラ・オートモーティブと同じ規模にすることをイーロン・マスク氏は表明しています。テスラはＥＶの覇権のみならず、電力インフラに事業を拡張しています。

テスラの財務

テスラの財務をチェックしていきます。テスラの株価上昇は、テスラの財務状況が劇的に変化したのも大きく影響しています。

テスラ社が２０２０年7月22日に発表した、２０２０年第２四半期（4月～6月）の決算は、純利益が1億4００万ドルで、４四半期（1年間）連続の黒字となっています。この4半期連続の黒字で、Ｓ＆Ｐ５００の構成銘柄に採用される可能性まで出てきています。

５年間の財務推移を見ていると、２０１８年以降に劇的に財務が改善されています。それを次ページ上の図でチェックしていきましょう。

２０１７年が最悪の年ですね。営業利益もマイナス16億ドル（１７００億円）近くでした。当時、筆者も米国にいましたが、「テスラは近々倒産する可能性がある、常に資金は自転車操業の状況で枯渇する」といった話が業界関係者から聞こえてきていた状況です。

それが、２０１８年から劇的に改善されています。これはネバダ州にあるパナソニックと共同運営してる**テスラギガファクトリー**（リチウムイオン電池工場）における生産効率の上昇も大きく関係していると考えられます。

ネバダ州のギガファクトリーは、アメリカンフットボールフィールド33個分の巨大工場です。ＥＶ車の根幹を支えるリチウムイオン電池の生産性向上・コスト削減は、同社におけるＥＶ車の利益率を大きく左右します。

営業ＣＦ（キャッシュフロー）、フリーＣＦとも２０１７年までは一切余裕がなかったのがわかります。そして、２０１８年に営業ＣＦが大幅にプラス、２０１９年はフリーＣＦまでプラスになってきています。財務的に劇的に改善されていますね。

■ テスラの5年間の売上・営業利益・利益率

■ テスラの営業CF・フリーCF推移

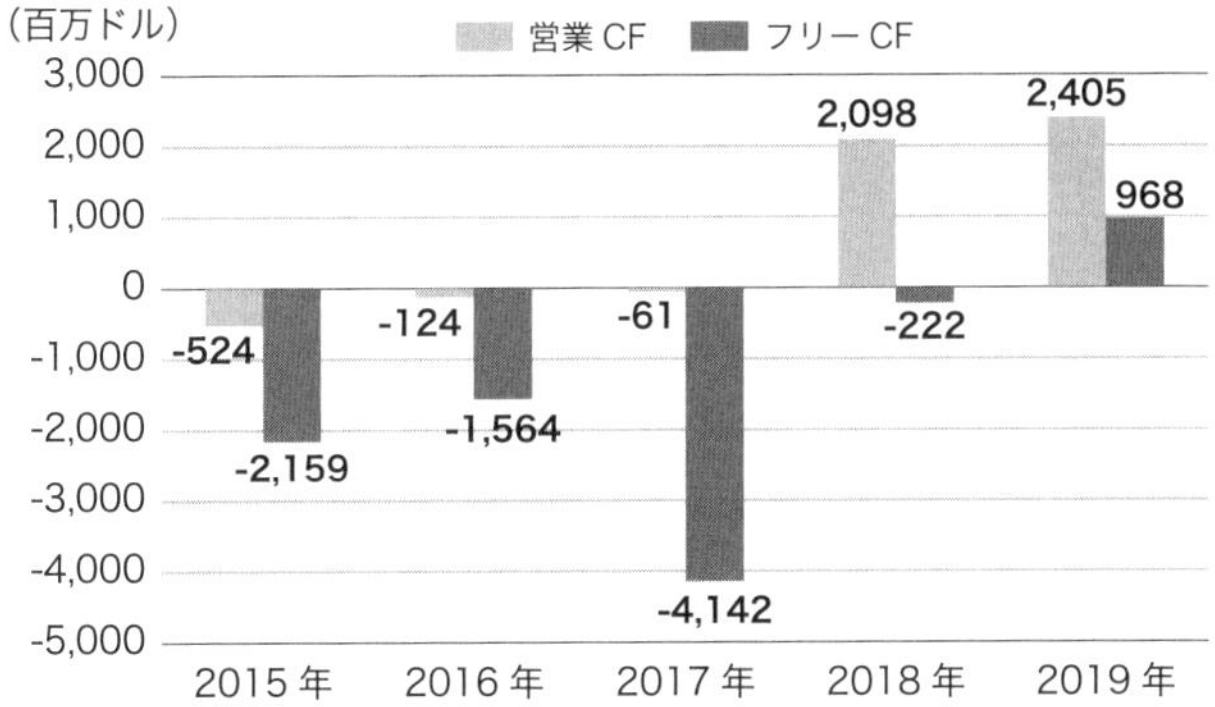

■ テスラのEPS推移

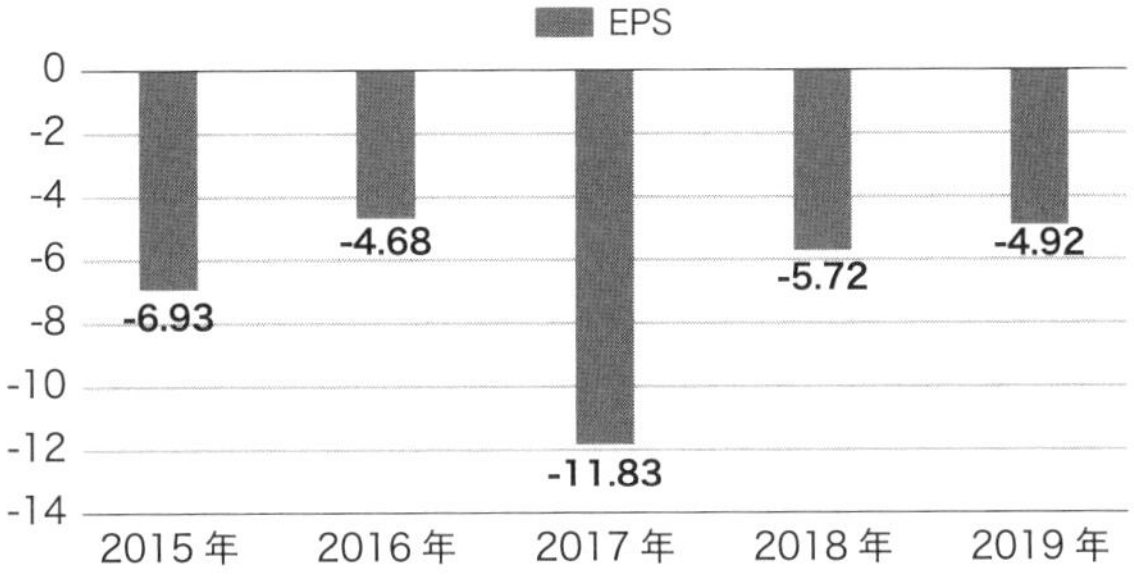

財務的には改善されていますが、ＥＰＳ（１株当たりの純利益）はまだまだマイナスであることがわかります（前ページ下グラフ参照）。成長株なので売上上昇を優先し、稼いだ利益は基本的にすべて設備投資などの新規プロジェクトに費やしているためです。

リチウムイオンバッテリー市場動向

ＥＶの最大の重要要素であるリチウムイオンバッテリー市場の動向を確認します（次ページのグラフ参照）。これをみると、テスラが中国市場を重要視している理由がわかります。

リチウムイオンバッテリーの地域別生産能力を比較すると、現在でも中国は他の地域と比べ10倍近くあるのですが、２０２８年まで現在の傾向が続くと予想されます。総生産能力は中国が圧倒的になることが見込まれています。

次に、リチウムイオンバッテリーの企業別生産能力を確認してみます。ＣＡＴＬ（寧徳時代新能源科技）・ＢＹＤ（比亜迪股份）は中国企業で、ＬＧ化学（ＬＧ Ｃｈｅｍ）・サムスンは韓国企業、パナソニックは日本です。中国・韓国の企業がマーケットを牽引してることがわかります。

その状況を象徴するように、テスラは長年パナソニックに託してきた電池のサプライヤーを、２０２０年に、新たに中国ＣＡＴＬや韓国ＬＧ化学とも調達契約を結んでいます。

パナソニックは世界No・1の高品質のリチウムイオンバッテリーを生産していますが、中国や韓国企業が品質ならびにコスト共に急激に追い上げている現状です。テスラは2社と契約を結ぶことによって生産能力増強とコスト削減が期待できそうです。

EV市場動向

2019年、世界で販売されたEVは210万台に上り、その6割を中国が占めています。現在、**世界のEV市場を牽引しているのは間違いなく中国**です。

国際エネルギー機関（IEA）

■ リチウムイオンバッテリー地域別生産能力

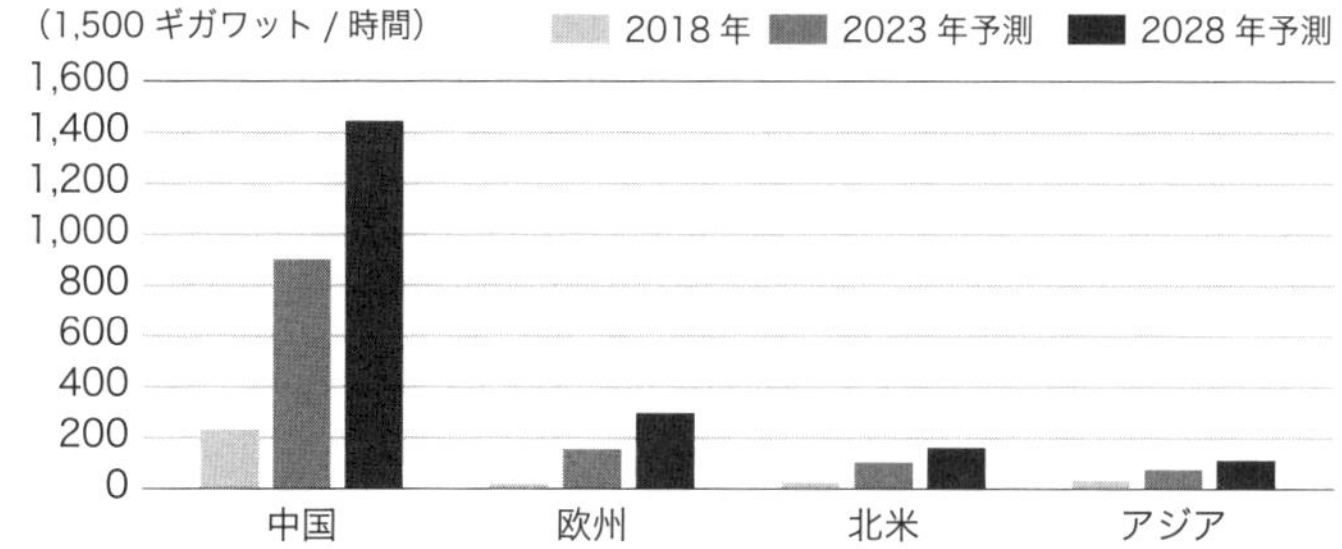

■ リチウムイオンバッテリー企業別生産能力

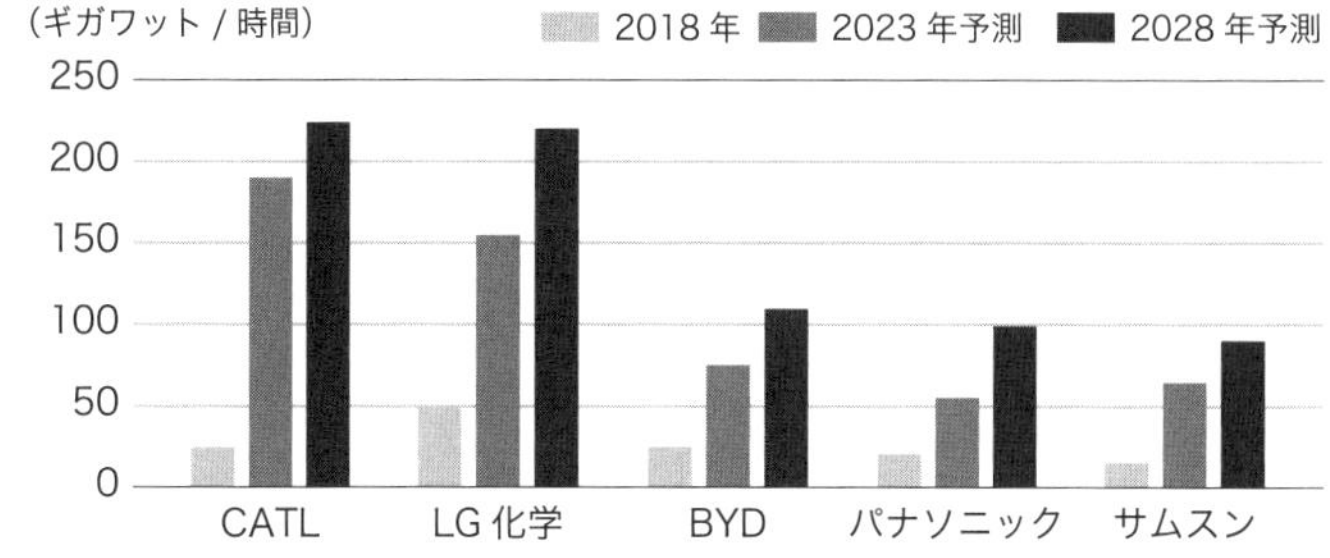

の推計によると、世界のＥＶ販売台数は２０３０年までに２３００万〜４３００万台になる見通しです。予測の上限まで販売台数が伸びた場合、自動車販売全体に占めるＥＶの割合は中国で57％、欧州で26％、米国で８％になる見込みです。

完全に、中国がＥＶの主戦場になることが予想されます。中国は国策としてＥＶの普及に補助金を出して推進しています。

２０３０年の自動車新車販売台数予測は、全世界で約1億台程度の見込みです。そしてＥＶの新車販売台数は約２０００万台になると考えられています。世界の販売台数の20％を占める可能性があり、この割合はさらに増加すると見込まれています。

米国でもＥＶ普及に追い風が吹いています。２０２０年7月初旬にカリフォルニア州、ニューヨーク州を始めとする15州が、２０３０年までに中・大型トラックの30％を、２０５０年までに１００％をゼロエミッション（環境を汚染する廃棄物排出がないエンジン）にするという覚書が結ばれています。

このように、世界的なＥＶ普及の後押しを受け、テスラは今後も成長を加速させる可能性があります。

テスラの今後の展望

期待感

- **中国の国策や環境と再生エネルギーの世界的なトレンドに乗って、ＥＶ市場の覇権を握る可能性**
- **9／23開催の「Battery Day」（株主総会とテスラ車両に電力を供給するバッテリーのセル生産システムの案内イベント）で発表した新型バッテリー４６８０セルの今後の実用性**

現行セルに比べて大きさは2倍以上、エネルギーは5倍、航続距離は16％増、パワー6倍だが、２０２２年まで大量生産は実現しないとも発表しています。

- **S&P５００に採用された場合**

株価上昇要因になります。

- **売り切りではなく、サブスクリプション自動車という新しい分野の確立**

サブスクリプションで自動車を利用できる仕組みは既存の自動車にもありますが、メーカーが常に最新自動運転技術を提供する条件でサブスクリプションを設定するのは例がありません。

リスク

- 米中関係悪化により、テスラの米国外販売における重要市場である中国市場での展開が難しくなる
- 常に新規事業や驚きのアイデアを提案しているが、その提案が枯渇した場合
- 販売台数の減少、4四半期連続の黒字がストップした場合
- 資金繰りの悪化による経営危機

テスラは投資家にとっては非常に魅力的な企業ですが、まだまだ期待感で株価が上がっている部分も多く、米国株投資家にとっては本当に悩ましい銘柄です。ただ、テスラの株価が上昇するとマーケットが盛況になるほど影響力が大きい銘柄でもあります。

「投資したいけど個別銘柄で投資するのがリスクが怖い」と感じる人も多いでしょう。その場合は127ページで解説した**QQQ**（ナスダック100指数に連動したETF）や、304ページのESG投資で紹介する**QCLN**（再生エネルギーETF）にも組み込まれているので、これらのETFを活用して投資してみるのもいいかもしれませんね。

第8章

高配当株投資

8-1 高配当銘柄への投資戦略

高配当投資は、ETFか個別株かで難易度が大きく変わってきます。そして資産額によっても有用性が変わってくる投資です。

例えば資産を1000万円持っていて、それを全額配当率4％の高配当銘柄に投資したとします。その場合、年間配当に対して、米国税である10％が課税され、さらに20％の日本の配当金課税が行われます。10％の二重課税は確定申告でほぼ全額返還されるとして、年間で32万円の配当金を入手できることになります。月ごとで換算すると2・6万円です。

資産が10倍の1億円である場合、年間で約320万円の配当金を手にできます。月ごとで換算すると26万円の生活補助になります。

この例でわかるように、資産の総額によって配当金の意味合いが全く違ってくるのがわかります。資産額が大きいほどメリットを強く感じられるのが高配当投資です。ただし、のちほど詳しく解説しますが、高配当投資は非常に難易度が高く、投資タイミングによっては長期的な含み損を抱える恐れが極めて高いです。

本書では、高配当投資は4％を基準で考えています。米国では3％以上なら高配当投資という見方もあります。

高配当投資における個別株投資は、次の3大条件を満たすことを前提条件で考えます。

- **他の投資より財務分析を徹底的に行う。長期負債とキャッシュ余力もチェックする**
- **高配当銘柄は配当率では選ばない。配当性向が重要（高配当銘柄特有）**
- **連続増配前提の銘柄に投資する**

財務分析を徹底する理由は、高配当銘柄は産業的に成長性の弱いセクターであることが多いからです。よくいえば安定的ですが、悪くいえば将来性に乏しいともいえます。

次節から、高配当銘柄が比較的多いセクターや産業分野の特徴を、簡単に説明します。

8-2 公益セクター

● **代表銘柄：サザンカンパニー（SO）、ドミニオンエナジー（D）、デュークエナジー（DUK）**

公益セクター企業の特徴は、設備キャッシュフローが大きく、フリーキャッシュフローが弱い傾向にあります。この3銘柄は電力関係の銘柄ですが、電力設備のメンテナンス維持費に費用が掛かるということです。一方、地域からの一定の収益を確保できます。よって、株価成長のキャピタルゲインより、インカムゲイン向きな銘柄です。

この3銘柄の基本データを比較してみましょう。

3社とも配当率はほぼ横並びで、連続増配も10年以上です。PER（1株当たりの純利益に対して株価が何倍であるか）を考慮すると、ドミニオンエナジーが最も割高ということになります。

次に3社の株価チャートを比較してみます。1990年の株価を起点にした30年間の株価

■公益セクター3社の基本データ（2020年7月末）

社名	Ticker	株価（$）	PER	配当率	連続増配
サザンカンパニー	SO	55	16.4	4.7%	18年
ドミニオンエナジー	D	82	20.1	4.7%	15年
デュークエナジー	DUK	85	15.3	4.8%	14年

■3社の1990年からの株価チャート（1990年を起点にした成長率）

チャートです。

チャートを見ると、サザンカンパニーが最も株価成長率が高そうです。実際に株価は30年前から約7倍以上上昇しています。ドミニオンエナジーは約5倍弱、デュークエナジーは約3倍になります。サザンカンパニーは高配当銘柄でありながら、これまでは株価成長率もともなった銘柄と判断できそうです。

次に、公益セクター3社とS&P500の30年間のリターンを比較します。

比較条件

- **1990年7月から2020年6月末までの30年間のリターンを比較**
- **毎月1000ドル投資を継続し、配当金は再投資（複利）**

■公益セクター3社とS&P500とのリターン比較（30年）

30年間で見ると、3社とも高配当にも関わらずS&P500をアウトパフォームしています。ただし、これは今後も高成長が続くということではありません。すでに高配当になった3社は、今後の売上増加は期待できず、株価上昇率は限られてしまうからです。財務を確認してみます。3社の財務を確認することにより、他の高配当銘柄の決算を確認する場合においても検討方法の参考になります。

公益3社の5年間の売上と営業利益、営業利益率のグラフを用意しました（次ページ参照）。売上を確認すると、デュークエナジーの売上額が一番大きいですね。営業利益もデュークエナジーが安定しているように見えます。ドミニオンエナジーの売上は右肩上がりで増えていますが、営業利益が下がってきているのが気になります。

サザンカンパニーは、2017年に営業利益率が異常に低迷していました。これはボーゲル原発が原因です。東芝の子会社だったウェスチングハウス（WH）が設計から建設まで担っていたものの、WHの倒産により東芝が経営危機に陥ることになった原発です。サザンカンパニーが参加するジョージア・パワー社が、ボーゲル原発3号炉・4号炉の建設を進めていましたが、この工期の遅れによって多大なコスト負担が発生して、2017年・2018年は営業利益率が異常に低くなりました。現在はスケジュール通り工事が進んでいるとのことです。

■ サザンカンパニーの5年間売上・営業利益・営業利益率

■ ドミニオンエナジーの5年間売上・営業利益・営業利益率

■ デュークエナジーの5年間売上・営業利益・営業利益率

次に営業ＣＦ（キャッシュフロー）・フリーＣＦを比較してみます（次ページグラフ参照）。**公益セクターの特徴として、３社ともフリーＣＦが弱い**ことが挙げられます。電力供給網のメンテナンスなど、設備投資に非常にコストがかかる構造であるためです。営業ＣＦは３社とも大きな差はないように見えます。フリーＣＦを比較すると、ドミニオンエナジーが唯一２０１８年、２０１９年とプラスなので、キャッシュフローという面ではドミニオンエナジーが最も安定しているように見えます。

財務資料では特に**配当性向**が重要です（２３９ページグラフ参照）。サザンカンパニーは、前述のボーゲル原発の影響があってコスト増加で配当性向が悪化（配当性向は低い方がよい）していましたが、２０１９年には配当性向が60％以下にまで低下しました。非常に余力がある状況です。

ドミニオンエナジーの配当性向は80％前後で推移していましたが、収益性悪化で２０１９年には２６０％になっています。これは、配当を出すために利益以上にお金を必要としていて、配当のために多額の借金をしたことにつながります。

デュークエナジーの配当性向は徐々に改善されてきていますね。現在は80％以下です。

公益３社で比較した場合、ボーゲル原発の件があるとしても、配当性向はサザンカンパニーが最も優秀であるという結論になります。

■サザンカンパニーの5年間営業CF・フリーCF

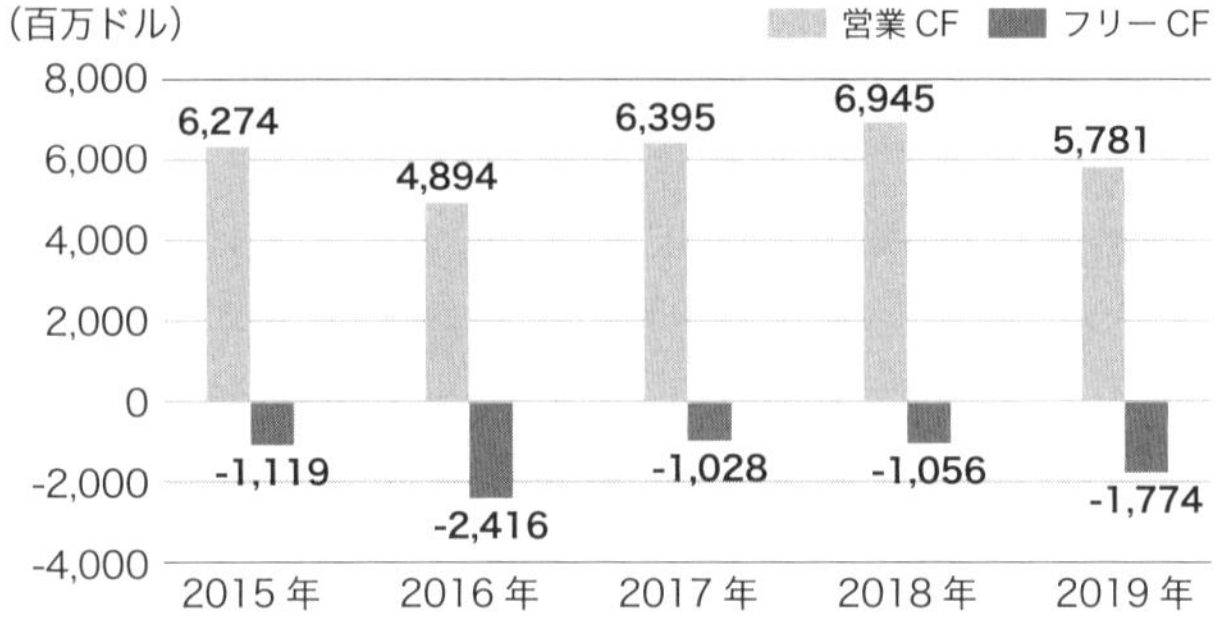

■ドミニオンエナジーの5年間営業CF・フリーCF

■デュークエナジーの5年間営業CF・フリーCF

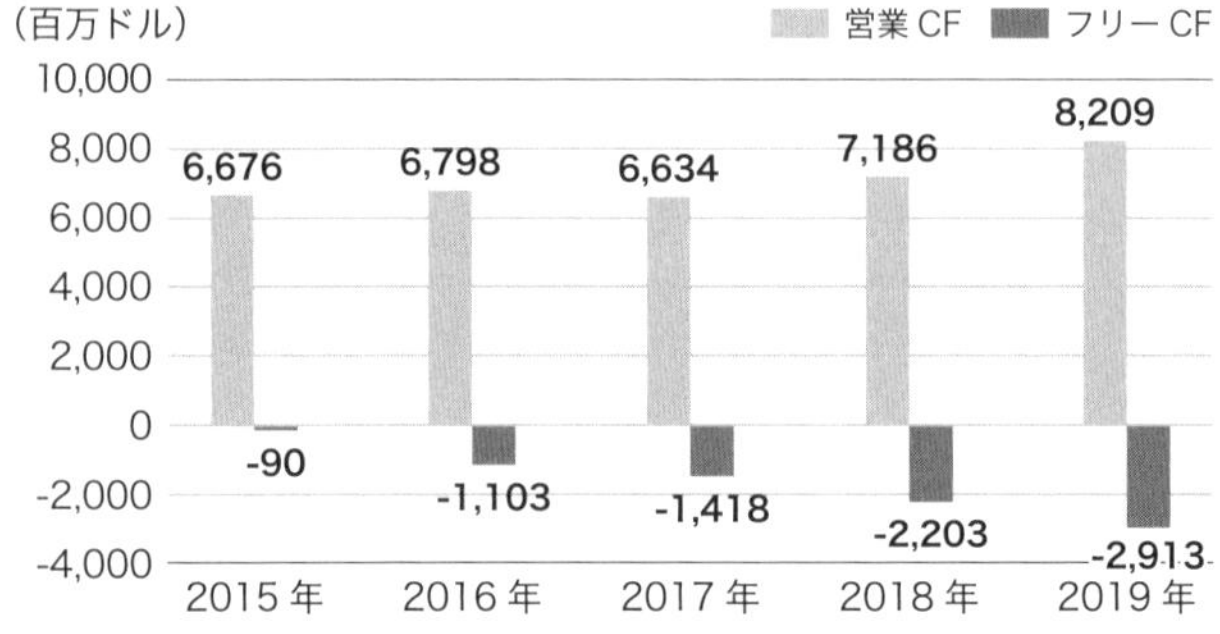

■ サザンカンパニーの5年間EPS・配当・配当性向

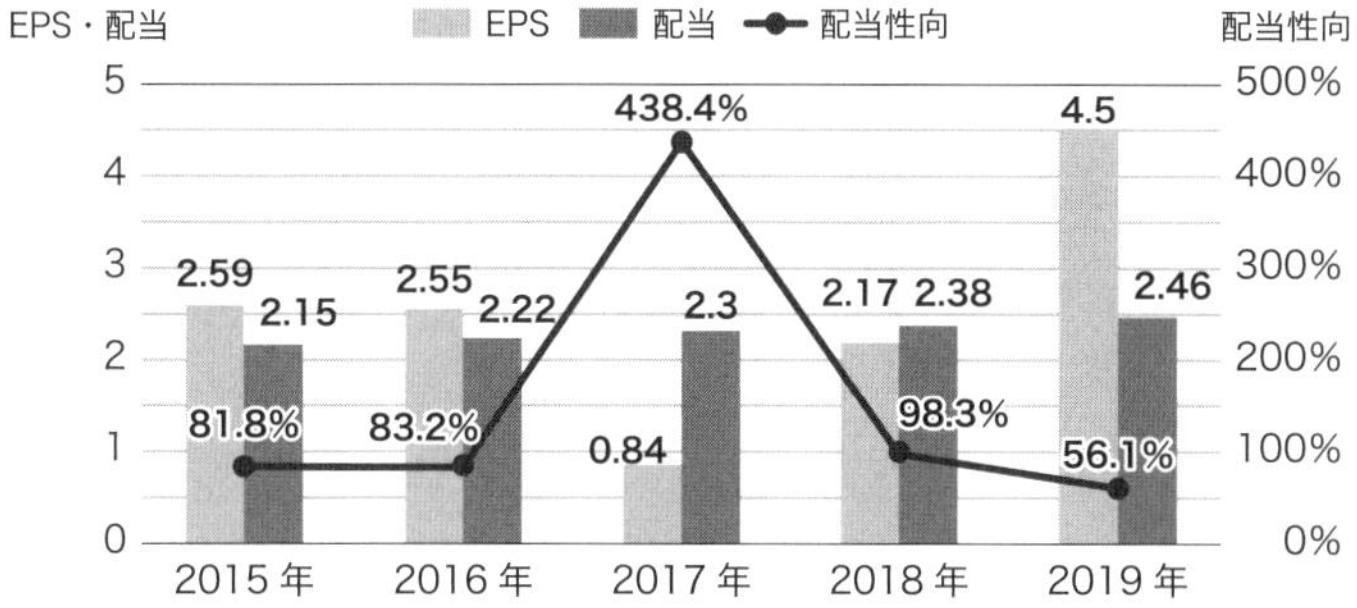

■ ドミニオンエナジーの5年間EPS・配当・配当性向

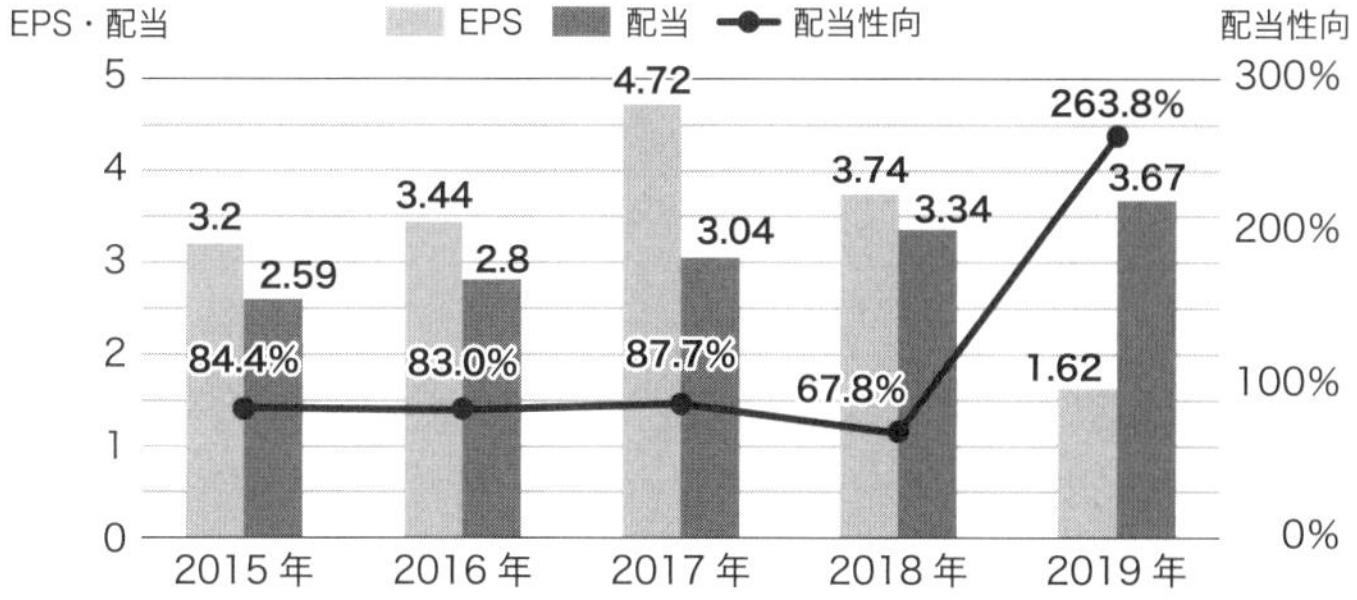

■ デュークエナジーの5年間EPS・配当・配当性向

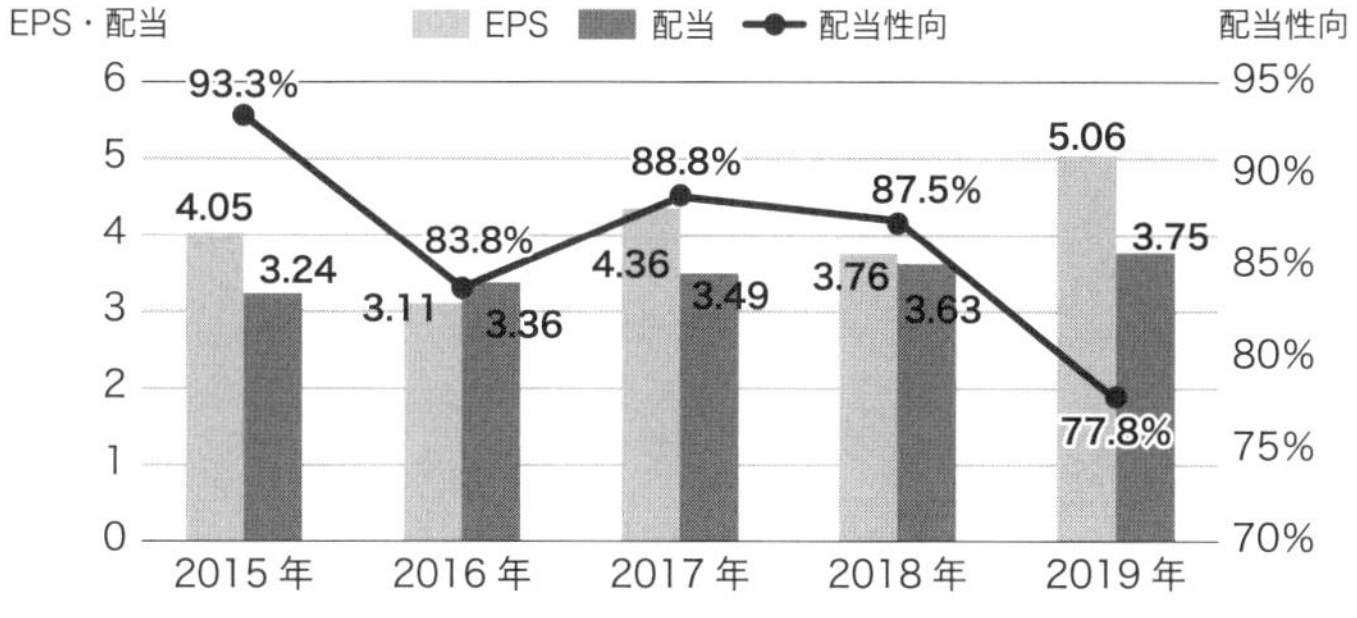

ＲＯＩＣと長期負債の推移

ここまでチャート・リターン・財務を確認してきましたが、まだ3社のどこに投資したらいいか決断を下すことは非常に難しいでしょう。次のように、優れているポイントが3社で割れてしまっているからです。

- **売上・利益ではデュークエナジーが一番いい**
- **営業ＣＦ・フリーＣＦではドミニオンエナジーが一番いい**
- **配当性向ではサザンカンパニーが一番いい**

投資家的には、同一セクター内ではベストの銘柄に集中投資して、複数の銘柄は所有したくないところです。

そこで、最後に**ＲＯＩＣと長期負債の推移**を確認してみます。これで投資判断をします。ＲＯＩＣ（Return on Invested Capital：投下資本利益率）は、調達した資金を元に効率的に利益が出ているかをはかるための指標です。有名な**ＲＯＡ（総資本利益率）**や**ＲＯＥ（株主資本利益率）**と並ぶ資本効率性指標の1つです。

ROA（Return on Asset：総資本利益率）は総資本（負債と純資産）に対する純利益の割合です。ROAにはサプライヤーとの交渉力などが含まれないために、力関係次第では資金の必要額が変化することによって利益率が上下することが反映されません。

ROE（Return on Equity：株主資本利益率）は自己資本（株主の投資金額）に対する純利益の割合です。ROEは株主資本比率を変えることで簡単に操作可能です。例えば、借金をして自社株買いを行った場合、ROEが上昇して数字だけ好転して見えます。

もちろん2つともいい数字であることは財務上重要ですが、それぞれが持つ欠点を解消しつつ、さらに**調達資金が最も現実に近い投資効率を表しているかをチェックする指標がROIC**なのです。

ROICは、サザンカンパニーが他の2社よりも2倍近く高いことがわかります。サザンカンパニーのROICは、実は米国で

■ **公益3社のROIC・長期負債推移（長期負債の単位は10億ドル）**

社名	ROIC	2017年	2018年	2019年	2020年
サザンカンパニー	8.1%	50.79	46.85	48.69	49.59
ドミニオンエナジー	4.5%	37.32	35.18	37.9	39.72
デュークエナジー	5.4%	54.44	57.94	62.69	65.84

最も成長している電力企業であるネクステラエナジー（NEE）の7・54％よりも高いのです。これは、**サザンカンパニーは高配当でありながら、投下資本を利益に変換する仕組みがネクステラエナジーより優れている**ということになります。

さらに、サザンカンパニー以外は長期負債が増加傾向にありますが、サザンだけは長期負債を減少させています。ROICの高さによって効率的に資本を投下して、利益を着実に上げているからといえます。

この状況が継続していけば、高配当の原資になるキャッシュに関しても問題がないと予想できます。ボーゲル原発が軌道に乗って、さらに原発の収益力が高まれば、株価上昇もさらに期待できそうですよね。

デュークエナジーは、一見すると売上も利益も好調に見えますが、長期負債が増加していることを考えると、この傾向が続けばキャッシュに余力がなくなってくる恐れがあります。おそらく、どこかの段階で事業整理をして、コストカットなどでキャッシュを創出する経営対策が必要になってくると考えられます。

ドミニオンエナジーは、長期負債の増加は横ばいですが、ROIC的には最も非効率な経営をしていることがわかります。ただし、その非効率の元であった事業を2020年7月に売却しています。非効率の元であった天然ガス輸送資産および貯蔵資産の40億ドルはすべて現金で支払われ、債務57億ドルも含めて合計評価額97億ドルで、バークシャー・ハサウェイが買い取っています。これにより、同社の負債は大幅に削減され、中核事業である電力事業に集中することになります。

ドミニオンエナジーは、事業売却後の配当水準を1株当たり3・76ドルから2・50ドルに削減する計画です。これによって配当性向は85％から65％に向上し、公益事業セクターの上位企業に並ぶ水準となります。

高配当銘柄投資の難しさ

最初に公益セクターの3社を紹介したのは、この分野が高配当銘柄で最も期待値が高いと考えられるからです。「電力」という確実な収益が見込める分野で、高配当銘柄の中では将来の収益確保の予想がつきやすいためです。

高配当銘柄投資が難しい理由は、成長性が乏しい分野が多いので産業は横ばいという前提で、**銘柄ごとの財務や安定性を徹底的に分析しなければいけない**からです。

今後、株価がある程度下落したとしても、配当は継続されるという投資家自身の強いメンタルが必要になる投資方法だと認識しておくべきでしょう。

8-3 エネルギーセクター

石油関係産業はなくなることはないものの、今後は再生エネルギーへの転換もあり、長期的には成長よりも安定供給という側面が強い産業です。ただし、産業構造が非常に高収益な分野であるために、売上向上は容易ではない一方、強固な収益性を継続するのは可能とみられています。オイル4大メジャーのうち、米国株投資家に有名なのは**エクソンモービル**（**XOM**）、**ロイヤルダッチシェル**（**RDS/B**）、**シェブロン**（**CVX**）の3社です。

- **エクソンモービル（ExxonMobil）―米国**
- **ロイヤルダッチシェル（Royal Dutch Shell）―蘭国・英国**
- **BP―英国**
- **シェブロン（Chevron）―米国**

3社の基本データ

3社の基本データを確認します。

エクソンモービルとシェブロンは、連続増配を30年以上続けています。新型コロナ禍で一時期増配ができていませんが、それでも2020年通年では連続増配を継続すると思われます。

ロイヤルダッチシェルは、2020年までは6年連続増配、約70年以上減配なしで配当率10%でした。しかし、新型コロナ禍によって引き起こされた原油価格の歴史的下落によって、70年ぶりの減配になり、配当率は3%近く下落しました。

原油価格の下落

原油価格の推移でわかるように、原油価格がマイナスになるという歴史的な暴落が発生したのが大きな理由です。2020年7月末には原油価格は1バーレルあたり40ドル程度に持ち直していますが、新型コロナ禍からの経済回復に各国で時間がか

■石油3社の基本データ
(売上・営業利益は2019年、それ以外は2020年7月末)

社名	Ticker	株価($)	PER	配当率	連続増配	売上(百万$)	営業利益率
エクソンモービル	XOM	41.9	27.1	7.90%	37年	255,583	5%
ロイヤルダッチシェル	RDS/B	29.1	13.11	4%	なし	344,877	6.70%
シェブロン	CVX	86.4	34	5.73%	33年	139,865	0.10%

かっている状況を考えると、40ドルから大きく上昇するのは数年では難しいかもしれません。

さらに、投資家の資金が**ESG**（環境・社会・ガバナンス）分野に集まりやすくなっており、大気汚染やCO_2排出の原因である石油エネルギーには投資家の資金が集まりにくい状況です。

原油価格は新型コロナ騒動以前から下落傾向だったので、石油各社はコスト構造を見直して利益率を改善することに注力する傾向になるでしょう。

将来性は厳しいが収益性の高い産業

産業構造的に非常に収益性が高いので、配当がなくなる最悪の事態にはならないと考えられます。参考情報ですが、２０２０年上半期の高収益産業分野ランキングで、石油分野は２５１０億ドルの純利益と８・６４％の資本利益率で４位に入っていました。

■ 原油価格の推移（2007～2020年7月末）

8-4
金融セクター

米国の経済状況をチェックするための指標

金融セクターは、経済状況に最も影響を受けやすいセクターで、景気循環株が多いです。**銘柄自体の財務の強さよりも、経済状況に株価が左右されやすい**特徴があります。

景気が低迷している場合は、景気刺激策として政策金利が引き下げられ、現在の米国のようにゼロ金利や低金利になります。金利が低い状況では、銀行の融資などにおける収益が著しく低下します。景気拡大期（好景気）の方が、金融セクターの業績は好調になります。

一部の企業を除いて、筆者は金融セクターは投資対象というよりも、**金融セクターの決算などを確認して米国の経済状況をチェックするために利用しています**。例えば、２０２０年の新型コロナ暴落下の経済状況では、2020年7月の決算で、金融セクターの大手銀行6社は将来発生し得る不良債権に備え約360億ドル（約4兆円）の貸倒引当金を計上しています。

貸倒引当金とは、貸倒れ損失によるリスクに備え、損失になるかもしれない金額を予想して、あらかじめ計上しておく資金です。貸倒れとは、取引先の倒産などで、売掛金や受取手形などの債権を回収できなくなることです。

金融機関の貸倒引当金が大きくなるほど、その国の経済状況が信用として疑わしい、つまり経済的に大きなリスクを抱えているということになります。

金融セクターの代表銘柄「ウェルズファーゴ」

金融セクターの代表銘柄は**ウェルズファーゴ**（**WFC**）です。

ウェルズファーゴは2020年の7月決算で、純利益は2008年の金融危機以来の赤字に転落し、貸倒引当金の繰入額は95億ドル（予想48・6億ドル）以上を計上しています。これによって、株価は2020年の年初から60％近く下落、さらに減配まで発表しています。

金融セクターはこういった景気をダイレクトに反映してしまうので、高配当個別銘柄投資は非常に難易度が高いと考えています。

8-5 通信セクター

通信セクターは、設備投資に多額の資金が必要なため、**新規企業の参入ハードルが非常に高い分野**です。すでに米国のほぼ全域で通信網が整備されているため成長性に乏しく、３社で既存のパイの奪い合いをしています。

携帯契約件数は、２０１９年時点で業界一位の**ベライゾン（VZ）**が３５・６％（1億６３００万人）、業界二位の**AT&T（T）**が３３・２％（1億５２００万人）、業界三位の**T-Mobile（TMUS）**が30％（1億３７６０万人）、四位以下その他で1・２％という状況です。米国の人口はおよそ3億5千万人、上位3社で4億5千万人分の契約があり、これ以上の大きな成長はあまり望めそうにありません。

ただし、今後期待できる要素として、５Gの通信網整備によるサブスクリプションモデルなどの事業拡大が考えられます。

通信セクターの代表銘柄、AT&Tとベライゾン

米国株投資家に人気の2銘柄であるAT&Tとベライゾンの基本データを確認します。

PERはどちらも非常に低く、株価成長はあまり期待できません。配当率はどちらも4%以上で、AT&Tは連続増配が35年以上です。営業利益率はベライゾンが23%もあり非常に優秀です。ベライゾンはモバイル通信に注力していて、モバイル通信の方が利益率が高いためです。AT&Tはモバイルや地上ケーブル、TV事業、サブスクリプションなど事業が多岐にわたり、収益性が低い事業も内包しているので利益率が落ちています。

この2社の最大の問題点は長期負債の額です。AT&Tは1841億ドル（約19・5兆円）で世界一位、ベライゾンは1330億ドル（約14兆円）で世界二位の負債総額です。今後もこの長期負債と折り合いをつけながら、2社は配当を継続していく必要性があります。

■通信セクター2社の基本データ
（売上・営業利益は2019年、それ以外は2020年7月末）

社名	Ticker	株価($)	PER	配当率	連続増配	売上（百万＄）	営業利益率
ベライゾン	VZ	57.3	11.6	4.29%	13年	131,868	23.10%
AT&T	T	29.6	9.1	7.03%	35年	181,193	16.20%

8-6 タバコ産業

タバコ産業は「枯れた産業」として有名です。電子タバコなどが発売されていますが、基本的な設備構造は何十年も変化しておらず、新規の設備投資を抑えられるため、基本的にどの銘柄も高収益です。ただし、喫煙者数は年々減少傾向にあるため、今後売上が急激に拡大することは考え難いのは間違いありません。

タバコ産業の代表銘柄は**アルトリア**（**MO**）、**フィリップモリス**（**PM**）、**ブリティッシュアメリカンタバコ**（**BTI**）の3つです。

3社の基本データを比較してみると、とにかく配当率と営業利益率が非常に高いことがわかります。その中でも**アルトリアは連続増配50年以上の配当王**です。各社、営業利益率が非常に高いためにキャッシュ余力が大きく、よほどのことがない限り減配は考えられません。

日本株の高配当投資では**JT**（**日本たばこ産業**）が有名ですが、JTの営業利益率が25%なので、米国のタバコ産業3社の営業利益率がいかに高いかがわかります。

ADRを利用した投資が可能なブリティッシュアメリカンタバコ

筆者もブリティッシュアメリカンタバコ株を保有しています。理由は、BTIは英国銘柄になっていて、**ADR**（American Depositary Receipt：**米国預託証券**）という仕組みを利用して、英国株でありながら現地で株式を購入したのと同じ経済的恩恵（配当など）を受けることが可能だからです。

ADRを利用できると、米国株の配当における最大の弱点の一つである**外国税10％の二重課税がありません**。日本から投資する場合、税制面ではブリティッシュアメリカンタバコが最も有利になるでしょう。

タバコ産業の将来性に関しては、先進国では喫煙者は減少傾向

■ タバコ産業3社の基本データ
（売上・営業利益は2019年、それ以外は2020年7月末）

社名	Ticker	株価($)	PER	配当率	連続増配	売上（百万＄）	営業利益率
アルトリア	MO	40.8	9.09	8.27%	50年	19.796	53.0%
フィリップモリス	PM	76.4	13.8	6.04%	12年	29.805	35.0%
ブリティッシュアメリカンタバコ	BTI	34.2	8.17	7.72%	2年	25.877	35.7%

にあります。新興国などでは喫煙者は増加傾向にありますが、世界保健機構（ＷＨＯ）は、世界の喫煙者は２０１０年の２７・３％であったのに対し、２０２０年は２２・８％まで減少すると予測しています。

タバコ銘柄は、喫煙者減少の状況下でも業績的には健闘していると思いますが、世界で最も喫煙者が多い中国、世界第二位のインドのいずれもタバコ産業が国家によって管理されているため、外国メーカーが参入できないというのも大きなハードルになっています。一位の中国は全世界のタバコの約40％（約２・５兆本）を生産し、喫煙者の数は全世界の喫煙者の約三分の一（約３億人）です。国営の専売公社である中国烟草総公司（China National Tobacco Corporation：ＣＮＴＣ）のもとで中国国家タバコが市場を独占しているので、海外ブランドは販売すら厳しい状況です。

インドの喫煙者は世界二位の1億人ですが、２０１９年9月には電子タバコが全面的に禁止されるなど、海外ブランドがインド市場に参入するのは非常に厳しくなっています。

また、タバコ産業も石油産業と同様に、ＥＳＧ投資の観点から資金が集まりにくい状況です。株価の大きな上昇は今後も難しいと考えられます。

8-7 高配当個別株の最大の弱点

買い時を誤ると含み損で苦しむことに

高配当個別株投資には大きな弱点があります。それは**エントリータイミングを間違えるとほぼ確実に長期間含み損で苦しみ続ける**ことです。配当だけを見て投資しても、実際は含み損を抱え続けて、最終的には精神的に耐えられなくなって手放してしまい、大きな損を発生させることになります。

3銘柄のチャートを見ると理解しやすいと思います。AT&T（T）、アルトリア（MO）、エクソンモービル（XOM）の30年間のチャートです。

高配当銘柄は、基本的に売上成長率が横ばいか下落傾向の銘柄が多いために、株価も成長し

■ AT&Tの30年間チャート

■ アルトリアの30年間チャート

■ エクソンモービルの30年間チャート

にくいです。チャートがそれを表しています。

そのため一度高値を付けると、そこから長期間下落してしまう傾向があります。

例えばＡＴ＆Ｔの場合、２０００年に投資した人は、よほどのことがない限り、以降ずっと含み損を抱え続けてしまうことになります。

アルトリアの場合は、２０１０年までに投資した投資家は含み益を得ていますが、２０１７年に高値で投資した場合は、株価が高値を超えるまで何年かかるかわからない状況になります。

エクソンモービルの場合は、２００５年より前に投資した人は大きな含み益を得ていますが、２００８年以降に投資した人は、２０２０年現在は原油価格が歴史的下落を記録してエネルギー産業が大きな痛手を受けたため、大きな含み損になってしまっています。

これが、高配当個別銘柄の投資が非常に難しいという理由です。エントリータイミングに注意しないと、長期間ずっと含み損を抱え続けることになります。「含み損は気にしない」「配当金があれば満足だ」という投資家であれば問題ないですが、含み損が精神的に辛いという人は高配当個別株投資は避けることをお勧めします。

8-8 高配当ＥＴＦの活用

高配当個別銘柄への投資よりも、**高配当ＥＴＦ**への投資の方が、遥かに難易度が下がります。

高配当個別銘柄は常に減配と無配のリスクが付きまといますが、高配当ＥＴＦは減配が発生する恐れがあっても**定期的な組み換え**が行われるために、無配の可能性は限りなくゼロに近いからです。

高配当ＥＴＦとして**ＶＹＭ**、**ＨＤＶ**、**ＳＰＹＤ**の3種類を紹介します。それぞれ特徴が違うので、理解して活用してください。

ＶＹＭ

平均以上の配当を出す普通株で構成される**ＦＴＳＥハイディビデンド・イールド指数**に連動した投資成果を目的とするＥＴＦです。時価総額加重平均を用いて、保有銘柄のウエートを算定しています。３％以上の配当率の銘柄が時価総額の比率によって組み入れられています。

HDV

あらゆる時価総額水準の株式銘柄を含む**モーニングスター配当フォーカス指数**に連動した投資成果を目指すＥＴＦです。モーニングスター配当フォーカス指数は、米国株式市場全体の約97％を占める「モーニングスター米国株式指数（Morningstar US Market Index）」の構成銘柄の中でも、財務の健全性が高く、かつ持続的に平均以上の配当を支払うことができると認められた「利回り上位75社の銘柄」で構成されています。

SPYD

S&P500高配当指数のトータルリターンのパフォーマンスに、経費控除前で連動する投資成果を上げることを目標とするＥＴＦです。

Ｓ＆Ｐ５００高配当指数は、配当利回りに基づいてＳ＆Ｐ５００指数の採用銘柄のうち80銘柄を選別しています。ＳＰＹＤは２０２０年8月時点、その中からさらに60銘柄程がほぼ均等割合で組み入れられています。80銘柄の内で新型コロナ暴落で財務的に厳しくなり、減配した銘柄が複数存在したためです。

高配当ETFとS&P500の比較（バックテスト）

高配当ETF3つと、S&P500インデックス投資とのリターン比較を見てみます。2018年まではS&P500とほぼ同じリターンなのですが、2018年以降に大きく差をつけられていることがわかります。これは時間軸を過去に伸ばしてもほぼ同じでした。

前提条件

- 2015年12月末から2020年7月末まで
- 1000ドルを毎月投資で配当金は再投資（複利）

バックテストの結果

- VYM：6万4684ドル

■高配当ETFとS&P500の2016～2020年リターン比較

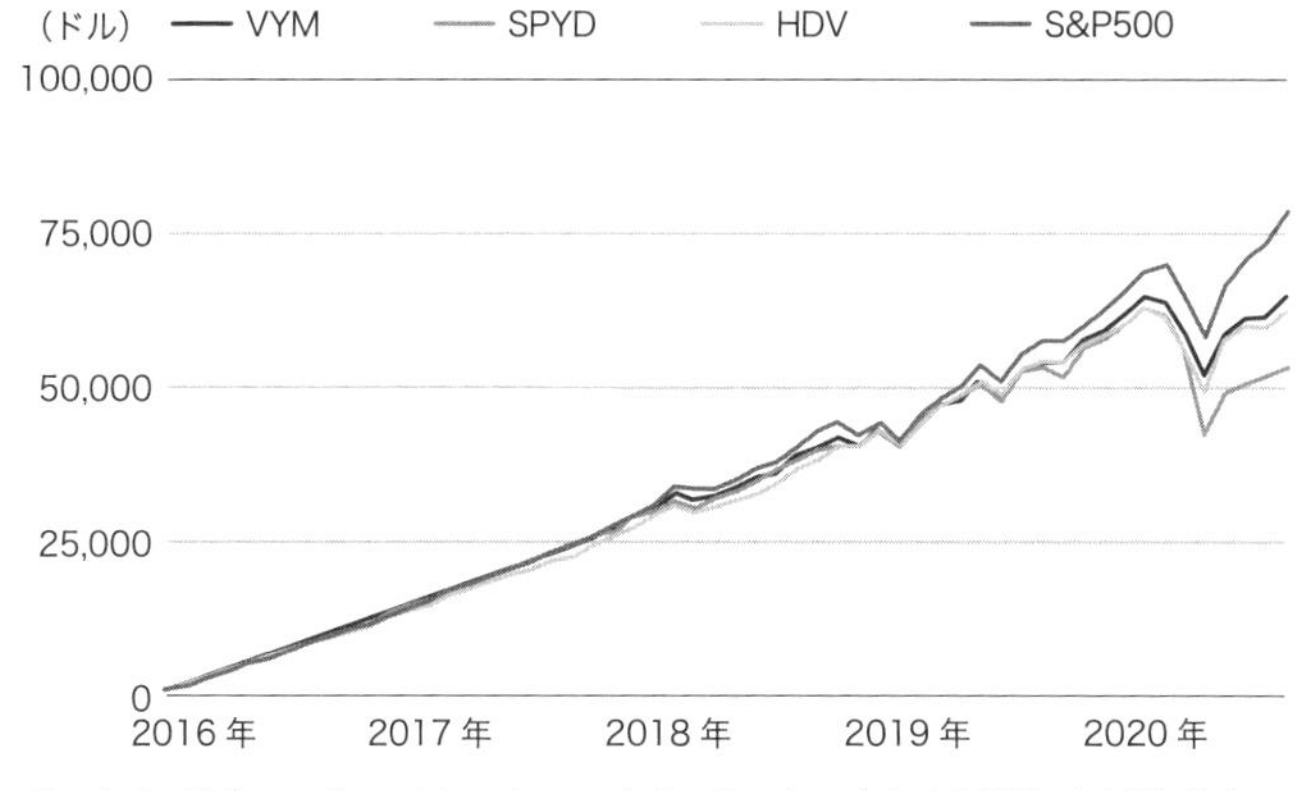

ブルームバーグ（https://www.bloomberg.co.jp/markets/stocks）の公開データを元に作成

- SPYD：5万3400ドル
- HDV：6万2639ドル
- S&P500：7万8611ドル

（投資元本：5万6000ドル）

バックテストの結果は、S&P500が高配当ETFに対して大きな差をつけています。最もリターンの少ないSPYDとS&P500では、5年間で2万5000ドルの差がついています。

理由として最も大きな要因は、S&P500に組み込まれているGAFAMの株価成長力が大きく、それらを組み込んでいない高配当ETFはリターン的に追いつけないためです。また、高配当ETFを牽引してきたエネルギー銘柄が、原油価格の低迷でパフォーマンスの劣化を起こしていることも挙げられます。

高配当ETFの基本データ

3つの高配当ETFの基本データを比較します。

ＶＹＭの運営会社はバンガード社、ＳＰＹＤはステート・ストリート社、ＨＤＶはブラックロック社です。いわゆるBIG3による運用で、運用会社が破綻するリスクはほぼなさそうですね。信託手数料は０・０６から０・０８％と破格になっています。運用資産はＶＹＭが圧倒的に大きいです。最も歴史が古く、安定した実績があることが人気を集めている理由です。

配当率は、高配当だけを集めたＥＴＦであるＳＰＹＤが６％を超えています。ただし、２０２０年７月末までのパフォーマンスを見た場合は、他の２つよりも大きくパフォーマンスが劣後しています。これは、２０２０年３月の新型コロナ暴落からの景気悪化によるダメージです。景気悪化局面ではＳＰＹＤが最も大きく下落することがわかります（次ページ表参照）。

３つのＥＴＦの中では、ＶＹＭが最も分散が効いています。ある程度の配当率がある３９３銘柄を、時価総額加重平均で組み入れているので安定性が高いです。ＶＹＭはハイテクセクターも12％組入れられているので、景気上昇局面では株価の上昇にも期待できそう

■高配当ETFの基本データ比較（2020年7月末）

銘柄	運用会社	単価（$）	信託手数料	運用資産（億$）	配当率	1年パフォーマンス
VYM	バンガード	80.4	0.06%	33.3	3.8%	-6.7%
SPYD	ステート・ストリート	27.8	0.07%	1.9	6.1%	-22.7%
HDV	ブラックロック	82.2	0.08%	5.6	4.2%	-10.5%

です。

SPYDは不動産を組み入れているのが特徴ですね。ただし、不動産・金融・エネルギーはすべて経済状況に大きく左右されます。そのため、新型コロナ禍による経済的危機のような状況では、最もダメージが大きい結果になりました。

HDVは、以前はエネルギーの組み入れ比率が最も大きかったのですが、減配するエネルギー企業が増えたため、比較的安定しているヘルスケアセクターを最も多く組み入れているのが特徴ですね。

実は、HDVには新型コロナ治療薬として最も期待されている**レムデシビ**

■ 高配当ETFの特徴比較（2020年7月末）

銘柄	組み入れ銘柄	組み換え回数	設定年	組み入れセクター
VYM	393銘柄	1回	2006年	金融19% ヘルスケア16% 生活必需品15% ハイテク12% 公益9% その他29%
SPYD	61銘柄	2回	2015年	不動産18% 金融15% エネルギー12% 公益11% 生活必需品11% その他33%
HDV	76銘柄	4回	2011年	ヘルスケア22% エネルギー21% 通信17% 公益10% 生活必需品10% その他20%

ルを開発・販売する**ギリアドサイエンシズ（GILD）**が組み込まれています。2020年7月の決算は良くありませんでしたが、withコロナ状況で注目銘柄なので解説します。

ギリアドサイエンシズ（GILD）

レムデシビルを開発・販売する製薬会社です。レムデシビルはエボラ出血熱の治療薬として開発された抗ウイルス薬です。新型コロナウイルスを含む一本鎖RNAウイルスに抗ウイルス活性を示すことが明らかになっており、新型コロナウイルスの治療薬として最も有望視されている薬剤の1つです。米国のFDA（食品医薬品局）は2020年5月1日、レムデシビルを新型コロナに罹患した重症入院患者に対して処方する緊急時使用許可を与えています。日本でも新型コロナウイルス感染症治療薬として承認されました（製品名「ベクルリー」）。

ギリアドサイエンシズは、5年間で見ると売上・利益成長率ともに落ち込んでいます。この影響で5年間で株価は33％も下がりました。ただし、2020年だけで見ると、株式市場が新型コロナ暴落で混乱した中、17％も株価が上昇しています。

お勧めの高配当ＥＴＦはＶＹＭ

高配当ＥＴＦの特徴を下の表にまとめてみました。３ＥＴＦで最もお勧めなのはＶＹＭです。

２０２０年現在、高配当銘柄全体が非常に不調です。理由としては、景気後退に対する緩和政策による低金利（ゼロ金利）、景気後退局面なので財務的に厳しい銘柄に資金が集まらないこと、大統領選挙を控え、民主党のバイデン候補が大統領になった場合、配当金戦略が不利と見られていること、ＥＳＧ投資への逆行銘柄が多いことなど様々あります。

しかし、逆にいうと割安で仕込めるチャンスともいえます。悲観的にならず戦略として資産の一部を投資するのはアリだと思います。

■ 高配当ETFの特徴まとめ

銘柄	特徴
VYM	一番お勧め！ ハイテク多めの超優等生！ リーマンショックを乗り越えている。
SPYD	不動産がオンリーワン！ 暴落局面で最弱、景気回復面は期待大か。 単価が安くて買いやすい！
HDV	組み入れトップ10中7銘柄が連続増配25年以上！ エネルギーの将来性次第。 組み換え回数が多いので柔軟性は高い。

高配当ＥＴＦのメリット

❶資産運用では利用価値あり

リタイアが見えて、資産形成がほぼ完了している投資家にはお勧めできると思います。先にも解説しましたが、高配当ＥＴＦは購入タイミングによって含み損を抱えるリスクがあります。しかし、保有資産に含み損がある場合、**相続の際に成長株より相続税で有利になる可能性**が高いからです。

筆者は、相続税に関して詳しい知識を持たないためざっくりとですが、上場株式を相続する場合は含み益分に対する原則的評価方式、もしくは含み益がない場合は配当金分に対しての配当還元方式のどちらかが採用されます。

配当に対しての課税であれば、含み益よりも少額で済む可能性が高く、株式を売却しないで相続できます。配当金を次世代でも受け取っていく資産運用であれば、世代を超えた株式益を享受していくことが可能です。

❷心理面

配当金は、心理的な面で投資家に好まれる傾向があります。運用中に配当金（現金）が支給されることは、株式投資をしていくうえでモチベーションにつながります。

含み益と含み損は、株式を売却しなければ現実にはならない、架空の数字ともいえます。配当金は確実な実現益ですので、投資を続けていくうえで心理的なメリットがあります。株式投資では「利食い千人力」という言葉がありますが、利益を確定させる（現金を得る）ということは、それほど投資家にとって力になるものです。

インデックス投資でも、定額切り崩しでリタイア後の生活補助として活用できますが、毎月配当金が入ってくるポートフォリオを組んでおけば、リタイア後における生活補助資金としても有効ですね。

高配当ETFのデメリット

❶ エントリータイミングが非常に難しい

高配当銘柄は株価成長性よりも配当を重視します。企業としての成長性よりも既存ビジネス規模や利益を守るという方向性が強いのも特徴です。そのため、株式用語でいう「**ボックス圏内**」で株価がうろつく可能性が高いです。

大きな株価成長が見込めないため、エントリータイミング（購入時期）を間違えると長期で含み損を抱え続けることになります。

❷ S&P500インデックス投資と比較するとリターンが劣後する可能性が高い

バックテストの結果のとおり、特に新型コロナ下落のような経済全体が深刻なダメージを受ける期間を経ると、リターンがS&P500より大きく劣後することになります。

一部優秀な銘柄を除いて、基本的に、高配当銘柄はS&P500をアウトパフォームすることはできないと考えてよいでしょう。

今後の高配当戦略をどう考えるか

新型コロナ禍で、高配当銘柄は他と比較して低迷しています。主に3つの理由があります。

暴落に弱い

新型コロナパンデミックで、財務的に厳しい銘柄が多い高配当銘柄は大幅に下落、さらに配当継続が厳しくなった企業も多く、減配もしくは無配になりました。

低金利

2020年の米国は、ゼロ金利状況です。2022年までFRB（連邦準備制度。米国の中央銀行。日本の日本銀行に相当）はゼロ金利を継続する意向を示しています。景気回復が

2022年までかかると見込んでいるからです。

ゼロ金利状況では、高配当銘柄は不利といわれています。ゼロ金利では、成長分野に投資できる企業の方がコスト負担が通常より割安で、成長を加速できるためです。高配当企業は、ゼロ金利状況では主要サービスの利用料金の値上げ（インフレ状況）につながるために、収益を向上させるのが難しいのです。

大統領選の影響

2020年の大統領選挙において、民主党バイデン候補が大統領になった場合、米国株への課税を増大する可能性があります。キャピタル（株式売却益）課税とインカム（配当金）課税は、1年以上株式を所有する場合は税率が同じですが、キャピタル課税は売却しなければ発生しません。しかし、配当課税は配当金が配布される度に課税されます。そのため、税金対策的に配当金戦略は不利になる恐れがあります。

低迷は購入のチャンスでもある

ただし、この3つの理由で低迷しているということは、割安になっているとも考えられます。また、経済状況が好調になった場合、金利が上昇すると料金の値上げにつながり、高配当銘柄の収益性が向上することも期待できます。

第9章

安定連続増配株投資

9-1 安定連続増配株への投資

安定連続増配株というものがあります。

安定連続増配株には成熟した企業が多く、成長株ほどの株価成長率は望めないものの、株価はＳ＆Ｐ５００と同じレベルでの上昇が期待でき、さらに連続増配で配当込みであればＳ＆Ｐ５００をトータルリターンで上回る可能性がある米国株です。

安定連続増配株の中で、２つのセクターに注目して代表株を紹介します。まずは**生活必需品セクター**の**P&G**です。

P&G（プロクター&ギャンブル）の基本情報

● ティッカー：PG

- 営業利益率：20・4%
- CCC：マイナス36・21
- 連続増配：64年
- セクター：生活必需品

P&Gは、日本人にとってはアリエールやパンパース、レノアなどの商品を提供する企業として有名ですね。なんと、配当金を増加させる**連続増配を64年間も継続**している企業です。

P&GとS&P500の30年間のリターンを比較すると、P&Gの安定感が理解できます。

比較条件

- 1ドル100円で換算
- 1990年7月から2020年6月末までのリターン比較
- 毎月1000ドル（約10万円）投資を継続して配当金は再投資（複利）

■ P&Gの基本データ

社名	Ticker	営業利益率	CCC	連続増配	セクター
P&G	PG	20.4%	-36.21	64年	生活必需品

結果

- P&Gリターン：306万ドル
- S&P500リターン：244万2000ドル
- 30年間の投資額：36万ドル

グラフを見ると、一時期S&P500よりアンダーパフォームしたときもありますが、P&Gの方が優秀な成績で、結果としてリターンでも大きな差がついています。

P&Gが今まで高いリターンを出してきた理由を解説します。

20%という高い営業利益率をキープし続けているP&Gは、生活必需品という寡占性が低い（競合他社が多い）セクターにあって、圧倒的なブランド力で競合を寄せ付けません。

■P&GとS&P500の30年リターン比較

65ものリーディングブランド（カテゴリーのトップ3に入るようなブランド）を180の国と地域に展開し、純売上高は650億ドル、日本円にして約7兆円を誇っています。

P&Gの強みとしてよく言及されるのが、**マーケティング力**です。ブランド単位でマーケティング部が存在し、個別でブランドを伸ばして強くすることで、徹底的に戦略を立てていきます。それが65ものリーディングブランドにつながっています。

また、P&Gが取り扱う商品は**デイリーケア商品**が中心で、景気状況に左右されず、一定の売上が期待できるという強みもあります。これは新型コロナ暴落でも改めて証明されました。2020年の4月の決算にその事業の底堅さが表れています。

P&Gの2020年4月末発表の3Q決算（第三四半期決算）

- **EPS：1.17ドルで予想よりプラス0.04ドル**
- **売上：17.21Bドル（前年比＋4.6％）で予想よりマイナス250Mドル**

売上は、米国と欧州ではプラスで、中国ではマイナスでした。

EPS（1株当たりの純利益）が予想よりプラスになったのには驚きました。新型コロナ禍で各国でロックダウンが実施された状況だったからです。コストに無駄がない企業であることがわかります。

さらに、米国と欧州でこれだけ新型コロナが拡大しても、売上を増加させられるのは、サプライチェーンが非常に効率的であることも表しています。在庫を確保しつつ、必要な場所に必要な製品を送り届けるシステムが完成されています。

その強みをよく表している数値が、P&Gの財務にある**CCC（キャッシュコンバージョンサイクル）**です。

CCCは、企業が商品や原材料等を仕入れることによって発生した仕入債務を支払ってから、その後の売上により発生した売上債権が回収されるまでにかかる日数を示す指標です。数値が低い（マイナスが大きい）ほど、収入が入ってから支出が出るまで時間があることになります。キャッシュに余裕ができると余剰在庫を持つ必要がなくなり、より効率的なサプライチェーンを可能にします。小売業者にとっては非常に重要な指標です。またこのCCCが強いと、下請業者との関係性が強固であるともいえます。

P&GのCCCを評価するのに、いくつかの企業と比較してみます。同じ業界のユニリーバ（UL）、同じセクターのペプシコ（PEP）、コカコーラ（KO）、さらに他セクターのトップ企業との比較として、世界一のヘルスケア企業ジョンソンエンドジョンソン（JNJ）とマイクロソフト（ＭＳＦＴ）とも比較します。

下のグラフを見てわかるとおり、同じ業界のユニリーバよりも優秀で、さらに他セクターのトップ企業よりも遥かに優れているのがわかります。

Ｐ＆Ｇの決算資料では、64年連続増配はもちろん、１３０年以上配当を続けて、今まで株主に14兆円（１３５０億ドル）近くを還元、さらには２０１０年から２０２０年まで配当が70％近く増えていることがわかります。

株主というステークホルダーを大切にしつつ堅実に成長してきた、まさに安定企業の代表といえるのがＰ＆Ｇです。今後30年間も同じリターンを出すことを期待したいです。

■CCC比較表

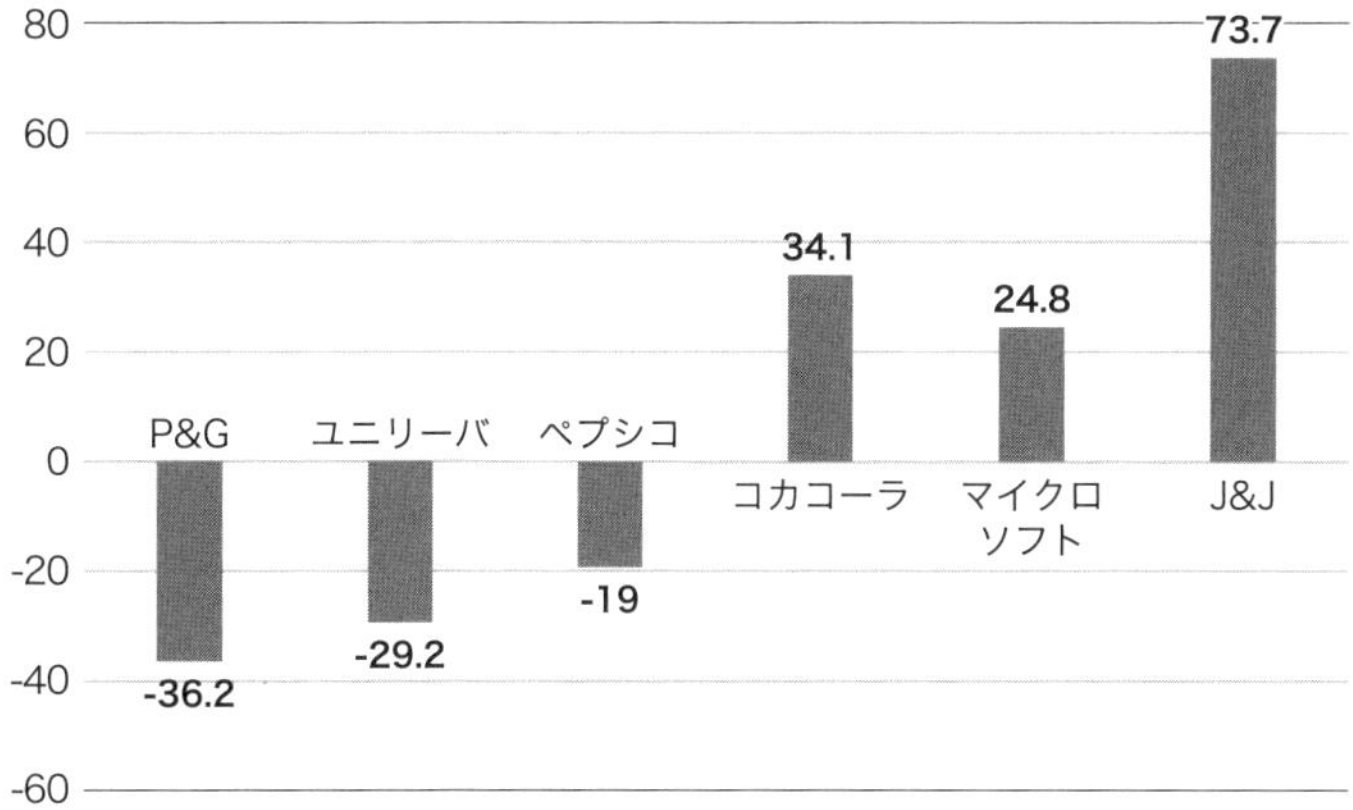

J&J（ジョンソンエンドジョンソン）の基本データ

ティッカー：JNJ
営業利益率：25・6％
連続増配：58年
セクター：ヘルスケア
S&P500格付け：AAA

Ｊ＆Ｊはバンドエイドの会社として有名です。ドラッグストアや薬局、コンビニなどでも必ず目に入る商品ですね。このＪ＆Ｊも安定銘柄の代表格です。

事業内容としては一般消費者向製品、医療用医薬品、医療用機器の３部門を持つ、ヘルスケアの総合デパートです。ヘルスケア業界で世界売上第一位です。

米国２２００兆円のＧＤＰで、ヘルスケア業界は17％を占め、業界規模として３５０兆円程度あります。Ｊ＆Ｊは米国内の売上が50％を占めているため、

■ J&Jの基本データ

社名	Ticker	営業利益率	連続増配	セクター	S&P500格付
J&J	JNJ	25.6%	58年	ヘルスケア	AAA

米国の業界規模を最大限に活かせるというのは大きな強みです。

J&Jの2020年4月の決算を確認してみます。

J&J　1Q決算

- EPS：2・30ドルで予想よりプラス0・31ドル
- 売上：20・69Bドル（前年比+3・3%）で予想よりプラス1・21Bドル

新型コロナ禍において、J&Jの医療機器は売上が減少したものの、市販薬の売上が激増しました。それもあり、EPSおよび売上が予想を大きく上回っています。P&Gと同様に、危機的状況において力強い銘柄であることがわかります。

筆者が米国のスーパーマーケットで買い物をした際に目撃しましたが、米国では新型コロナ禍では医療品の品切れが目立ちました。病院には新型コロナ対応で近づきがたいうえに、診察にも時間がかかってしまうため、米国人は自分で市販薬を使ってデイリーケアをする傾向にあるためだと推測しています。

筆者の感覚ですが、米国人は50代を超えると何かしらの生活習慣病を持っている人が多い印象です。国民の三分の一が肥満というデータもあります。それもあり、週一か二週間に一度は病院でデイリーケアを受けている人が多いです。

Ｊ＆Ｊのような一般向けの市販薬は、どのような状況でも必要とされることが多いという特性を持っていますね。

Ｊ＆Ｊのお勧めポイント

- **Ｊ＆Ｊは新型コロナワクチン開発も進めている**
- **市販薬はデイリーケアが増えれば売上増加が見込める**
- **医療機器ではロボット手術分野に参入中**
- **S＆P500の格付けで、世界で2社しかない最高ランクのAAA（トリプルエー）**

新型コロナパンデミック後は、医療機器において10兆円規模の市場であるロボット手術分野に参入を強化する予定です。グーグルと協力して事業強化しており、この分野もさらに期待できそうです。医療機器分野での競合は、インテュイティブ・サージカル（ＩＳＲＧ）だと思います。

9-2
ETFで安定連続増配株投資

ETFで投資するならVIGかDGRW

個別銘柄で安定連続増配株に投資するのも魅力的ですが、個別銘柄投資に抵抗がある投資家にとって心強い味方なのがETFです。ETFにも、連続増配銘柄を対象にしたものがあります。それが**VIG**と**DGRW**です。

VIGは、10年以上連続増配株だけに限定したETFです。DGRWは連続増配よりも配当成長率（高配当ではなく、配当金が確実に積み上がっている銘柄）を重視したETFです。

運用会社はVIGはバンガード、DGRWはウィズダムツリーです。

単価はVIGがDGRWの3倍です。DGRWの方が単価が安いため、比較的投資しやすいといえます。

信託報酬、設定年、純資産額ともVIGが優れていますね。バンガードのETFは信頼性の高さと実績が影響していると思います。

大事な配当率ですが、DGRWは配当成長力ETFということもあり、VIGより配当率が大きく上にあります。

基本データと過去のパフォーマンスのデータで、VIGとDGRWの特徴をまとめます。

設定来パフォーマンスを見ると、1年でも5年でもVIGの方が優れています。これは、VIG（連続増配銘柄のみ）の方が安定感があるということです。特に1年で見ると、新型コロナ暴落の際も、連続増配で財務が安定している企業の下落が少なかったため、大きな差がついています。

設定来パフォーマンスの大きな差は、DGRW

■ VIGとDGRWの基本データ（2020年5月）

Ticker	運用会社	単価（$）	信託手数料	設定年	純資産額（$）	配当率
VIG	バンガード	113.5	0.06%	2006年	410億	1.85%
DGRW	ウィズダムツリー	43.2	0.28%	2013年	32億	2.50%

■ VIGとDGGWのパフォーマンスデータ（2020年5月）

Ticker	配当率	組み入れ銘柄数	1年	5年	設定来	特徴
VIG	1.85%	183	-4.0%	7.3%	7.6%	連続増配10年以上
DGRW	2.50%	271	-7.4%	6.8%	9.0%	配当成長率＋リターン

の設定年が2013年で、2010年のリーマンショックの影響を受けていないからです。

VIG、DGRW、S&P500のバックテストで、トータルリターンにどの程度差が出るかを検証します。

VIG、DGRW、S&P500のバックテスト比較

前提条件

- 2013年から2020年5月まで
- 1000ドルを毎月投資で配当金は再投資（複利）

結果

- VIG　10万8214ドル
- DGRW　10万6909ドル
- VOO　10万7270ドル

■VIG、DGRW、S&P500のバックテスト比較

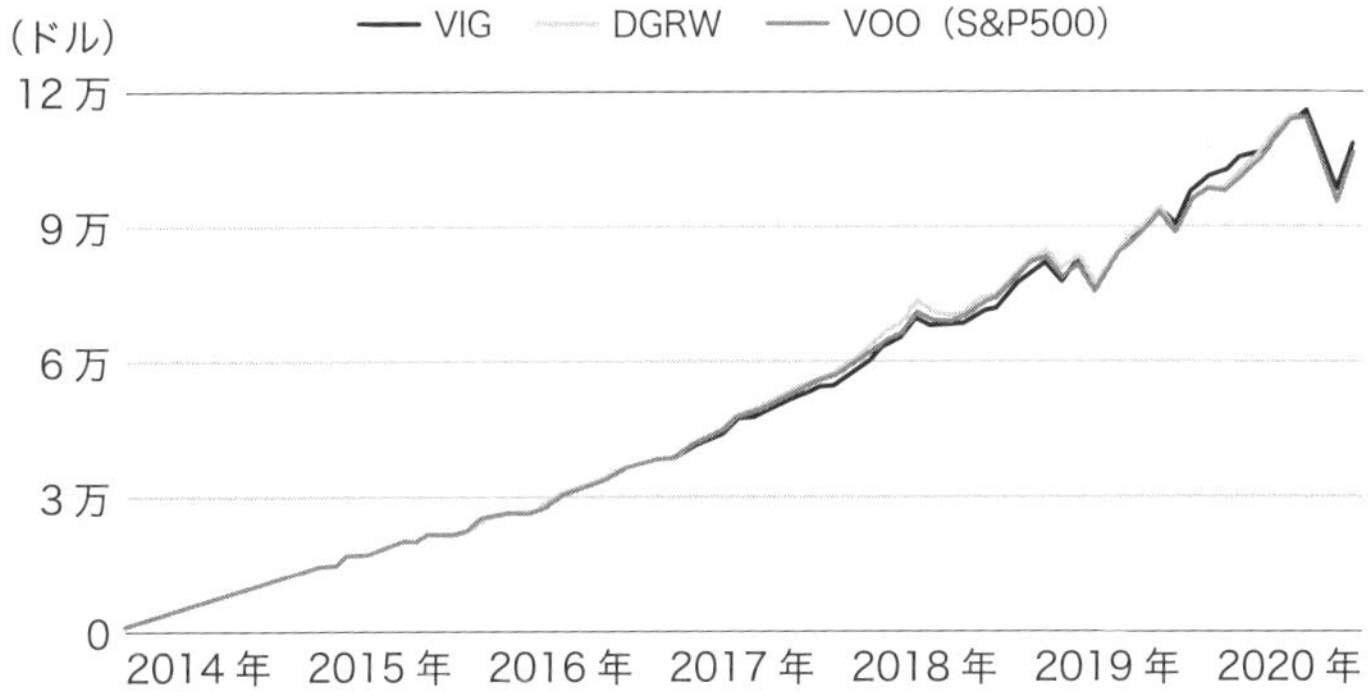

このような結果になりました。ほとんど差がないように見えますね。

連続増配ETFまとめ

- 単価的にはDGRWの方が投資しやすい
- コスト面ではVIGが有利。ただしDGRWにはSBIで特典あり
- 長期パフォーマンスではVIGが優秀
- 連続増配の安定感が配当成長をわずかながら上回る
- VIGには2021年にマスターカード、2022年にアップルを追加予定
- QQQと最適な組み合わせはVIG

実は、SBI証券で2020年5月15日から、米国ETFの9銘柄が買付手数料無料になっています。その中にDGRWも含まれています。SBI証券とウィズダムツリーが、日本で協力体制を築いているためです。無料買付は投資家にとって非常にありがたいです。

一方、VIGには2021年にマスターカード、2022年にはアップルが追加される予定です。マスターカードは現在9年間連続増配中で、成長分野であるフィンテック・決済サービ

ス銘柄であり、アップルはＧＡＦＡＭの一角で8年間連続増配中です。この2銘柄が追加されることを考えると、ＶＩＧはさらに安定感が増し期待が膨らみますね。

成長株ＥＴＦであるＱＱＱとＶＩＧを組み合わせて投資

ＥＴＦを選ぶときは、様々な条件で迷うことが多いと思います。１２７ページで解説したＱＱＱに投資している投資家でも、長期的に不安を感じることがあるかもしれません。そのようなときに、実はＶＩＧが非常にお勧めです。

ＱＱＱというＥＴＦは、一言でいえば「成長株の詰め合わせ」です。成長に陰りが出始めるとパフォーマンスが落ちる恐れもあります。そこに「連続増配」という安定的に事業を営んで成長していく銘柄を加えることで、限りなく無駄がない組み合わせになるからです。

あくまで筆者の予想ですが、Ｓ＆Ｐ５００インデックス投資1本よりも、ＱＱＱとＶＩＧのタッグの方が長期的にはリターンが大きくなる可能性が高いと考えています。

ＥＴＦは多数の個別銘柄の詰め合わせパックです。ということは、複数のＥＴＦに投資すると必ず重複が発生します。投資先をできるだけ分散したいというのは、投資家として当然の考えです。その観点から見ても、ＶＩＧとＱＱＱの重複割合は15％しかありません。ちなみにＤ

ＧＲＷとは27％、Ｓ＆Ｐ５００ＥＴＦであるＶＯＯとは39％も重複割合があります。

成長株ＥＴＦであるＱＱＱと組み合わせるなら、連続増配ＥＴＦのＶＩＧが最もバランスのいい投資先といえます。しかし、配当を多めに欲しいのであればＤＧＲＷ、キャピタルリターンを多めに欲しいならＶＩＧという選択で問題ないともいえます。

■ VIGとQQQの重複割合

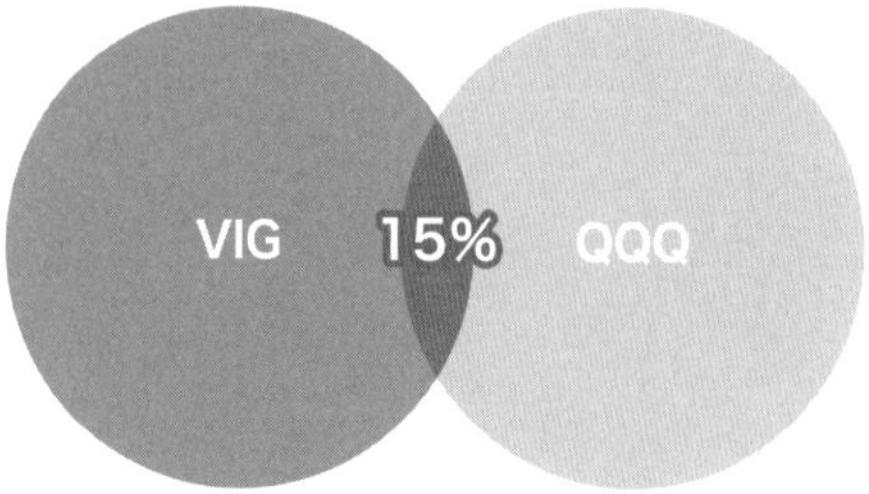

■ DGRWとQQQの重複割合

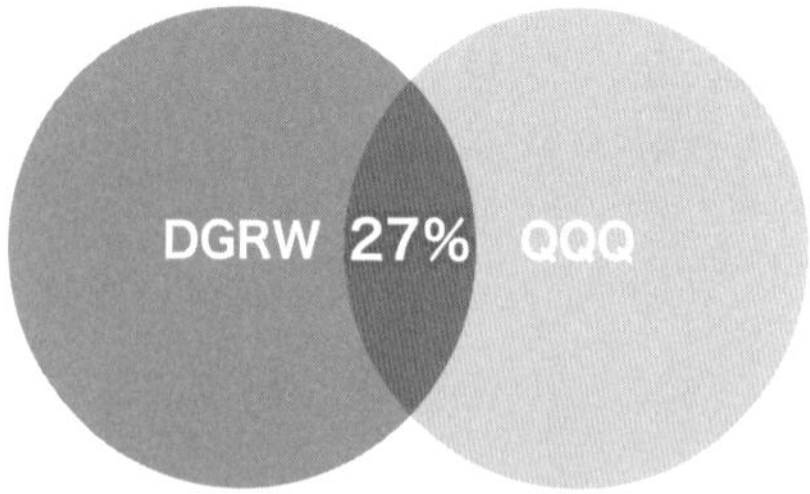

■ VOOとQQQの重複割合

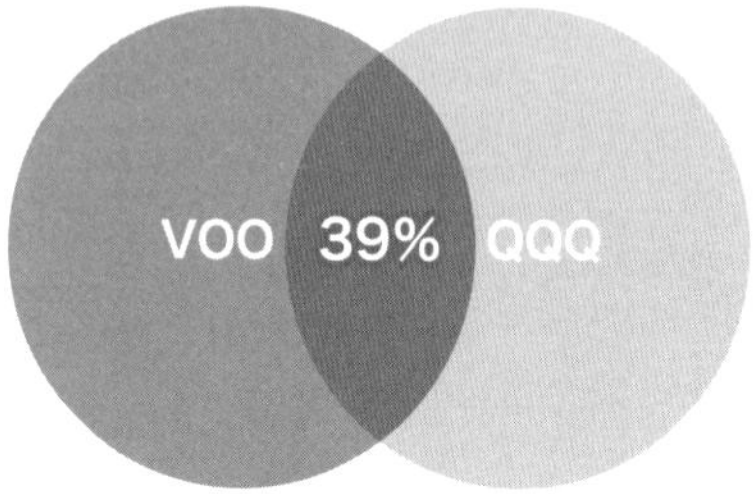

第10章

ESG投資

10-1

ＥＳＧ投資が注目を集める理由

ＥＳＧ投資が現在世界中で注目されています。ＥＳＧとは、**環境**（**Environment**）、**社会**（**Social**）、**ガバナンス**（**Governance**）の頭文字を取ったものです。この3つの要素の関連分野への投資が、大きなリターンをあげる可能性があることが注目されている理由です。

ただし、ＥＳＧ投資というと実体が見えづらく、収益性のない分野への投資にも見えますし、実際そういったファンドがあるのも事実です。かつて、環境問題への投資は収益性を伴わないイメージもありましたが、技術の進歩と共に変化しています。

ブルームバーグ・ニュー・エナジー・ファイナンスによると、過去5年間で再生可能エネルギー開発のために1・5兆ドルが世界で投資されました。さらに今後10年で5兆ドルから10兆ドルが再生可能エネルギーに投資されると予想され、急成長分野として注目を集めています。

ＥＳＧ投資に資金が集まる理由を簡潔にまとめます。

1 パリ協定による各国の再生エネルギーへの取り組み強化
2 ESG債の発行数が増加
3 ESGスコアの評価の高まり
4 再生エネルギーコストの競争力
5 バイデン大統領誕生ならブースト

2020年以降の地球温暖化への取り組みを定めたパリ協定に基づき、各国で再生エネルギーへの取り組みが強化されています。以前は非効率だった再生エネルギーコストが競争力を持ち、事業として成立するようになって資本が集まってきています。また、米国では民主党のバイデン候補が大統領になった場合、この流れが一層高まる可能性があります。

ESGが注目される理由を改めてまとめておきます。

パリ協定による各国の再生エネルギーへの取り組み強化

気候変動あるいは地球温暖化は、工業や農業による排出ガスが原因といわれています。

2015年に合意されたパリ協定は、排出ガスによる気温上昇を制限することを目的に作られました。

加盟国は196ヶ国です。2017年にアメリカが脱退を表明していますが、中国は積極的に協力体制を築いています。1997年以来の京都議定書以来の、気候変動に対する国際的枠組みとして注目されています。

内容としては次の4項目がメインです。

1 地球の気温上昇を産業革命前と比較して2度未満より「かなり低く」抑え、1・5度未満に抑えるよう「さらに努力をする」

2 2050〜2100年の間に、人間の活動による温室効果ガスの排出量を、樹木や土、海洋が自然に吸収できる量に抑える

3 各国の排出量削減への貢献度を5年に一度調査し、目標を上げていく

4 気候変動に対応し、再生可能エネルギーへ切り替えるための「気候資金」を、先進国から途上国に供給する

ESG債の発行数が増加

世界的なESGへの意識の高まりから、ESG債という債券があります。これはESG基準を満たすことを条件に、企業が社債を発行して資金を集めるものです。ＥＳＧ債の発行金額は年々上昇しています。

下のグラフでＥＳＧ債の発行推移を確認してみましょう。

ＥＳＧ債の象徴的なニュースを紹介します。２０２０年８月３日、グーグルの親会社であるアルファベットがＥＳＧ債を57億５０００万ドル（約６１００億円）相当を発行しました。この種の社債発行では過去最高額ということです。

資金用途としては黒人起業家や新型コロナウイルスで打撃を受けた中小企業などへの資金提供、またグリーンエネルギープロジェクトにも使われる可能性があるそうです。

「ＥＳＧスコア」の評価の高まり

世界資産運用会社のＢＩＧ３の１つであるステート・ストリートのＣＥＯが「ＥＳＧスコアが、すでに信用格付けと同じ位重要視されている傾向がある」と語っています。ステート・ストリートは３兆１２００億ドル（約３４０兆円）相当

■ESG債・ESGローンの推移

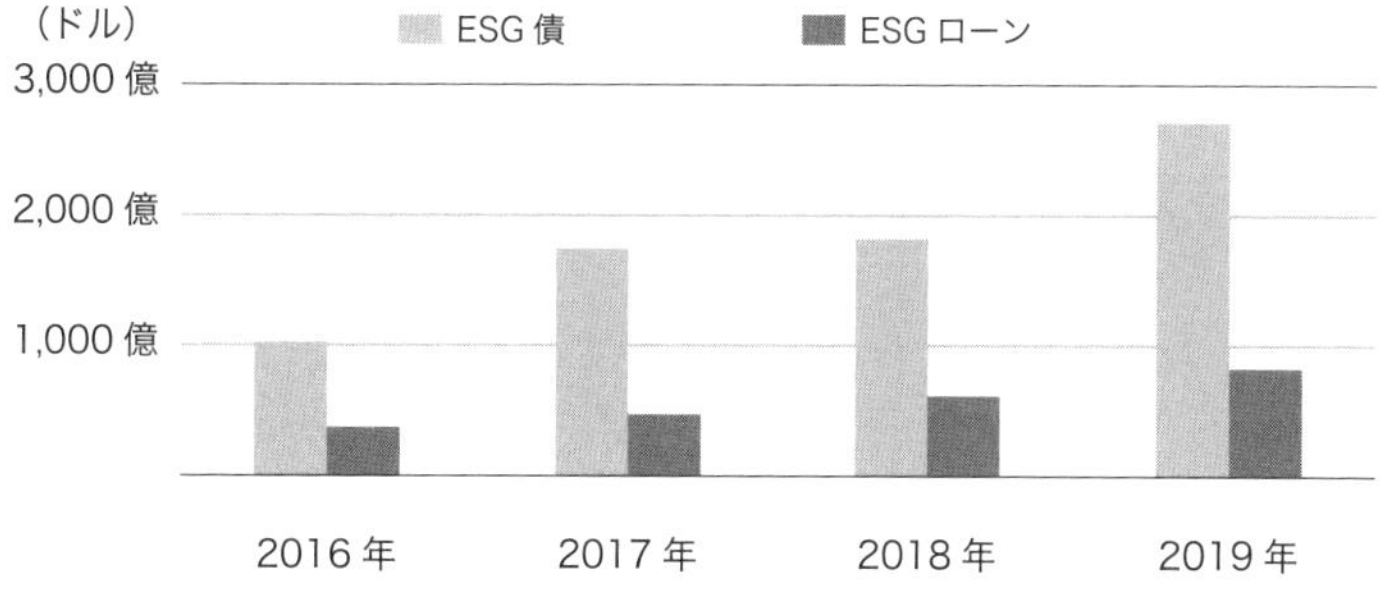

の資産を運用しています。

信用格付けは企業の絶対的な評価です。ジョンソンエンドジョンソンやマイクロソフトが、世界で2社しかないS&P信用格付けのAAAになっています。格付けの重要性は、格付けによって銀行融資獲得や投資家からの資金調達が容易になることです。

評価対象企業は全体の25%未満なので、すでに評価対象になっている企業は、今後ESG的な資金が集まりやすくなると考えられます。

再生エネルギーコストの競争力が増した

再生エネルギーコストは年々競争力が増しています。この競争力は、再生エネルギー分野における技術力の進歩がもたらしたものです。現在の再生エネルギーコストは火力発電とほぼ同レベル、太陽光発電と風力発電は既存の石炭または原子力施設の運用コストよりも安くなっています。現実的なエネルギー供給源となったということですね。

太陽光発電と風力発電は、設置コストはかかりますが、発電するための燃料コストは発生しません。一方、火力発電などは燃料コストがかかります。再生エネルギーは発電効率が高い分野といえます。

バイデン大統領誕生ならブースト

２０２０年は大統領選挙の年ですが、現大統領のトランプ氏と民主党代表候補のバイデン氏で熾烈な争いをしています。

バイデン候補は、公約にパリ協定への再加盟を宣言しています。遅くとも２０５０年までに「１００％クリーンエネルギーエコノミー」を達成するために、２０２５年までに主要なクリーンエネルギー目標を達成するためのマイルストーンを確立する法律を、議会に要求する予定です。バイデン大統領が誕生した場合は、ＥＳＧ投資、再生エネルギー分野は大きな後押しを受けて、株価の急上昇が期待できます。

トランプ大統領が再選した場合、米国は大統領選の翌日２０２０年11月４日に、正式にパリ協定からの離脱を予定しています。とはいえ、現状でも再生エネルギー分野は株価上昇中なので、加速はしないものの堅調に成長することが期待できます。

ＥＳＧ投資まとめ

- 世界的なＥＳＧ投資への流れで今後も成長が期待できる
- バイデン大統領誕生の場合は、成長性がさらに加速する可能性がある。トランプ大統領再選でも成長は持続と考えられる。短期・中期で考えると11月3日の大統領選挙前に投資エントリーをしておけば、大きなリターンが期待できる可能性がある
- 再生エネルギーは環境保護の観点だけでなく、技術力の発展によるコスト削減によって経済的に今後さらに必要とされる可能性が高い。長期的投資に向いていることになる

ＥＳＧ投資を実践する方法として、次の２パターンを紹介します。

1 ＥＳＧ銘柄・ＥＴＦに直接投資
2 ＥＳＧ分野への投資に積極的な企業に投資

10-2

ESG銘柄・ETFに直接投資

ESG銘柄で最もストレートなのは、再生エネルギーへの投資です。再生エネルギーへの投資として今後も成長が期待できる個別銘柄5種類とETF4種類を紹介します。

個別銘柄としてはネクステラエナジー（NEE）、ソーラーエッジ・テクノロジーズ（SEDG）、エンフェーズエナジー（ENPH）、ブルックフィールド・リニューアブル・パートナーズ（BEP）、プラグパワー（PLUG）を紹介します。

5銘柄とも特徴が異なります。安定重視か成長性重視かなど、自分が好む銘柄を選択するのに参考にしてください。

2020年7月末時点、5銘柄は新型コロナ禍にも関わらず、2Q決算（第二四半期決算）は全銘柄アナリスト予想を上回っています。ESG投資としても成長企業としても、非常に注目できる企業だと思います。

５社とＳ＆Ｐ５００の、２０１６年から２０２０年８月までの株価チャートを比較してみます（下グラフ参照）。

ネクステラエナジーが１６３％、ソーラーエッジ・テクノロジーズが６６１％、エンフェーズエナジーが１１８９％、ブルックフィールド・リニューアブル・パートナーズが93％、プラグパワーが４１１％、Ｓ＆Ｐ５００が60％と、どの銘柄もＳ＆Ｐ５００を大きくアウトパフォームして素晴らしい成績を残しています。

ＥＳＧ銘柄ではありますが、各銘柄にははっきりとした特徴があります。ここではそれぞれの特徴について解説します。

ネクステラエナジー（ＮＥＥ）

ネクステラエナジーは創業１９８４年、電力および天然ガス事業者を保有するアメリカ合衆国の持株会社で

■ESG5社とS&P500の5年間株価推移

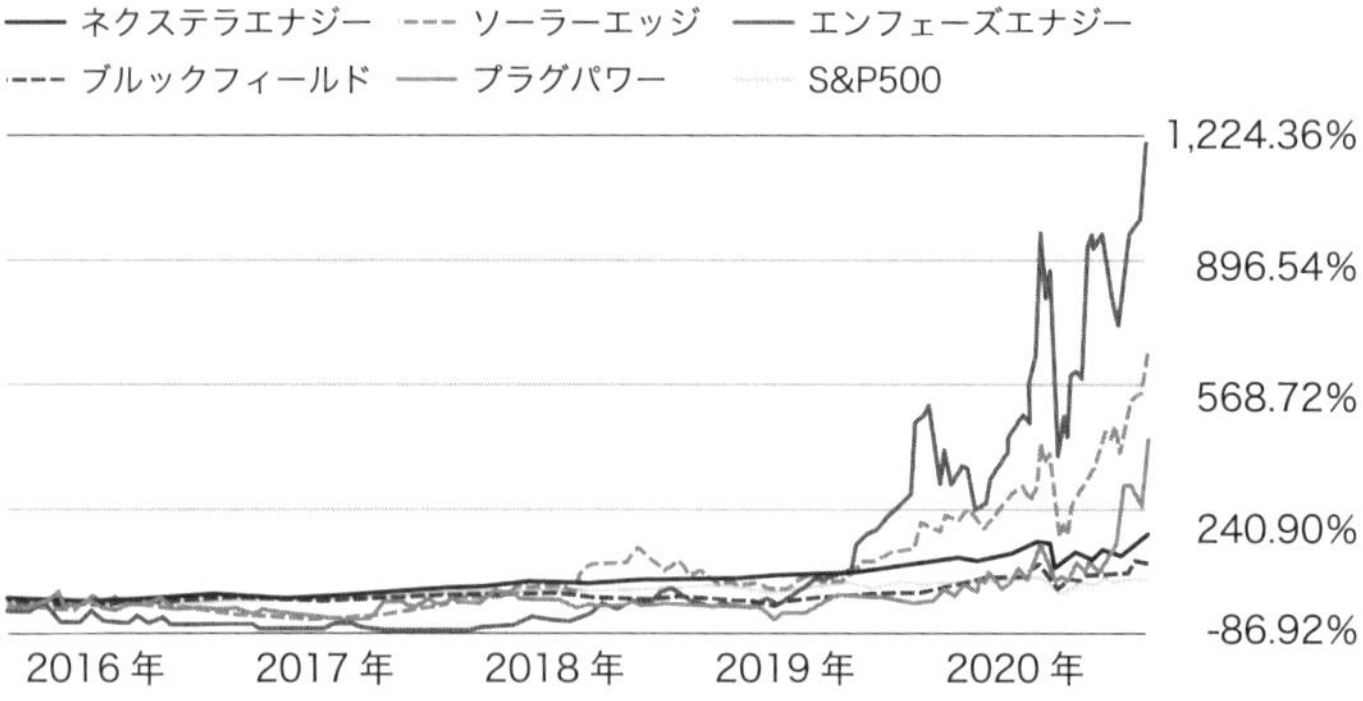

ブルームバーグ（https://www.bloomberg.co.jp/markets/stocks）の公開データを元に作成

す。米国公益セクターに属していて、公益セクターにおける時価総額ではトップの企業です。通常の電力供給以外に、風力発電と太陽光発電で発電した電力を、長期の固定料金契約の下で他の公益事業会社や商業顧客に販売しています。2020年には最後の石炭火力発電所を閉鎖して、フロリダで最初の水素施設プロジェクトを計画、2023年に稼働予定で、総発電量は2万1000MWです。

事業は3種類あります。

- **フロリダ・パワー&ライト（FPL）**
- **ネクステラ・エナジー・リソーシズ（NEER）**
- **ガルフパワー（Gulf Power）**

フロリダ・パワー&ライトはフロリダ州の法律に基づいて設立された電力会社です。営業利益の50%が住宅用、40%が商用設備となっています。

ネクステラ・エナジー・リソーシズはデラウェア州の法律に基づいて設立された電力会社です。再生可能エネルギーに焦点を当てており、エネルギー源の6割が風力発電、3割が原子力発電、1割が太陽光発電という割合になっています。

ガルフパワーはフロリダ州の8つの郡で電量を供給する電力会社です。高配当銘柄で紹介したサザンカンパニーズ（SO）から、2019年1月に65億ドル（7000億円）で買収しました。

ソーラーエッジ・テクノロジーズ（SEDG）

ソーラーエッジ・テクノロジーズは、2006年創業のイスラエルの企業です。太陽光発電システムに組み込む、同社が開発したモジュールレベルパワーエレクトロニクス（MLPE）の開発によって、急激に売上を伸ばしてきました。

太陽光発電システムには、小さな障害が全体の発電性能に大きくマイナス影響を与える構造的な問題があります。MLPEを導入することによって、発電性能の最大値を発揮させることを可能にします。

ソーラーエッジ・テクノロジーズは過去数年にわたって多くの買収を行っており、再生可能エネルギーの新しいセグメントを拡大しています。買収企業はまだ収益化できていませんが、収益化が可能になればさらなる成長が可能になります。

英国の証券会社ウッドマッケンジーの最新の予測によると、米国の住宅用太陽光発電市場は2019年に2・4ギガワットに達し、2020年には3ギガワットに成長すると予測されており、この分野で大きな成長が期待できます。

エンフェーズエナジー（ENPH）

エンフェーズエナジーは創業2006年、ソーラーパネル用のマイクロインバータ技術を提供する企業です。太陽光エネルギーを電力に効率的に変換し、知的エネルギー管理のためのプラットフォームを提供しています。

太陽光発電ではパワーコンディショナーを利用するのが主流でしたが、マイクロインバーターの普及率が欧米中心に急激に上昇しています。例えば10個の太陽光発電パネルを設置する場合、パワーコンディショナーは1ヶ所でも不具合が発生すると全体の発電量が悪化します。それに対してマイクロインバーターは1つ1つの最適な発電効率を可能にする装置です。

エンフェーズエナジーとソーラーエッジ・テクノロジーズは、家庭用太陽光発電において競合にあたります。

米国の家庭用太陽光発電市場のシェア率の変化を見てみます（次ページグラフ参照）。

2013年はエンフェーズエナジーがシェア率25％でした。その後ソーラーエッジ・テクノロジーズが急激にシェア率を上昇させてきました。ソーラーエッジのシェア率は直近で60％弱、エンフェーズは20％となっています。

2020年は、エンフェーズもふたたびシェア率を拡大させ、さらに収益率を大幅に向上させています。それは301ページの財務チェックで解説します。

ブルックフィールド・リニューアブル・パートナーズ（BEP）

ブルックフィールド・リニューアブル・パートナーズの創業は1999年です。本社はバミューダ諸島にあります。

ブルックフィールド・リニューアブル・パートナーズは、南北アメリカおよびヨーロッパで事業を展開する世界的な大手インフラ企業であるブルックフィールド・アセット・マネージメントの再生可能エネルギー部門です（60％所有）。

2020年7月に、ブルックフィールド・リニューアブル・パートナーズは、競合であったテラフォーム

■米国家庭用太陽光発電シェア率推移

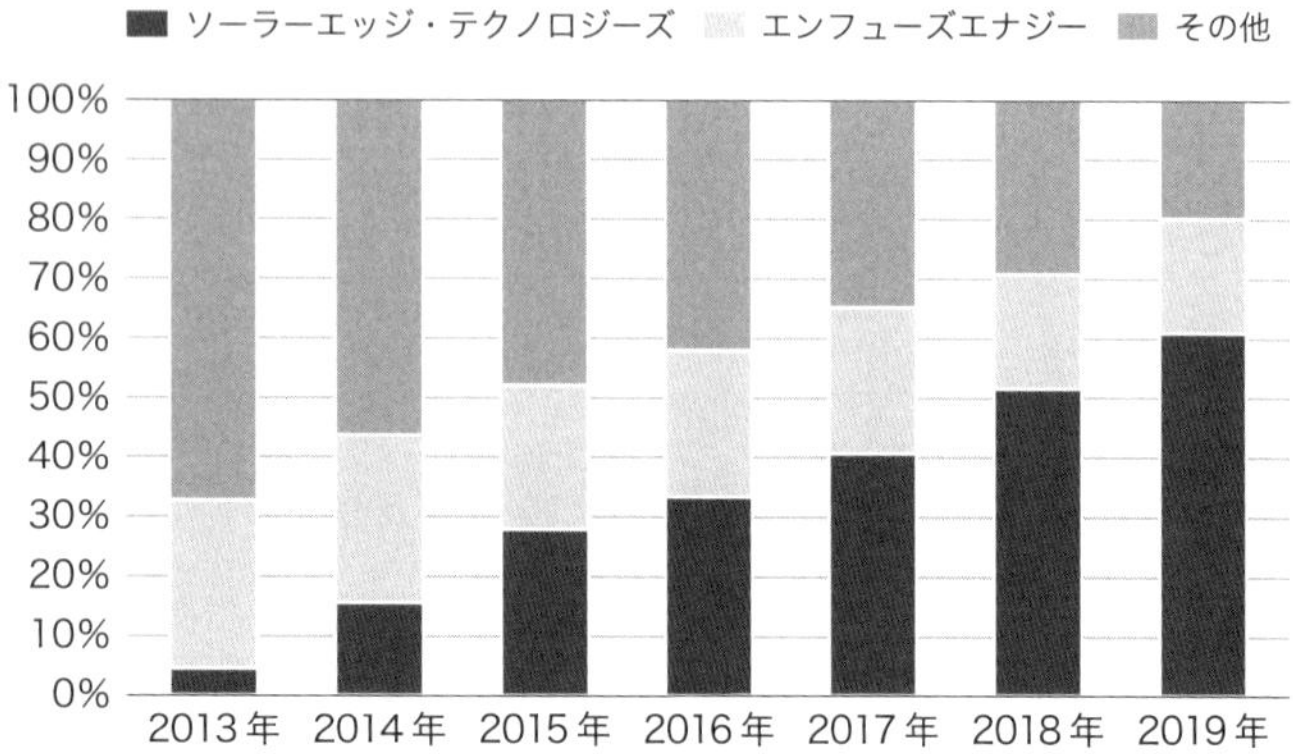

Wood Mackenzie U.S. PV Leaderboard, Q4 2019より

パワーを買収しています。この買収によって、発電量1万9000MWの世界最大級の独立系再生エネルギー会社が誕生しています。将来の成長に向けて、1万5000MWの開発機会の広範なパイプラインを持つことになりました。

さらに、34億ドル（3600億円）の総流動性を含む、再生可能エネルギー分野で最も強力な投資適格のバランスシートを有し、将来の拡大を支えます。

プラグパワー（PLUG）

プラグパワーは、1997年創業の水素燃料電池を開発・販売する企業です。イオン交換膜を利用した水素を燃料とする水素電池を搭載するフォークリフトは、北米最大のホームセンターであるホームデポ（HD）、世界最大の小売店であるウォルマート（WMT）、GAFAMの一角であるアマゾン（AMZN）の倉庫や店舗などに提供されています。事業用トラックや世界最大の物流サービスを提供するFedExの配送車両にも活用されています。

水素燃料のコストはガソリン車と比較して8倍近くかかります。しかし、将来的に水素が量産可能になれば、ほぼガソリンと同等レベルのコストになることが期待されています。

将来性やESGへの高まりもあり、2015年に出荷台数1万600台であった水素燃料電池エンジンを、2019年には3万台と約3倍まで増加させています。

ESG5社の基本データと財務比較

ESG5社の基本データ（株価・PER・EPS・配当率）と、財務比較（売上・利益・売上成長・利益成長）を次ページの表にまとめました。まず基本データを解説します。

プラグパワーはPERが「なし」です。赤字企業だからです。EPS（1株当たりの純利益）は、ネクステラエナジー、ソーラーエッジ・テクノロジーズ、エンフェーズエナジー、ブルックフィールド・リニューアブル・パートナーズ、プラグパワーの順に下がっていきます。

1株当たりの純利益はネクステラエナジーが圧倒的に安定していることがわかります。配当率は、ネクステラエナジーとブルックフィールド・リニューアブル・パートナーズは配当を出していますが、それ以外の3銘柄は配当を出していません。まだまだ成長分野への投資が継続していることになります。

次に、ESG5社の財務比較です。

ネクステラエナジーは売上・利益とも最も安定しているといえます。利益率に変動はありませんが、売上成長・利益成長とも大きくないものの、着実に積み上げてきています。ガルフパワーの買収なども実施しながら、着実に事業を拡大しているイメージです。

■ESG5社の基本データ（2020年7月末）

社名	Ticker	株価（$）	PER	EPS	配当率
ネクステラエナジー	NEE	288	29.17	7.24	1.95%
ソーラーエッジ・テクノロジーズ	SEDG	211	43.7	3.34	なし
エンフェーズエナジー	ENPH	73	45.5	1.24	なし
ブルックフィールド・リニューアブル・パートナーズ	BEP	45	163	-0.45	3.84%
プラグパワー	PLUG	11	なし	-0.29	なし

■ESG5社の財務比較（2019年）

項目	売上（億円）	営業利益（億円）	営業利益率	5年売上成長率	平均売上成長率
ネクステラエナジー	20,548	5,408	26%	10%	2%
ソーラーエッジ・テクノロジーズ	1,526	203	13%	339%	68%
エンフェーズエナジー	668	112	17%	75%	15%
ブルックフィールド・リニューアブル・パートナーズ	3,189	1,151	36%	83%	17%
プラグパワー	246	-54	-22%	123%	25%

項目	1年売上成長率	5年利益成長率	1年利益成長率	5年利益率変動
ネクステラエナジー	15%	8%	19%	0%
ソーラーエッジ・テクノロジーズ	52%	579%	37%	5%
エンフェーズエナジー	97%	653%	1650%	22%
ブルックフィールド・リニューアブル・パートナーズ	0%	161%	-3%	11%
プラグパワー	31%	15%	28%	35%

ソーラーエッジ・テクノロジーズは2018年以降にeモビリティ企業、バッテリーストレージ企業、無停電電源企業の3社を買収しています。よって売上・利益とも成長性の高い財務です。ただし利益率は高いとはいえず、まだまだ企業としては無駄なコストも発生していると考えていいと思います。

米国における家庭用太陽光発電市場で60％の圧倒的なシェア率を持つので、今後は収益性の高まりによって成長を加速させる期待ができます。

エンフォースエナジーは、買収よりも業務提携戦略で売上成長、さらに利益率を高めています。シェア拡大も強化していますが、既存のホームエネルギーソリューションの収益性を高める戦略を強化しています。その戦略の1つが、LGエレクトロニクス社やパナソニック社との業務提携によるACモジュールビジネスへの取り組みです。ACモジュールは、太陽エネルギーを収集するための最小かつ最も完全なシステムです。

ブルックフィールド・リニューアブル・パートナーズは、営業利益率が非常に高いです。5年間の売上成長はそう大きくはなく、1年間の売上成長は止まっていましたが、テラフォームパワーの買収によって再度売上を成長路線に乗せることが可能と見られています。ただし配当率が4％近くあるために、配当を維持しながらキャッシュを確保する必要があり、買収による事業整理を早急に終わらせることが今後の成長のカギになりそうです。

同社のキャッシュフローの約四分の三は水力発電施設ですが、太陽光および風力発電事業も所有しています。収益目標としては年間12%から15%の増益を継続することです。

プラグパワーは、売上成長を重要視している状況なので、営業利益はまだ出ていません。ESGへの投資トレンドがあるため売上を加速させている状況ですが、水素エネルギー電池のコスト削減と実用性を高めることが急務です。ホームデポ、ウォルマート、アマゾンへの水素電池フォークリフトの供給を高めつつも、さらに新たな顧客獲得が期待されます。

ESG5社に順番をつけると…

ESG個別銘柄5社を比較してきました。5社を比較して安定性と成長性期待で順番をつけるなら、次のようになると考えていいと思います。

安定性：ネクステラエナジー＞ソーラーエッジ・テクノロジーズ＝ブルックフィールド・リニューアブル・パートナーズ＞エンフェーズエナジー＞＞プラグパワー

成長性期待：プラグパワー＞ソーラーエッジ・テクノロジーズ＝エンフェーズエナジー＞ブルックフィールド・リニューアブル・パートナーズ＝ネクステラエナジー

10-3 ESG投資可能なETF

個別銘柄投資向けに解説したESG5銘柄は魅力的ですが、自身では選択が難しい部分もあるでしょう。そこで、4つのETFを紹介します。一部日本の証券口座では投資できないETFもありますが、ご了承ください。

● QCLN (First Trust NASDAQ Clean Edge Green Energy Index Fund)

ナスダック・クリーンエッジ・クリーンエネルギーインデックスに連動する成績を目指すETFです。今回紹介する他の3種類には組み入れられていないテスラが10%近く組み入れられているのが特徴です。

● ICLN (iShares Global Clean Energy ETF)

S&Pグローバル・クリーンエネルギー・インデックス連動を目指すETFです。

● PBW（Invesco WilderHill Clean Energy ETF）

ワイルダーヒル・クリーンエネルギー・インデックスに連動する成績を目指すETFです。テスラは含まれていませんが、S&P500やナスダックなどとは関係なく、クリーンエネルギーの米国上場企業から成績がいい銘柄を含んでいます。

● TAN（Invesco Solar ETF）

太陽光エネルギー中心のETFです。先進国市場に上場している企業で、太陽光エネルギーをメイン事業にしている銘柄を中心に組み入れています。

ESG投資ETFとS&P500の比較

ESG投資4ETFとS&P500の5年間および1年間株価チャートを比較します（307ページ参照）。

5年間推移では、S&P500を上回っているのはQCLNとPBWです。

1年間推移で確認すると状況が違ってきます。4ETFすべてがS&P500をアウトパフォームしているのがわかります。QCLNが76%、ICLNが44%、PBWが74%、TANが64%で、S&P500の15・6%をどれも大きく上回っています。直近の1〜2年でESG投資が急激に注目されていることがよくわかります。

ＥＳＧ投資ＥＴＦの基本データ

次に4種類のＥＴＦの基本データを確認しておきます（次ページ参照）。経費率はほぼ横並びですが、ＩＣＬＮが最も経費率が低いです。配当率はすべて非常に低く、成長重視の銘柄が多く組み込まれていることがわかります。

組み入れ数はＴＡＮが22銘柄と最も少ないため、組み入れ銘柄1つ1つのパフォーマンスに大きく左右されることになります。設定年から考えた設定来リターンですが、4ＥＴＦともリーマンショックで大きな下落が発生しているので、Ｓ＆Ｐ５００よりもアンダーパフォームしています。ただし、1年間の株価変動チャートで確認したように、直近の1～2年ではＳ＆Ｐ５００を大きくアウトパフォームしています。

ＥＳＧ関連ＥＴＦで選ぶなら

筆者がもし選択するなら、**ＱＣＬＮ**か**ＰＢＷ**です。ただし、ＱＣＬＮはテスラの成長力に大きく依存しているので、今後もテスラに期待するならＱＣＬＮ、それ以外の再生エネルギーに期待するならＰＢＷという投資判断になりそうです。

■ ESG投資4ETFとS&P500の5年間株価推移

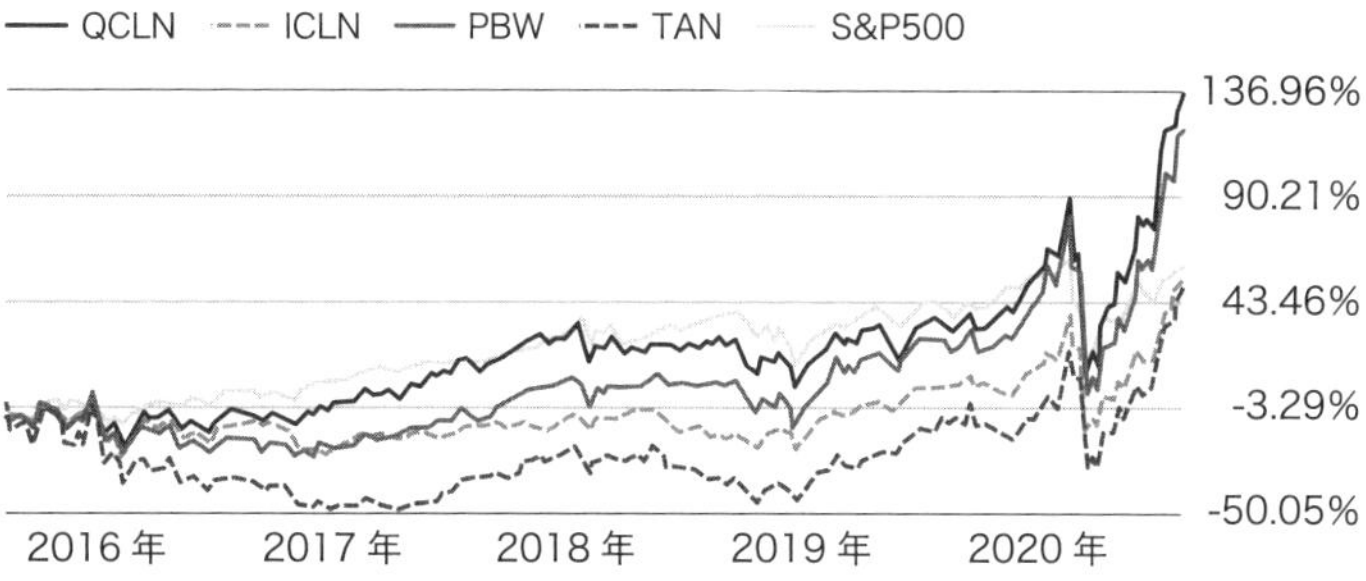

■ ESG投資4ETFとS&P500の1年間株価推移

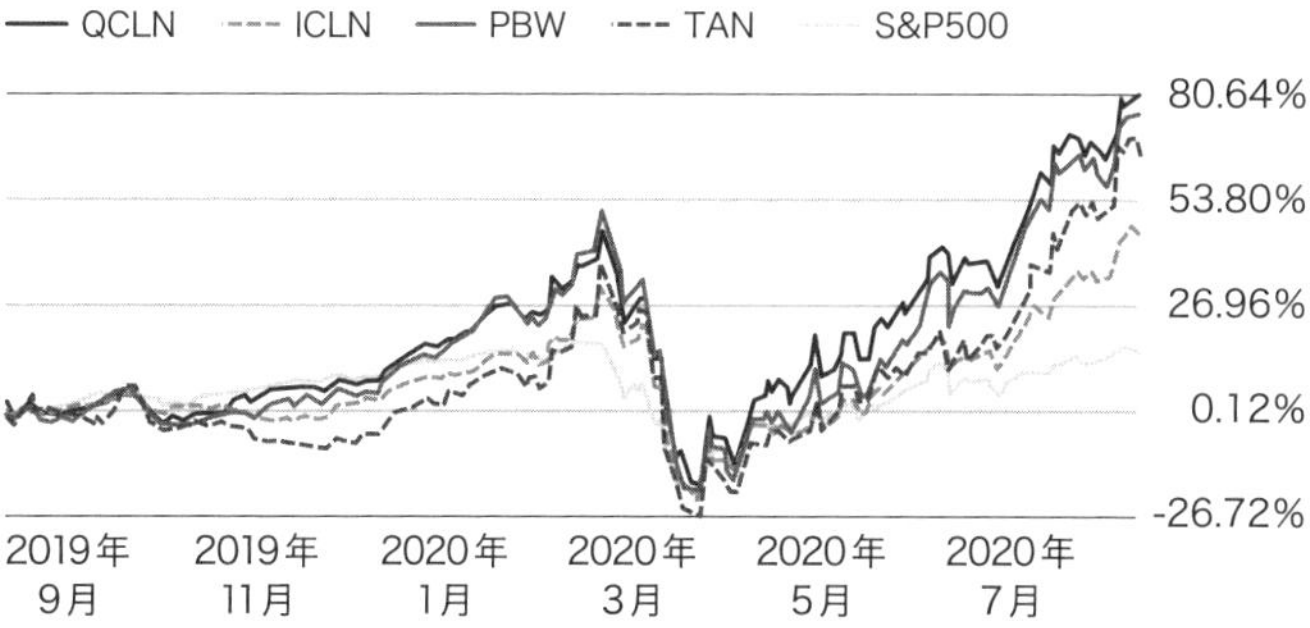

ブルームバーグ（https://www.bloomberg.co.jp/markets/stocks）の公開データを元に作成

■ ESG投資4ETFの基本データ（2020年7月末）

Ticker	株価 ($)	経費率	配当率	組み入れ	設定年	1年リターン	設定来リターン
QCLN	37.6	0.63%	0.77%	42	2007年	42.3%	3.6%
ICLN	15.7	0.46%	0.93%	31	2008年	19.0%	-9.1%
PBW	51.7	0.71%	1.08%	40	2005年	39.1%	-2.9%
TAN	49.7	0.71%	0.20%	22	2008年	28.1%	-12.8%

10-4 ESG投資に積極的な企業に投資する

ESG企業への直接投資、ESG銘柄を対象にしたETFへの投資をここまで紹介してきましたが、他にEFG投資に積極的な企業に投資することで、間接的にESG投資を行うこともできます。

企業がESGとして評価が高いか低いかを判断する方法ですが、米国の「**Yahoo! Finance**」(https://finance.yahoo.com)を見ると、銘柄の**ESGスコア**を確認できます。Yahoo! Financeは英語のサイトですが、財務も簡単にチェックできますし、アナリストの評価や様々な情報が無料で参照できます。米国株投資家には是非とも活用してほしいサイトです。

確認方法を説明します。ここではマイクロソフト(MSFT)のESGスコアをチェックしてみます。

Yahoo! Financeのトップページの検索窓に「MSFT」もしくは「Microsoft」と入力して検索ボタンをクリックすると、企業情報（マイクロソフト）の画面が表示されます。この画面の「Sustainability」をクリックします。

ESGスコアが表示されます。ESGスコアは、環境・社会・ガバナンスの問題によって、企業の価値がESG的にどの程度のリスクにさらされているかを評価するスコアです。

この格付けでは、業界特有の重要なESG問題への企業のエクスポージャーの評価と、それらの問題をどの程度管理しているかの評価を組み合わせた2次元のフレームワークを採用しています。

■ESGスコア画面

最終的なＥＳＧリスク・レーティングのスコアは、管理されていないリスクを０～１００の絶対尺度で評価したものです。**スコアが低いほど管理されていないＥＳＧリスクが少ない**ことを示しています。

マイクロソフトのＥＳＧスコアは「15」で、リスクは「Ｌｏｗ」です。これはＥＳＧ的に非常に評価が高いです。例えば、石油会社のエクソンモービル（ＸＯＭ）はＥＳＧスコア「32」、タバコ会社のフィリップモリス（ＰＭ）は「30」、軍需産業のロッキードマーティン（ＬＭＴ）は「31」となっています。ＥＳＧ的に逆行する石油やタバコ、軍需などの企業は、ＥＳＧリスクが非常に高いのがわかります。

このサイトを利用して、自分が興味を持った銘柄のＥＳＧスコアを確認してみるのも、ＥＳＧ投資の１つとして有効な方法です。

第11章

ハイブリッド投資の勧め

11-1 筆者が実践する投資方法

筆者の投資は**ハイブリッド戦略**を採用しています。ハイブリッド戦略とは何かというと、要は**いいとこどり**をしようという方針です。筆者の年齢や資産額も関係しているのですが、あと20年くらい先にはリタイアが見えてきています。

投資書籍などでは、投資手法を「インデックス投資」「高配当投資」と限定しているものが多いのですが、必ずしも特定の投資手法だけに限定して投資する必要はないと思っています。これは筆者のこだわりでもありますが、投資家は個人個人で年齢も性格も資産額も違っていいます。そして投資方法は千差万別です。だからこそ皆さんには「もみあげ流投資術」で、自身に最も適した投資手法を採用してほしいと願っています。

長期投資では、何よりも**自分自身が本当に納得できる投資を継続すること**、それが最も大切だと考えています。

筆者のポートフォリオのテーマ・目標

筆者のポートフォリオの割合を紹介します。

例えば、数十年後のリタイア時に成長性の高いGAFAM、QQQ、成長株銘柄だけを組み込んでおくと、資産運用に手間を感じることが想定されます。その時点でGAFAMやQQQが今のようなパフォーマンスを維持しているかわからないからです。

成長株投資の比率が高いのは、成長株にはGAFAMほど成熟していない銘柄が多く、今後大きく成長する可能性があると考えているからです。ただし、その分リスクもあります。

S&P500インデックスETFを10%組み込んでいるのは、時価総額加重平均を採用しているため、常に最適なバランスで組み換えられているためです。長期的な面での信頼性を重視してのことですね。今後時間が経てば、もう少しインデックスの割合を増やすと思います。

基本的な方針は、市場のパフォーマンスよりも上を目指しつつ、リタイアを想定してイン

■筆者のポートフォリオ

銘柄	割合
インデックスETF	10%
GAFAM	10%
成長株銘柄・ETF	50%
高配当銘柄	5%
安定連続増配銘柄	10%
ESG銘柄	15%
現金（ポートフォリオ外）	10%

デックスＥＴＦや高配当銘柄で配当金も確保できる形を目指しています。

銘柄数はどのくらいが最適か

インデックス投資一本で運用しない場合は、**銘柄数はＥＴＦも含めて4〜5銘柄**が運用負担も少なく、パフォーマンスが上昇しやすいと思います。個別銘柄数が多くなればなるほど、財務や決算でのチェックポイントが多くなり、手間がかかります。

ただし、４〜５銘柄では分散の観点で怖いという場合は、ＥＴＦの割合を増やすか、あるいは10銘柄くらいまで個別銘柄を増やしても問題ないと思います。個別銘柄での投資を始めると、本当に魅力的な銘柄が多いので、どうしても銘柄数が増えてしまいがちなのは理解できます。

ただし、**多くても20銘柄くらいにとどめた方がいいでしょう**。ＥＴＦ込みでその銘柄数だと、それ以上銘柄数を増やしたとしても分散効果はあまり期待できないからです。もちろん投資が楽しい・投資を趣味にしたい場合などは、銘柄数を増やすことは否定しません。しかし、そうではないなら20銘柄が上限と考えていいと思います。

投資頻度はどれくらいか

筆者の場合、成長株投資は、マーケットの状況を見て全体の指数が下落したときなどに随時追加で投資しています。インデックスは月1回程度、決まった金額を積み立てる感覚で継続しています。インデックスのパフォーマンスに関しては特に心配はしていないので、ほぼほったらかし状態なのは精神的に楽ですね。

納得した投資で時間とお金を効率的に

ハイブリッド戦略が自分に最も適していると考え、筆者は米国株投資を運用していますが、その方針を固めるまでに半年くらい時間がかかりました。その間に様々な銘柄の分析をして、さらに損もしています。そのため、読者の方々には筆者と同じような時間とお金の回り道をしてほしくない、できるだけ最短ルートを通ってほしいと思います。

納得するポートフォリオを組む

とにかく、**自分自身が納得できるポートフォリオを組めるか**という点が、投資を継続するには非常に大切なポイントでしょう。納得できるポートフォリオを組めているかどうかは、株価上昇局面ではあまり意識することがないかもしれませんが、株価暴落局面においてより顕著に表れます。例えば２０２０年3月の新型コロナ暴落は、過去最速の暴落といわれています。あっという間に下落して、そしてあっという間に株価は上昇していきました。1ヶ月間で45％ほどは、考える暇もなかったと思います。

その状況で、もし自身が納得できていない、自信を持てない投資をしていたらどうでしょう。大きな下落で含み損が発生すると、株が怖くなって売却してしまうかもしれません。

それは致し方ないことかもしれませんが、最大の損失になり得ます。含み損が大きい状況で売却しての資金損失は、資金がなくなって投資から退場してしまうこともあり得ます。投資をしていると大小の暴落は必ず経験することですが、そのときに投資自体をやめてしまったり、市場全体が低調になっているときの買い時を逃したりするのは、避けてほしいと願っています。

長期投資を継続していくと、山あり谷ありです。そんなときに何よりも大切なことは、自分が決めた投資を継続できるかです。投資方法を変更する必要が出てくるかもしれません。そんなときこそ、最初に説明した「自分自身の目標やテーマ」がきっと継続への助けになるはずです。

本書紹介銘柄

本書ではたくさんの銘柄を紹介してきました。投資手法と併せてご紹介した銘柄リストにまとめます。一目で確認できるので、ぜひ活用してください。

■本書紹介銘柄リスト

投資分類	章	種類	属性	Ticker	紹介銘柄
インデックス投資	4章	投資信託	S&P500	なし	eMAXIS Slim 米国株式
		投資信託	S&P500	なし	SBI・バンガード・S&P500
		投資信託	S&P500	なし	楽天・全米株式（楽天VTI）
		ETF	S&P500	VOO	VOO（S&P500ETF）
		ETF	S&P500	SPY	SPY（S&P500ETF）
		ETF	全米	VTI	VTI（米国企業小型・中型含む）
GAFAM投資	5章	個別株	GAFAM	GOOGL	グーグル
		個別株	GAFAM	AAPL	アップル
		個別株	GAFAM	FB	フェイスブック
		個別株	GAFAM	AMZN	アマゾン
		個別株	GAFAM	MSFT	マイクロソフト
QQQ投資	6章	ETF	最優秀ETF	QQQ	最強のETF候補 QQQ
成長株投資	7章	個別株	半導体・AI	NVDA	エヌビディア
		個別株	半導体・AI	AMD	アドバンスト・マイクロ・デバイセズ

投資分類	章	種類	属性	Ticker	紹介銘柄
成長株投資	7章	個別株	半導体・AI	INTC	インテル
		個別株	半導体・AI	TSM	台湾セミコンダクター
		ETF	半導体・AI	SMH	SMH
		ETF	半導体・AI	HERO	ゲーム＆eスポーツ
		個別株	決済・EC	V	ビザ
		個別株	決済・EC	MA	マスターカード
		個別株	決済・EC	PYPL	ペイパル
		個別株	決済・EC	SQ	スクエア
		個別株	決済・EC	MELI	メルカドリブレ
		個別株	成長ヘルス	DHR	ダナハー
		個別株	成長ヘルス	UNH	ユナイテッドヘルス
		個別株	成長ヘルス	TDOC	テラドックヘルス
		個別株	成長ヘルス	LVGO	リボンゴヘルス
		個別株	未来企業	TSLA	テスラ
高配当投資	8章	個別株	安定公益	SO	サザンカンパニー
		個別株	安定公益	D	ドミニオンエナジー
		個別株	安定公益	DUK	デュークエナジー
		個別株	オイルメジャー	XOM	エクソンモービル
		個別株	オイルメジャー	RDS/B	ロイヤルダッチシェル
		個別株	オイルメジャー	CVX	シェブロン
		個別株	金融	WFC	ウェルズファーゴ
		個別株	通信	T	AT&T
		個別株	通信	VZ	ベライゾン

投資分類	章	種類	属性	Ticker	紹介銘柄
高配当投資	8章	個別株	タバコ	MO	アルトリア
		個別株	タバコ	PM	フィリップモリス
		個別株	タバコ	BTI	ブリティッシュ アメリカンタバコ
		ETF	高配当	VYM	VYM
		ETF	高配当	HDV	HDV
		ETF	高配当	SPYD	SPYD
連続増配投資	9章	個別株	生活必需品	PG	P&G(プロクター &ギャンブル)
		個別株	ヘルスケア	JNJ	J&J(ジョンソン エンドジョンソン)
		ETF	連続増配	VIG	VIG
		ETF	成長増配	DGRW	DGRW
ESG投資	10章	個別株	公益	NEE	ネクステラエナジー
		個別株	太陽光	SEDG	ソーラーエッジ
		個別株	太陽光	ENPH	エンフェーズエナジー
		個別株	水力	BEP	ブルックフィールド
		個別株	水素	PLUG	プラグパワー
		ETF	再生 エネルギー	QCLN	クリーンエナジー (テスラ含む)
		ETF	再生 エネルギー	ICLN	クリーンエナジー
		ETF	再生 エネルギー	PBW	クリーンエナジー
		ETF	再生 エネルギー	TAN	太陽光

▌特典ファイルダウンロード

本書をご購入いただいた方に特典をご用意しています。特典ファイルの展開にはパスワードが必要です。パスワード付きZipファイルを展開できる圧縮・展開ソフトでダウンロードファイルを開き、次のパスワードを入力してください。

▼パスワード

momiage2020

▼本書のサポートページURL

http://www.sotechsha.co.jp/sp/2086/

もみあげ流 米国株投資講座

2020年10月31日　初版第1刷発行
2021年7月10日　初版第4刷発行

著　者　もみあげ
装　丁　宮下裕一
発行人　柳澤淳一
編集人　久保田賢二
発行所　株式会社　ソーテック社
〒102-0072　東京都千代田区飯田橋4-9-5　スギタビル4F
電話：注文専用 03-3262-5320
FAX：　03-3262-5326
印刷所　図書印刷株式会社

Printed in Japan
ISBN978-4-8007-2086-3

本書に対する質問は電話では受け付けておりません。また、本書の内容とは関係のないパソコンやソフトなどの前提となる操作方法についての質問にはお答えできません。

内容の誤り、内容についての質問がございましたら切手・返信用封筒を同封のうえ、弊社までご送付ください。

乱丁・落丁本はお取り替え致します。

本書のご感想・ご意見・ご指摘は
http://www.sotechsha.co.jp/dokusha/
にて受け付けております。Webサイトでは質問は一切受け付けておりません。